VIES

DES FAMEUX

ARCHITECTES.

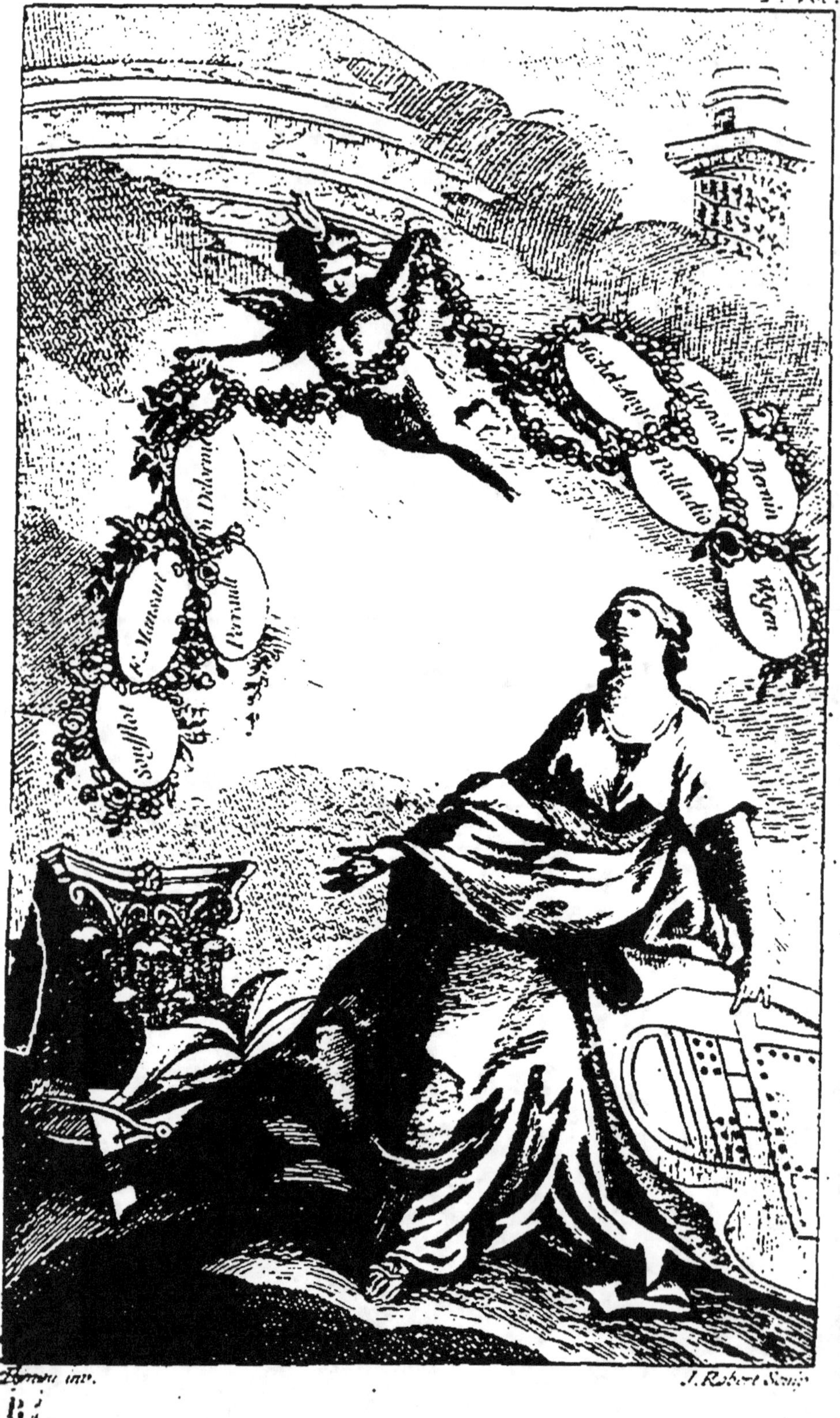

VIES

DES FAMEUX

ARCHITECTES

DEPUIS LA RENAISSANCE

DES ARTS,

AVEC LA DESCRIPTION

DE LEURS OUVRAGES.

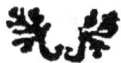

PAR M. D***, *de l'Académie Royale*
des Belles-Lettres de la Rochelle.

Heureux qui jusqu'au temps du terme de sa vie
Des Beaux-Arts amoureux, peut cultiver leurs fruits.
VOLT.

TOME PREMIER.

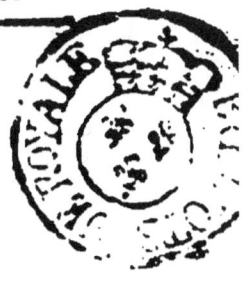

A PARIS,

Chez DESURE l'aîné, Libraire de la Bibliothèque du Roi
& de l'Académie Royale des Inscriptions & Belles-
Lettres, rue Serpente, hôtel Ferrand, n°. 6.

M. DCC. LXXXVII.

Avec Approbation & Privilége du Roi.

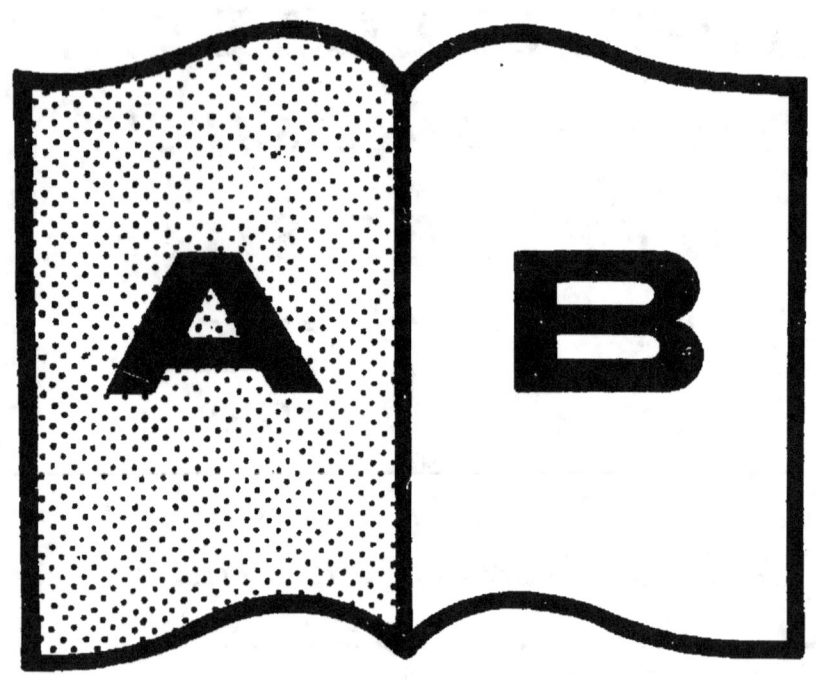

Contraste insuffisant

NF Z 43-120-14

PRÉFACE.

L'ARCHITECTURE, *la Peinture & la Sculpture semblent, par leurs rapports & leur étroite union, avoir beaucoup d'affinité avec les Graces toujours inséparables. Ces trois sœurs déploient de concert leurs richesses dans la décoration de nos temples & de nos palais. Elles ont un même principe qui est le dessin ; leur sort a presque toujours été le même dans leurs différens âges. D'ou peut donc venir la préférence que les historiens semblent avoir donnée à la Peinture sur ses deux sœurs, qui ne méritoient pas moins qu'elle d'exercer leur plume ? Si les Italiens ont associé aux Peintres de leur pays quelques Architectes & quelques Sculpteurs, la plupart n'y ont été admis*

Tom. I.   a

qu'à la faveur du pinceau qu'ils avoient
manié.

L'usage de publier des éloges est aussi
ancien que la renaissance des Lettres,
mais rarement ceux qui avoient excellé
dans les arts, jouissoient-ils de cette
distinction. Il ne faut donc pas s'étonner
si l'histoire de presque tous les grands
artistes est ignorée, & s'ils ne sont
connus que de nom. Ils ont cela de commun avec les héros & les hommes illustres qui ne revivent que sous la plume
de l'historien. Telle est la pensée d'un
poëte (1), lorsqu'il dit qu'avant Aga-
memnon il y a eu de grands guerriers
restés à jamais dans l'oubli, parce que
leurs exploits n'ont pas été chantés.

Prêter sa voix ou sa plume à des
morts qui ne peuvent ni parler ni écrire,

_____

(1) Hor. od. 9, liv. 4.

c'eſt, ce me ſemble, exercer la plus belle fonction de l'humanité. Hélas! la pouſſière du tombeau efface inſenſiblement le nom qui leur a ſurvécu; le temps dévore chaque jour les traces de leur hiſtoire. Leurs travaux ſubſiſtent, nous en jouiſſons, & nous ignorons la plupart à qui nous ſommes redevables ou des ſenſations qu'ils nous cauſent, ou des ſentimens qu'ils nous inſpirent.

Pour prévenir ce malheur, déjà irréparable à l'égard de pluſieurs, il m'a ſemblé que d'écrire leur hiſtoire pourroit en arrêter le cours. Ce projet, il faut l'avouer, eſt bien plus facile à concevoir qu'à exécuter. On trouve, il eſt vrai, dans les auteurs Italiens des mémoires ſur leurs compatriotes; mais à l'égard des Architectes (2) & des Sculpteurs

---

(2) M. Sedaine de l'Académie françoiſe, & ſecrétaire

François, on en est presque entièrement
privé. Cette disette de secours a sans
doute détourné jusqu'à présent les personnes versées dans cette littérature,
d'entreprendre un pareil ouvrage. Elles
ont craint les peines indispensables pour
répandre quelque jour sur cette partie de
l'histoire des arts.

On ne peut mieux fixer l'aurore de
l'Architecture en Italie qu'à Philippe
Brunelleschi, & celle de la Sculpture
qu'à Donatelle. A l'égard de la France,
les restaurateurs de ces deux arts ont été
Lescot & Gougeon.

---

de celle d'Architecture, a commencé à lire dans les assem-
blées de cette compagnie les éloges d'Aubry & de Che-
votet, le premier mort en 1771. Il est fâcheux que ce
devoir n'ait pas été rempli plutôt, nous aurions de bons
mémoires sur la vie & les ouvrages des Architectes.
L'Académie a chargé depuis M. le Roi de cette fonction.

En rendant à ces artistes le tribut de louanges qu'ils méritent, j'aurai soin de faire connoître au lecteur, ou de lui remettre sous les yeux les richesses de l'Europe, de les décrire, & d'y joindre des réflexions sur le goût de ceux qui ont sû les produire, de développer leur caractère, de faire sentir les rapports, soit médiats, soit immédiats qui unissent les arts, & par quelques excursions du domaine de l'Architecture & de la Sculpture sur celui de la poësie, de l'éloquence & de la peinture, de réveiller & de soutenir l'attention.

Cette histoire, qui est le fruit d'un travail de quarante ans, est principalement destinée à relever la gloire moderne de la nation; elle sera précédée d'un Discours sur les progrès de l'Architecture en France sous ses différens rois, avec quelques réflexions sur cet art. *Un difcours fur la Sculpture fervira pareillement d'introduction aux Vies des Sculpteurs.*

Je me fuis furtout attaché à pénétrer dans le caractère des artiftes pour peindre leurs ouvrages de leurs véritables couleurs & en donner une jufte idée. La meilleure manière de les louer, c'eft de faire connoître leurs productions, de même que (3) la véritable hiftoire d'un favant eft celle de fes livres. Cependant il n'eft pas indifférent de les fuivre dans leurs études, & d'examiner la route qu'ils ont tenue pour arriver à la perfection. La critique de leurs défauts ne peut auffi manquer de plaire, pourvu qu'elle foit jufte & modérée. Je penfe en général qu'on doit être plus porté à louer qu'à critiquer. N'eft ce pas ce que vou-

(3). *Préface de la Vie de Gaffendi.*

loit faire entendre un ancien qui avoit représenté Apollon tenant les Graces dans la main droite, & l'arc avec les flèches dans la gauche ?

Les commencemens de notre empire dans les beaux-arts seront tracés dans la Vie des célèbres Architectes qui ont illustré la France depuis le siècle de François Premier jusqu'à ceux qui honorent celui-ci. Ces grands hommes passeront en revue devant le lecteur, comme pour briguer son suffrage ; ils l'instruiront de l'inconstance & de la variété du goût par les exemples des progrès de l'esprit humain en ce genre. Une telle histoire n'est-elle pas plus intéressante que celle d'une foule de souverains qui qui n'ont fait que du mal aux hommes?

Cet ouvrage est la suite de l'Abrégé de la Vie des plus fameux Peintres, publié par mon père en 1762 en quatre volumes in-8°. J'en prépare une nouvelle édition sans portraits, revue, corrigée & augmentée des Vies des Artistes célèbres, morts depuis l'impression de son livre.

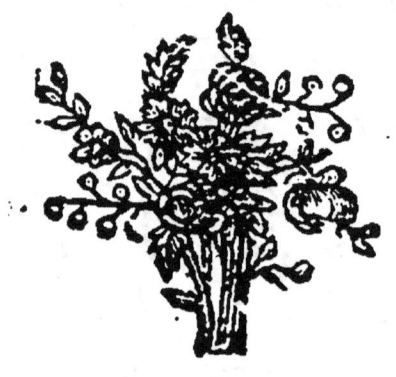

DISCOURS
SUR L'ARCHITECTURE
ET
SUR SES PROGRÈS SOUS NOS ROIS.

Le goût des sciences & des arts est naturel aux gens bien élevés, & se fortifie ordinairement avec l'âge. Les Muses qui, dans leur enfance, ne s'offrent à eux qu'avec un front sévère, le dérident dans la suite, & leur inspirent autant de tendresse pour les graces de la littérature, qu'elles leur avoient imprimé de respect pour la majestueuse gravité de la morale. Tout dépend de la manière d'envisager les productions de l'art. Le vulgaire ne voit que des yeux du corps ; ceux de l'esprit voyent tout autrement. Par leur moyen les grands hommes vivent parmi nous, ils nous parlent dans leurs ouvrages soit pour épurer notre goût, soit pour ennoblir nos plaisirs.

Ramenés à leur veritable deſtination, les arts étendent la ſphère de nos connoiſſances, remédient à la diſette de nos idées, & rapprochent de nous les temps & les lieux, quels que ſoient leur intervalle & leur diſtance. Les arts ne ſont - ils pas la ſource des ſentimens agréables, eux qui portent autant d'utilité que d'agrément dans le commerce de la vie, qui animent délicieuſement la ſociété, & qui prêtent des charmes à la plus profonde ſolitude?

La curioſité eſt aujourd'hui une ſource féconde d'amuſemens, qui le plus ſouvent tiennent au luxe & à la vanité. C'eſt une paſſion aveugle, inquiète, inſatiable, infructueuſe & ſouvent ruineuſe, qui devenue philoſophique, feroit naître des occupations ſérieuſes & quelquefois ſublimes. La plupart des curieux ne ſont que curieux, & rien de plus. Des noms, des dates, des chiffres de vieux maîtres, quelques petites remarques, dont les plus minces génies font capables, voilà tout ce qu'il leur faut. Mais des obfervations fines, exactes, judicieuses, combien y en a-t-il qui en faffent provifion ? Ces obfervations néanmoins indiquent la juftefse du goût, la délicatefse des fentimens, la connoifsance de la belle antiquité, une attention philofophique aux paffions, aux mœurs, aux bienféances, une critique raifonnée, une application des principes au véritable but que leur auteur s'eſt propofé.

Didiciffe fideliter artes
Emoilit mores, nec finit effe feros.

L'étude réfléchie des arts, dit un ancien, *forme les mœurs & les polit*. Le *fideliter* ne fignifie autre chofe qu'une attention particulière à cultiver les beaux-arts, felon les intentions de l'auteur de la nature. Il ne les a certainement point accordés aux hommes pour nourrir leur orgueil, ou pour entretenir le luxe &

la volupté. Ceux qui en font un tel usage, loin de les cultiver fidèlement, les dégradent & les font dégénérer, en employant à l'accroiffement des vices ce qui n'eft deftiné qu'à faciliter les progrès de la vertu.

Les arts font faits pour lui ôter cet air de féchereffe, de rudeffe & de dureté avec lequel on la produit trop ordinairement, & pour nous la montrer dans tout l'éclat de fa beauté. La vertu que les arts ont polie, polit elle-même les mœurs. Ne puis-je pas en inférer que nous devons mefurer notre eftime pour les arts fur le degré de politeffe qu'ils procurent à nos mœurs? On verra dans ce Difcours que l'Architecture y a plus de droit que les autres, puifque les nations ne fe font civilifées qu'à proportion qu'elle s'eft perfectionnée.

Cet art, le plus majeftueux, le plus utile, & celui qui fuppofe le plus de connoiffances, eft auffi ancien que le monde. Né dans l'Afie, le bois & la terre furent fes premiers matériaux; bientôt les antres & les grottes donnèrent à l'homme l'idée d'un édifice plus folide & plus commode : ce n'étoïent d'abord que des monçeaux de pierre réunis en quelque forte par le hafard. Il ne tarda pas à y chercher de la fymmétrie. Ses foins s'étant dans la fuite tournés à la commodité, il s'appliqua à mettre de l'agrément dans la diftribution. Si l'homme ne fe fût occupé que de la tranquillité & des douceurs de la vie, toute l'Architecture bornée à l'utilité & à la folidité, auroit été renfermée dans un petit nombre de principes, mais l'ambition, qui fut l'ame de fes belles actions, le follicita puiffamment d'en tranfmettre la mémoire à fes defcendans.

Les Egyptiens élevèrent les premiers édifices fans goût, fans grace & fans agrément. On n'y reconnoît d'autre mé-

rite que la folidité & la bonne conftruction. Hérodote nous apprend que les
premiers temples furent conftruits en
Egypte ; mais ces temples & ces palais
dont il refte des veftiges près de l'ancienne Thèbes, excitent plus la furprife
du voyageur, qu'ils ne fatisfont fon efprit. Il n'en eft pas moins vrai que les
figures coloffales, les pyramides, les
obélifques victorieux du temps font des
monumens de l'induftrie des Egyptiens
qui, dénués de modèles, fe font d'eux-
mêmes élevés vers le grand. Le caractère imprimé à leurs ouvrages depuis
tant de fiècles, prouve que ce qu'ont
écrit les hiftoriens du génie & des entreprifes des anciens, n'en eft qu'un récit
fimple & fidèle.

Les Grecs (1) furent les imitateurs des

(1) Nous leur avons l'obligation du module, petite
mefure ou échelle qui fert à déterminer les proportions
que les parties d'un édifice doivent avoir entre elles.

Affyriens qui l'avoient été eux-mêmes
des Egyptiens. Leur Architecture est légère, agréable, recommandable par les
belles formes, l'exacte proportion, la
justesse des rapports, l'élégance du deffin
& la richesse des ordres. Ils élevèrent ces
temples fameux, dont les ruines font
encore admirées des connoisseurs. Il est
presque impossible de rien ajouter aux
ouvrages des Grecs. Les règles qu'ils
nous ont laissées sont suivies par les
plus habiles maîtres. Leurs ordres de
colonnes, dont nous avons des restes,
font des modèles parfaits. La majestueuse
simplicité des premiers âges d'Athènes
s'y distingue de la licencieuse compofition des siècles postérieurs. L'ordre dorique fut inventé le premier : on appelle
ainsi du nom de Dorus, roi d'Achaïe,
l'ordre dont ce prince décora un temple
qu'il fit élever à Argos en l'honneur de
Junon. Cet ordre est mâle & les colonnes
ont huit diamètres : il étoit employé aux

temples des dieux, comme Jupiter, Mars & Hercule.

L'ordre ionique, qui fut trouvé ensuite, est plus élégant. Les Grecs conduits par Ion, leur chef, ayant passé dans l'Asie mineure, y consacrèrent des temples à leurs divinités. On employoit cet ordre, dont les colonnes reçurent la neuvième partie de leur hauteur, dans les temples des déesses, telles que Junon, Cérès & Proserpine. La date de l'invention de ces deux ordres monte à près de huit cents ans avant la naissance de Notre-Seigneur.

L'ordre corinthien, que nous devons pareillement aux Grecs, leur est un peu postérieur; il se distingue par la richesse de son ordonnance, par la délicatesse de ses ornemens & l'élégance de ses proportions; il fut porté à dix diamètres. On avoit couvert d'une tuile une corbeille placée sur la sépulture d'une jeune Corinthienne; une Acante sauvage étendit
ses

fes rameaux fur les angles de cette tuile; ils s'y retournèrent en forme de volutes. Le fculpteur Callimaque, frappé de leur heureux effet, en conçut l'idée du chapiteau corinthien. Cet ordre étoit réfervé pour les déeffes vierges, comme Vefta, Flore, Hebé (2).

L'attique, petit ordre qui couronne les autres, ne fauroit appartenir aux Grecs, quoique fon nom femble leur en attribuer l'invention. Les monumens égyptiens & perfes prouvent que ces peuples le connoiffoient : les Grecs l'ornèrent de pilaftres & en réformèrent les proportions ; ils y placèrent des Ca-

(2) Il paroît cependant que les Architectes s'écartoient quelquefois de cette règle. Nous lifons dans Vitruve, (Préf. du Liv. VII) que Péonius d'Ephèfe & Damnis de Milet bâtirent dans cette ville le temple d'Apollon d'ordre ionique. Celui de Jupiter Olympien fut fait d'ordre corinthien par un nommé Coffutïus, citoyen Romain, & le temple de Diane à Ephèfe, d'ordre ionique par Ctéfiphon, natif de Candie.

riatides en mémoire de la prife de la ville de Carie en Laconie.

Un carré long ifolé étoit la forme ordinaire des Temples de l'antiquité ; quelquefois un ou deux rangs de colonnes portées fur un foubaffement continu, l'environnoit. Un perron furmonté d'un veftibule, dont les colonnes étoient couronnées d'un fronton, précédoit l'entrée de ces temples, vers un des petits côtés du carré long. Il n'eft pas douteux que leurs dehors n'en impofaffent par un air de grandeur & de majefté. Leur intérieur y répondoit peu ; diftribué quelquefois en nef, en fanctuaire & en rond-point qui offroit la ftatue de la divinité, un toît de charpente le couvroit, & fon étendue étoit médiocre. Cependant les temples renommés, tels que ceux de Diane à Ephèfe, & d'Apollon à Delphes, renfermoient des richeffes immenfes en tout genre.

La forme circulaire étoit admife en

Grèce. Les Perfes en avoient fait choix, eu égard au foleil qu'ils adoroient; leurs autels regardoient le lever de cet aftre.

Les Romains, imitateurs des Egyptiens & des Grecs, portèrent l'Architecture à un haut degré de perfection. La quantité de leurs bâtimens, les fommes immenfes qu'ils y employoient, l'efprit de grandeur qui les animoit, les honneurs accordés aux talens, tout cela élevoit l'ame & engageoit les artiftes à fe furpaffer. L'ambition de devenir les maîtres du monde ne détourna point les Romains de s'aftreindre aux règles que les Grecs avoient prefcrites pour la forme des temples & la conftruction des autres édifices. Les veftiges que nous en offre l'Italie, font autant de monumens de la puiffance & de la grandeur de leur empire. On diftingue les divers âges à la diverfité de leur conftruction & à l'état de leurs ruines. Les ouvrages de la république font les plus maltraités par

le temps , & ne fe reconnoiffent pas
moins à leur fimplicité qu'à leur utilité;
la richeffe & les ornemens annoncent
ceux des empereurs , magnifiques fous
Augufte , moins beaux fous Trajan ,
prefque méconnoiffables dès le troifième fiècle de l'ère chrétienne. Les monumens antiques , dit un homme de
goût (3), nous inftruifent autant que
les hiftoriens , de la grandeur & de la
magnificence des nations qui nous ont
précédés ; fouvent même ils nous donnent des connoiffances plus étendues
& plus exactes.

Nous devons aux Romains les ordres
tofcan & compofite : le premier eft
très - inférieur aux ordres grecs pour
l'agrément & la variété ; on peut le regarder comme un ordre dorique brut &
groffier. Il étoit connu en Italie avant
que l'Architecture grecque y fût intro-

---

(3) Le comte de Caylus , Recueil d'antiq.

duite. Le second, formé de l'ionique &
du corinthien, est plus en usage parmi
les décorateurs que parmi les Architectes. Vitruve (4) n'a pas cru devoir le
comprendre dans la classe des ordres ;
ainsi on peut dire qu'il n'y en a proprement que quatre, le composite ayant
les mêmes proportions que le corinthien.

Il est certain que le règne d'Auguste
vit fleurir l'Architecture ; elle ne fut
néanmoins portée à sa perfection que

_____

(4) Le passage du Liv. IV, Chap. I, ne doit s'entendre
que d'un ordre composé qui peut être infini, mais nullement de l'ordre composite qui est fixé, & dont la forme
& les proportions sont certaines. Voici le passage de Vitruve. « On met, dit-il, sur ces mêmes colonnes des
chapiteaux qui ont d'autres noms, mais ces noms ne doivent point faire changer celui des colonnes, puisqu'elles
ont les mêmes proportions ; car on ne leur a donné ces
noms qu'à cause de quelques parties qui ont été prises des
chapiteaux corinthiens, & de ceux qui sont en manière
d'oreillers, & des doriques aussi, dont on a assemblé les
différentes proportions pour en composer une manière de
tailler les chapiteaux avec plus de délicatesse. »

sous Vespasien : ce prince fit élever le temple de la Paix & le Colisée sur le modèle qu'Auguste s'en étoit proposé. Lorsque la religion chrétienne fut devenue dominante dans l'empire, on sacrifia la majesté des dehors à l'étendue de l'intérieur. On parvint par degrés à donner au plan des temples la forme d'une croix grecque ou latine. Justinien ayant résolu vers l'an 532 de réédifier l'église de Sainte Sophie à Constantinople, sans y employer de charpente, l'Architecte Anthemius éleva un dôme circulaire sur quatre points au milieu des grands côtés du carré ; idée heureuse qui a procuré dans la suite à nos temples un couronnement que les anciens n'avoient point imaginé.

La translation du trône impérial à Constantinople, qui occasionna la décadence de l'empire, entraîna aussi celle de l'Architecture. Ses principes furent entièrement oubliés, & elle dégénéra jufqu'au renverfement total de l'empire, moment fatal qu'un poëte moderne a peint dans ces beaux vers (5).

—ubi barbaries, peregrino ex orbe profecta,
Numina fub templis, cives tumulavit in urbe,
Diffugére deæ; laceras Pictura Tabellas
Incenfis rapuit laribus, fragmenta laboris
Exigua immenfi, mutilas Sculptura columnas,
Semirutcs portarum arcus, avulfaque fuicris
Signa, pedes partim, partim truncata lacertos
Abftulit, & penitùs tellure recondidit imâ.

N'accufons pas néanmoins exclufivement les peuples fortis du nord de la deftruction des précieux monumens de l'empire romain & de la corruption de l'Architecture qui exiftoit déjà avant leur incurfion. L'amour de la nouveauté avoit conduit les artiftes dans des routes inconnues aux anciens, & par une fuite néceffaire les avoit fait tomber dans des excès vicieux.

Les colonnes fi bien proportionnées,

---

(5) *Pictura, carmen*, par l'abbé de Marfy.

dont les anciens édifices étoient décorés,
firent place à des piliers lourds & maffifs;
on les porta enfuite à une telle élévation,
qu'ils fe ramifioient dans les voûtes. Les
bizarreries attribuées aux Goths, font
dues au caprice des artiftes Italiens,
leurs contemporains. On diftingue deux
âges dans le gothique, l'ancien & le moderne. Un des plus grands ouvrages en
ce dernier genre eft la cathédrale de
Milan, non encore achevée, quoique
commencée dans le quatorzième fiècle.
Elle eft conftruite en marbre de Carrare
& ornée de plufieurs milliers de ftatues.
Cette Architecture gothique moderne
régna en France & en Italie jufqu'au
pontificat de Léon X.

Lorfque, par une heureufe révolution,
des princes protégèrent en Italie les lettres & les beaux-arts, le gothique fut
abandonné, & l'Architecture enfevelie
fous les ruines de l'empire durant une
fi longue fuite d'années, reffufcita, fi

j'ofe m'exprimer ainfi. L'églife de Sainte
Marie-des-Fleurs à Florence fut un des
premiers ouvrages qui offrît des traces
du bon goût ; c'eft un octogone montant
de fond, que termine une double voûte.
Brunellefchi conftruifit ce monument,
dont l'exécution avoit paru fi long-
temps ▓▓▓▓▓ aux Architectes.

Vers le commencement du feizième
fiècle, moins timides que leurs prédéceffeurs, les artiftes allèrent mefurer les
parties des anciens bâtimens & deffiner
les ordres avec précifion. Par là ils parvinrent à ramener dans leurs édifices le
bon goût & la pureté, & à préparer le
degré de perfection auquel l'Architecture eft depuis parvenue. .Sous Côme
de Médicis & fous Léon X, le Taffe &
l'Ariofte excellèrent dans la poëfie ; Raphaël, le Titien, Paul Véronèfe, &
une foule d'autres fe diftinguèrent par
leurs talens fupérieurs pour la peinture ;
les Bramante, les San-Gallo, les Michel-

Ange élevèrent des édifices qui fur-
paffent ceux des anciens en magnificence & en régularité ; auffi ont - ils
fervi de modèles aux autres nations. On
peut regarder la Bafilique de S. Pierre
de Rome comme l'époque de la renaif-
fance de l'Architecture. Dix papes confécutifs travaillèrent à l'achevement de
ce temple, plus vafte que celui fondé
par le premier empereur chrétien.

Depuis ce temps tous les peuples de
l'Europe envoyèrent des artiftes à Rome
pour y apprendre l'Architecture ; mais
ces artiftes fe contentèrent d'imiter les
modèles des nouveaux maîtres, & on
ne doit point s'en étonner. Il eft beaucoup plus aifé d'étudier d'après des monumens entiers, que de faire des recherches dans des ruines. Je ne crois pas
qu'on puiffe donner d'autre raifon de la
lenteur de nos progrès en Architecture.
Quoique nous ayons eu d'habiles maîtres depuis le règne de Henri II, ce n'eft

que dans le fiècle de Louis XIV que nos Architectes ont ofé faire des colonnades, encore ont-ils accouplé les colonnes, ce qui n'eft point conforme aux principes des anciens.

Nous confidérerons maintenant fous quatre âges différens l'Architecture qui caractérife plus qu'aucun autre art la magnificence de nos rois. Nous remonterons d'abord à fon berceau, pour prendre une idée fuccincte des ouvrages éclos dans fon enfance chez les Gaulois. Cette introduction remplira le vide immenfe qui fe trouve depuis l'établiffement de la monarchie françoife jufqu'à Charlemagne ; ce fera la première époque. Les bâtimens élevés depuis ce prince jufqu'à François I, appartiendront à la feconde : la troifième commencera à ce monarque, & nous conduira jufqu'au règne de Louis XIV. Les plus brillans fuccès de l'Architecture fous ce prince, feront la quatrième époque.

PREMIÈRE ÉPOQUE.

A CONSIDÉRER la nature des arts, on y trouve beaucoup de conformité avec celle de la vie humaine, l'enfance, l'état de vigueur, la vieillesse & la fin. Les bornes de l'esprit humain l'empêchent de s'élever rapidement à des connoissances qui ont la nature pour principe & le goût pour fondement. Ce n'est que par des travaux longs & pénibles, des études bien dirigées, qu'on découvre le beau ; sa pratique seule conduit l'esprit humain à cette perfection dont il est susceptible.

L'Architecture gothique naquit dans le nord (6), d'où les Goths l'introduisirent en Europe au cinquième siècle. Les Gaulois s'éloignèrent entièrement des principes des Grecs ; ils s'en firent

---

(6) Je suis ici l'opinion commune, je sais bien que l'abbé May n'est pas de cet avis.

même de nouveaux. Telle fut l'origine de leurs productions monftrueufes qui n'eurent que trop d'imitateurs. C'eſt toujours le même plan, ce font les mêmes défauts, les mêmes ornemens dénués de goût & d'intelligence.

Les Druides imitèrent les branches & les feuilles des arbres dont ils auroient dû prendre les troncs pour modèles. Il en réfulta des colonnes menues & fort hautes, qu'ils divisèrent dans les voûtes par branches d'ogives. Si l'on regarde comme beau ce qui tient du prodige, on admirera ces piliers fi longs & d'autant plus chargés, qu'ils font minces : l'art qui a fu les tailler & les polir, leur réfiſtance au poids immenfe dont ils devroient être écrafés, font autant de phénomènes aux yeux de leurs admirateurs. Je conviens qu'on ne peut refufer des éloges au travail prodigieux qui a fait éclorre les rofes des cathédrales de Paris & de Sens, mais ces formes de lacets

dont les replis tortueux entourent l'ouvrage, ces figures en cordons de pierre,
aussi peu proportionnées pour l'étendue
que pour la petitesse, méritent peu
notre admiration. On ne peut même
trop s'étonner des idées contradictoires
qu'allioient les ouvriers de ce temps-là,
un plan de Basilique grand & majestueux, & de misérables colifichets, des
ornemens du plus mauvais goût qui le
déparent.

Ce qui caractérise le plus les ouvrages
des Gaulois, c'est la hardiesse ; ils la
portèrent même au point que beaucoup
de leurs productions semblent menacer
la tête du spectateur. Ils mirent toute
leur industrie à élever des édifices plus
étonnans que réguliers. Leur exécution
offre des traits de hardiesse qui tiennent
de l'enchantement, & qui n'auroient
jamais pu se soutenir, si le seul caprice
les eût dictés. On sait par tradition que
Wren se mit un jour à examiner le

comble de la chapelle du collège royal à Cambridge, & qu'il dit que si quelqu'un pouvoit lui montrer l'endroit où avoit été posée la première pierre, il s'engageroit à construire un semblable comble. Mais le plus grand éloge que les Gaulois méritent, c'est que la hardiesse & la légèreté de leurs ouvrages accompagnent la solidité de leur construction. Ceci doit s'entendre de l'Architecture gothique qu'on appelle moderne. Ses édifices font plus délicats, plus légers & plus déliés que ceux de l'Architecture ancienne gothique, qui ne présente que des ouvrages lourds, matériels & grossiers. Une confusion d'ornemens, dénués de vraisemblance & de goût, caractérise la moderne; la petitesse qui en résulte fatigue l'œil appliqué à s'y fixer. On sent bien que les Architectes ont cherché à y mettre de la variété; mais leurs piliers trop gros ou trop grêles, n'y causent-ils par une vicieuse uniformité ? Les Sculpteurs ne connoissoient d'autre ornement que des gargouilles & de petites pyramides. Lorsqu'ils ont voulu imiter le chapiteau corinthien, ils ont moins copié des feuilles d'acante que de chardon.

L'espèce de réforme que l'Architecture gothique moderne apporta dans cet art, date du onzième siècle. Il y avoit long-temps que les Maures ou Arabes cultivoient les sciences. Devenus maîtres de l'Espagne, ils les y firent fleurir. Le reste de l'Europe les imita ; leurs auteurs furent lus, & leurs édifices étudiés.

Ce ne fut guère qu'au règne de Clovis que l'Architecture commença à paroître en France avec quelque distinction. Par les soins de ce Prince fut construite à Paris l'église de S. Pierre & de S. Paul, qui a été rebâtie dans le douzième siècle, sous le nom de Sainte Genevieve, & fut commencée la tour de la cathédrale

de

de Strasbourg (7). Clotaire I fit élever l'églife de Saint Médard de Soiffons, & Childebert I celle de Saint Vincent, nommée préfentement Saint Germain-des-Prés, dont il ne refte que la groffe tour à laquelle tient la principale porte de l'églife. Au commencement du feptième fiècle on conftruifit par ordre de Dagobert I, l'églife de l'abbaye de S. Denis, dont la magnificence n'eft plus confignée que dans l'hiftoire.

SECONDE ÉPOQUE.

CHARLEMAGNE avoit fubjugué une partie de l'Europe, il effaya d'en bannir la barbarie, & contribua plus qu'aucun autre prince à relever la gloire de l'Ar-

---

(7) Cette tour de 450 pieds (mefure de France) fut, dit-on, élevée fous le règne de Philippe le Hardi, & fous l'empereur Edouard II. C'eft le plus beau monument d'Architecture gothique qui exifte en Europe, & le chef-d'œuvre d'Irwin de Steinbach.

chitecture. On peut juger de l'état où étoit ce bel art sous son règne, par la description qu'un ancien poëte (8) a faite en vers latins du palais de cet Empereur à Aix. Voici un trait qui prouve l'étendue de ses connoissances. Etant dans une ville maritime du Languedoc (9), ce prince aperçut, durant son dîner, des vaisseaux étrangers qui envoyoient des chaloupes à terre, connoître le pays. On examina ces bâtimens, & personne ne put décider de quelle nation ils étoient. Charlemagne seul, à la structure des vaisseaux & à l'adresse de la manœuvre, reconnut que c'étoient des vaisseaux normands.

Ce prince fit construire une grande église & un superbe palais à Aix-la-Chapelle. Sous Charles le Chauve & Robert on rétablit quelques-uns des

---

(8) Ferius Vilpericus.
(9) Histoire de la Marine.

édifices qu'avoient détruits les Normands, les Danois & les Sarrazins. L'achevement de l'église métropolitaine de Reims, commencée sous Louis le Débonnaire est dû à son règne. Saint Nicaise de la même ville est une preuve de l'intelligence de Hugues Libergier, (mort en 1263) qui a risqué sur les deux tours du portail, dix pyramides de pierre, dont les deux grandes ont cinquante pieds de haut sur une base de seize pieds. Parmi les temples élevés sous Robert le Pieux, on admire la cathédrale de (10) Chartres. La construction de l'église abbatiale de S. Lucien de Beauvais est rapportée au règne de Philippe I, & celle de la cathédrale (11) d'Amiens à celui de Philippe Auguste.

_____

(10) On dit portail de Reims, nef d'Amiens, chœur de Beauvais & clochers de Chartres.

(11) Etienne de Lusarches commença ce bel édifice vers l'an 1220.

Nous devons à ce Prince l'achevement du grand portail de l'Église de Paris, commencé fous le Roi Robert. Suger, abbé de S. Denis & Miniftre de Louis le Gros fit rebâtir & augmenter la Bafilique de cette abbaye au commencement du douzième fiècle, ouvrage qu'on affure avoir été conftruit dans l'efpace de trois ans & trois mois. Ce même fiècle vit élever les cathédrales de Verdun, de Laon, de Lizieux, de S. Remi de Reims, & autres édifices que le temps a épargnés.

Les arts cependant reftèrent dans une efpèce de langueur jufqu'au treizième fiècle. Saint Louis fut le fondateur du monaftère & de l'Eglife de Royaumont, de celle de Maubuiffon & de la Sainte-Chapelle de Paris. Eudes de Montreuil, le plus habile Architecte de fon temps, à qui l'on doit ces édifices, conftruifit auffi les églifes des Chartreux, des Mathurins & des Cordeliers, & introduifit l'ufage d'interrompre fréquemment la maçonnerie par de hautes croifées dont les trumeaux font fort étroits. Les belles églifes de ce temps font tout en fenêtres colorées, fans être fuffifamment éclairées, apparemment pour ne donner qu'un demi-jour plus propre au recueillement. La conftruction de ces monumens dépofe contre le goût dépravé du fiècle qui les vit naître.

Philippe le Bel fit élever l'églife des religieufes de S. Dominique à Poiffy. L'architecture de celle de S. Ouen, modèle de nobleffe & de délicateffe, appartient au règne de Philippe V & de Charles IV. Elle a le défaut de la cathédrale de Paris & de l'abbaye de Saint Denis, dont le plan eft de biais; celle de Joyenval, près de S. Germain-en-Laye, eft dans le même cas. La cathédrale de Bourges, un des plus fuperbes temples qui foient en Europe, illuftre le règne de Charles IV.

Charles V fit quelques efforts pour
dépouiller l'Architecture de son air gothique. Par les ordres de ce prince on
travailla au Louvre ; les châteaux de
Montargis & de Creil furent construits;
le premier à vingt-cinq lieues de Paris,
& le second à douze. Celui de S. Germain-en-Laye le reconnoît pour son
fondateur, ainsi que le chapitre de la
Sainte-Chapelle de Vincennes. Il ne
faut point passer sous silence l'église de
N. D. de Dijon , ouvrage gothique
d'une délicatesse & d'une légèreté surprenantes; sa voûte est regardée comme
une merveille de l'art.

Les amateurs de la belle Architecture
admirent à Troyes en Champagne un
chef-d'œuvre de la fin du treizième
siècle; je veux parler de l'église de Saint
Urbain : sa délicatesse & sa solidité n'ont
rien qui puisse leur être comparé, ce qui
faisoit dire à Girardon qu'elle étoit bâtie
de chenevottes. Elle n'est point finie, &

elle l'auroit été fans doute fi le Pape Urbain IV, qui l'a fait conftruire, & le cardinal Ancher, fon neveu, euffent vécu plus long-temps.

Il ne paroît pas que l'Architecture ait fait de progrès depuis Charles V jufqu'à la fin du règne de Louis XII. Celui-ci fit élever les faces orientale & méridionale du château de Blois. Rouen doit au cardinal d'Amboife l'embelliffement que lui procurent quelques édifices & places publiques. Ce grand miniftre fit auffi bâtir le château de Gaillon à dix lieues de cette ville.

On lifoit alors, & même dès le neuvième fiècle, les écrits de Vitruve, le feul parmi les anciens dont les ouvrages fur l'art de bâtir foient parvenus jufqu'à nous : mais l'obfcurité de fon texte, fouvent peu éclairci par fes commentateurs, ne pouvoit être diffipée par les lumières infuffifantes d'artiftes peu faits pour fentir l'élégance & le rapport des proportions. Cependant fi le bon goût ne brilla pas dans leurs ouvrages, uniquement diftingués par le merveilleux & le fingulier, il n'en fut pas de même de la fcience. On n'oublia point l'art de jeter une voûte, mais on fe contenta de celles nommées à arrêtes. En leur donnant des piliers pour foutiens, on n'obferva pas de rendre apparente cette force intrinsèque, afin de fatisfaire l'imagination. En un mot on eft encore plus étonné de la hardieffe de leurs ouvrages, lorfqu'on confidère les reffources que tiroient uniquement de leur génie des artiftes pour qui les Derrand, les la Hire n'avoient point encore fait de traités fur la coupe des pierres, ni de théorie fur la pouffée des voûtes.

Tous les princes, qui viennent de paffer en revue, avoient en général peu de goût pour l'Architecture. Les tournois, la chaffe & tout ce qui retraçoit l'image de la guerre, faifoient en quelque forte leur unique plaifir. Leurs palais annonçoient moins la demeure d'un fouverain, qu'une forterefle. Ainfi l'art qui apprend à les élever, refta long-temps au berceau ; la lenteur de fes progrès lui préfageoit une éternelle enfance, & le peu de confidération dont jouiffoient les artiftes, fembloit l'y condamner.

TROISIÈME ÉPOQUE.

Il étoit réfervé à François premier de développer le germe de leurs talens, en répandant abondamment fur eux fes bienfaits Sous le règne de ce monarque juftement appelé le père des lettres & de la patrie, l'Architecture auparavant traitée d'une manière sèche & groffière, brilla d'une élégance & d'une beauté toutes nouvelles ; j'en excepte les premiers édifices qui participent encore du gothique, quant à la folidité & à la délicateſſe, & qui tiennent de l'antique quant aux membres & aux ornemens ſans proportion ni bon goût de deſſin. La monſtrueuſe égliſe de S. Euſtache en eſt un exemple; ſes colonnes & ſes pilaſtres ſortent des meſures des cinq ordres, les ornemens de leurs fûts & de leurs chapiteaux ſont confus & de mauvais goût, diverſes figures chimériques ſervent de gargouilles & de corbeaux, les faces latérales ſont chargées d'ornemens romaneſques dont on les a gâtées en voulant les embellir.

Une grande partie du château de Fontainebleau & celui de S. Germain en-Laye furent conſtruits par ordre de François premier. Il bâtit Chambord (12) en 1526 à ſon retour d'Eſpagne; dix-huit cents ouvriers y furent, dit-on, employés

---

(12) Suivant une ancienne tradition, on croit dans le pays qu'un Architecte de Blois a fourni les deſſins de ce château.

durant douze ans. La France n'a rien de plus beau en bâtimens gothiques que ce château élevé de trois étages, quoiqu'il foit imparfait. Quatre gros pavillons forment le corps de ce bâtiment qui a dans fon centre un efcalier de figure ronde & d'environ trente pieds de diamètre : on y remarque deux rampes dont les marches tournent autour du noyau, en forte que les deux rampes circulent, l'une à droite, l'autre à gauche, & fe terminant chacune à un pallier particulier, plufieurs perfonnes peuvent monter de part & d'autre, & arriver aux falles fupérieures fans fe voir & fans fe rencontrer.

Les grands hommes en tout genre, attirés en France par les libéralités de ce prince, nous enfeignèrent les véritables règles de l'Architecture. L'efprit françois fut tiré d'un profond fommeil : bientôt les Architectes abandonnent les ordonnances gothiques & remettent en vigueur les trois ordres d'Architecture. Les ridicules colifichets & les découpures ineptes, adoptés dans les siècles barbares, disparoissent. On construit la fontaine des Nymphes, dite des Innocens, & le Louvre s'élève. Les artistes ont ordre de faire pour ce château des desseins d'une magnificence supérieure à tout ce qu'on a vu jusqu'alors. François & Italiens travaillent à l'envi, le dessin de Lescot est justement préféré.

Cet essai du génie françois est l'époque de la renaissance de la belle Architecture parmi nous. Henri II acheva les travaux de son père, & entreprit d'élever trois autres façades au louvre pour en rendre la cour carrée. Par les ordres de ce prince, Chambord, Fontainebleau furent continués, on augmenta Saint Germain-en-Laye d'un édifice joignant la rivière de Seine. Le château d'Anet fut aussi construit avec beaucoup de magnificence.

Après la mort de Henri II, Catherine de Médicis éleva le château de S. Maur fur Marne, & commença des galeries & des terraffes du côté du pavillon du Louvre, pour communiquer au palais des Tuileries qu'elle fit conftruire. Ce palais ne confiftoit alors qu'en un gros pavillon féparé de deux autres plus petits par deux corps de logis. Charles IX & Henri III veillèrent fucceffivement à la continuation du Louvre. Sous le premier de ces rois l'églife de Sainte-Croix d'Orléans, chef-d'œuvre d'Architecture gothique, fut rebâtie.

Henri IV, après avoir établi la paix dans fon royaume, s'appliqua à étendre l'empire des arts. On lui doit les châteaux de Monceaux & de Prêle en Brie, les embelliffemens de Saint-Germain & de Fontainebleau, & l'agrandiffement des palais du Louvre & des Tuileries. Sous ce prince fut achevé un des plus beaux ponts du royaume, je veux dire

le Pont-Neuf que Henri III avoit commencé, & le premier qu'on ait conftruit
en pierre à Paris. La Place-Royale, le
canal de Briare qui joint la Seine à la
Loire, font des monumens de fon règne,
ainfi que la reftauration de la cathédrale
d'Orléans que les Huguenots Calviniftes
avoient ravagée. On remarque que fous
ce prince & fous Louis XIII on fubftitua
des feftons de gros fruits, des cartouches
& autres ornemens matériels à ceux qui
depuis François premier, avoient été
imités de l'antique.

La protection que Marie de Médicis
accorda aux beaux-arts, rendra à jamais
fon nom illuftre. Cette princeffe fit conftruire l'aqueduc d'Arcueil & le palais de
Luxembourg, un des plus beaux & des
plus réguliers qu'il y ait en Europe. Ces
deux feuls édifices fuffifent pour immor-
talifer fa mémoire.

Jufqu'au règne de Louis XIII nos
églifes ne retracèrent aucunement l'élé-

gance & les richeſſes des temples anciens, on peut mettre à leur tête celui
de S. Louis, rue Saint-Antoine, dont
l'égliſe du Jéſus a donné l'idée : ſa conſtruction fait époque dans la forme & la
diſtribution de nos édifices ſacrés. Les arcades en tiers-points, les voûtes à ogyves
y furent proſcrites, & on tenta d'élever
une coupole élégante. Ce règne fut fertile en grands Architectes qui déployè-
rent heureuſement des talens bornés juſqu'alors à de foibles eſſais.

On doit au génie de le Mercier, de
de Broſſe, de François Manſart, le dôme
du Louvre, les égliſes des PP. de l'Oratoire, de S. Roch, de la Sorbonne, des
Filles de Sainte Marie, & le portail de
S. Gervais. Les ponts au Change, Marie,
de la Tournelle, de S. Michel, & la
grand'ſalle du Palais rebâtie en 1622,
appartiennent au règne de Louis XIII.

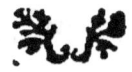

QUATRIÈME ÉPOQUE.

LES révolutions de l'Architecture & fes progrès lents fous nos premiers rois, plus rapides fous les derniers, préparoient infenfiblement les brillans fuccès qu'elle devoit avoir dans le fiècle de Louis XIV.

> Siècle heureux de Louis, fiècle que la nature
> De fes plus beaux préfens doit combler fans mefure,
> C'eft toi qui dans la France amènes les beaux-arts ;
> Sur toi tout l'univers va porter fes regards ;
> Les Mufes à jamais y fixent leur empire,
> La toile eft animée & le marbre refpire.
>
> HENR. Ch. VII.

Si les arts fous Louis XIV ont été portés à un fi haut degré de perfection, c'eft que ce monarque comprit aifément que leur règne rendroit fon royaume de plus en plus floriffant. Il répandit donc abondamment fes faveurs fur ceux qui faifoient paroître des étincelles de génie. Bientôt les talens utiles & agréables,

animés

animés par les louanges du prince, encouragés par ſes récompenſes, firent voir que rien n'étoit impoſſible au génie françois. *C'eſt la gloire qui nourrit les arts*, a dit (13) un ancien, *le goût du travail, ſans elle, ne nous vient point, & tout métier auquel on attachera du mépris, ſera toujours négligé.*

Des Académies furent établies à Paris & à Rome, & d'habiles gens envoyés en Italie, en Egypte, en Grèce, en Perſe & dans tous les lieux où les anciens ont laiſſé des veſtiges de leurs travaux. Leur Architecture eſt, comme leurs ouvrages d'eſprit, pleine de hardieſſe & de beautés mâles. Quelle dépenſe plus digne d'un roi, que de mettre les jeunes artiſtes à portée d'étudier des chefs-d'œuvres que le temps ſemble n'avoir épar-

---

(13) *Honos alit artes, omnesque incenduntur ad ſtudia gloriá : jacentque ea ſemper quæ apud quosque improbantur.*

                                                              Iſt Tuſ.

gnés que pour nourrir leur génie & élever leurs idées!

Les intentions de ce prince eurent un succès qui passa sans doute ses espérances. Sous son règne on vit construire le nouveau Louvre avec sa belle colonnade, une partie du château des Tuileries, le Val-de-Grace, plusieurs portes de la capitale, le château de Maisons, la Sorbonne, l'arc de triomphe, l'Hôtel royal des Invalides, & d'autres superbes édifices qui concourent à embellir Paris, en même temps qu'ils fournissent dans chaque genre des modèles à imiter. Mansart & le Nostre entrèrent fort heureusement dans les vues du prince. Le premier employa toutes les richesses de l'Architecture dans l'immense façade de Versailles du côté du petit Parc. Le second créa l'Art des Jardins, & ouvrit de nouvelles routes à ceux qui depuis lui se sont distingués en ce genre.

La révolution si sensible dans les arts

qui se proposent l'utilité & l'agrément,
ne le fut pas moins dans ceux dont le
plaisir est l'objet. La musique acquit de
l'enjouement, la poësie de la sévérité,
la peinture & la sculpture de la richesse
& des grâces, la danse de la noblesse.
Le règne d'Auguste ne fut fécond en
grands hommes, que parce qu'il fut le
règne des Beaux-Arts : celui de Louis XIV
ne l'a retracé que par l'émulation qu'il a
donnée aux gens à talent. Ainsi ne de-
mandons plus à la physique les causes
des révolutions qu'ont éprouvées les arts
& les sciences. Adressons-nous à la morale, elle nous dira que tant qu'on a vu
régner l'émulation, on a vu de grands
hommes. On lit toujours avec étonnement les honneurs décernés par les Grecs
aux fameux Artistes, honneurs pareils
à ceux qu'ils accordoient aux Législa-
teurs. Ceux-ci, disoient-ils, nous ont
laissé des loix utiles au Gouvernement :
les Peintres & les Sculpteurs, en nous

remettant fous les yeux l'image des
hommes vertueux, nous portent plus
efficacement à les imiter, que les fublimes difcours des orateurs. C'eft auffi la
penfée d'Horace dans fon Art poëtique.

Segnius irritant animos demiffa per aures ,
Quam quæ funt oculis fubjecta fidelibus.

Il feroit affurément injufte que l'admiration due aux Architectes du dernier
fiècle, nous rendît peu équitables envers
ceux du nôtre. On ne peut leur refufer
la fupériorité dans l'art de diftribuer
l'intérieur des édifices , art que leurs
prédéceffeurs ont négligé ou peu connu.
Pourquoi ne diroit-on pas qu'ils foutiennent également le point de perfection auquel l'Architecture eft parvenue ?
Sous le règne de Louis XV on éleva le
principal portail de Saint Sulpice, la fontaine de la rue de Grenelle, & quelques
bâtimens deftinés à l'utilité publique,
tels que l'hôpital des Enfans trouvés , &

l'Ecole royale militaire. La démolition des maisons qui masquoient la belle façade du Louvre, & la continuation de ce palais, font époques dans le siècle de Louis XV. La place construite en l'honneur de ce prince, augmente le nombre des monumens qui décoroient déjà la Capitale du Royaume. Les églises de Sainte Genevieve & de la Madeleine offriront de nouveaux modèles de la construction des édifices sacrés. Dans un autre genre la salle de l'Opéra à Versailles ne doit pas être oubliée, non plus que l'hôtel des Monnoies élevé sur un des plus beaux quais de cette ville. A ces monumens on peut associer les places publiques que les villes de Valenciennes, de Bordeaux, de Rennes, de Nancy & de Reims, ont successivement consacrées à la gloire de Louis XV, & le pont de Neuilly, dernier ouvrage d'importance qui appartient à son règne.

C'eſt auſſi par lui que je termine l'é-
numération des édifices remarquables
élevés en France ſous nos Rois. Elle
devoit naturellement précéder quelques
réflexions ſur l'art de bâtir. Cet art a
pour baſes la ſolidité & la majeſté, &
pour fin eſſentielle la commodité.

La ſolidité eſt le principal but que ſe
propoſe tout homme qui fait conſtruire
un bâtiment; il le doit être auſſi de
l'Architecte. Mais quel obſtacle que
celui d'une mode impérieuſe qui a introduit les grandes ouvertures des maiſons!
Je demande ſi elles s'accordent avec la
ſolidité due à l'étroite union des pierres,
& ſi des bâtimens tout en portes &
en fenêtres triompheront des injures
du temps ſeulement durant un demi-
ſiècle.

La majeſté réſulte également de l'enſemble de l'édifice & du détail des ornemens. Ce qui conſtitue l'enſemble eſt la
juſteſſe des proportions, la nobleſſe du

deſſin, l'attention à ménager le coup-d'œil, l'art enfin de ſauver les irrégularités du terrein. Le milieu d'un bâtiment peut ſe comparer à la principale figure d'un tableau; il faut qu'il domine ſur tout le reſte & arrête d'abord la vue. Les aîles lui doivent être ſubordonnées & contribuer à ſa grandeur ſans l'offuſquer. Du rapport parfait entre le tout & les parties naît l'harmonie, qui conſiſte dans la relation des maſſes avec les parties principales, & de celles-ci avec les détails, relation ſi indiſpenſable, que la déſunion de quelques membres opéreroit une diſſonance.

Tous doivent rendre raiſon des vues du propriétaire, des intentions de l'Architecte & des préceptes de l'art. Combien d'édifices voyons-nous qui ne ſont faits que de pièces de rapport ! Priſes ſéparément, elles ne manquent point de beauté, mais forment-elles un enſemble dont la majeſté ſeule a le droit de plaire?

Peut-on dire que le jugement & la raison se sont chargés de les placer? Un bâtiment où tout est joli & agréable devient souvent mesquin, si l'Architecte ne s'est étudié qu'à former de petites parties. La symmétrie & l'élégance ne doivent jamais lui faire perdre de vue la majesté & la grandeur de son art.

Il me semble qu'on peut réduire à trois les qualités nécessaires à un Architecte; la science, le génie & le goût.

La première s'acquiert par l'étude des mathématiques, la théorie des préceptes, la lecture des meilleurs Auteurs, & l'examen réfléchi des édifices anciens & des plus beaux profils. Rien de plus utile que d'en prendre des mesures exactes; mais c'est en Italie, la patrie des Beaux-Arts, qu'il faut aller les chercher. Palladio, Scamozzi, Vignole, & beaucoup d'autres grands hommes, y ont laissé des monumens de leur science, que les jeunes Artistes ne fauroient trop étudier. Ce voyage (14) leur eft, ainfi qu'aux Sculpteurs, encore plus néceffaire qu'aux Peintres. On fait que les beaux ouvrages d'Architecture & de Sculpture font affez bien confervés à Rome, au lieu que la plus grande partie des peintures de Raphaël & des anciens Maîtres de l'Art eft ruinée & dépérit chaque jour. Nous poffédons d'ailleurs d'excellens tableaux & des copies bien faites de tous les grands morceaux d'Italie; mais en fait d'Architecture, pouvons-nous citer beaucoup d'édifices comparables à ceux dont l'Italie eft toute remplie ?

Si l'Artifte eft verfé dans la connoiffance de l'Architecture ancienne, fes

---

(14) En général le voyage d'Italie eft utile à tout Artifte. Le changement de lieu lui fert à oublier la manière de fon école, à voir la nature fous de nouveaux afpects, à la rendre par d'autres moyens, enfin à fe défaire d'un préjugé national qui règne dans tous les pays, qui vieillit plus que nous, qui s'enracine, & qu'on peut regarder comme l'ennemi principal de la perfection.

deſſins n'offriront qu'une belle invention, qu'une riche diſpoſition, qu'une
parfaite convenance aux uſages & aux
perſonnes pour leſquelles ils ſont deſtinés. Comme le ſtyle d'un Poëte doit
être diverſifié ſuivant les différens genres de poëſie ſur leſquels il s'exerce,
ainſi le ſtyle de l'habile Architecte ex-
primera les caractères variés de ſon art,
grave, ſublime, enjoué, terrible. Sous
ſon crayon, une égliſe, un mauſolée
ne prendront point les contours du
théâtre, ni une ſalle de bal ou de feſtin
la forme d'une égliſe. Toute demeure
doit annoncer la dignité, la fortune,
le goût du poſſeſſeur. Son caractère ne
peut être déterminé que par ſa forme
générale & l'empreinte de ſa deſtination. Les attributs de la Sculpture ſont
inſuffiſans pour le déſigner; il n'appartient qu'à l'Architecture de le fixer par
la diſpoſition des maſſes, par le choix
des formes & par un ſtyle ſoutenu &

propre à chaque genre de bâtimens.
Leurs différens usages prescrivent la di-
versité d'ordonnance de leur décoration. Si le Musicien exprime par un petit
nombre de signes l'héroïsme ou la volupté, la terreur ou la clémence, l'Architecte n'a-t-il pas les mêmes ressources,
soit en n'employant les ordres qu'à propos, soit en se bornant à leur simple
expression ?

C'est aux ordres à régler ce caractère
de l'ordonnance dont je parle. L'art de
profiler met l'Architecte en état d'assi-
gner à ses profils une expression plus ou
moins ressentie, suivant la qualité de
la matière, le volume d'air qui les envi-
ronne, & le genre de l'Architecture qui
les amène. La connoissance du clair-
obscur est essentielle pour donner du
mouvement aux façades très-éclairées, &
à toutes les parties d'un vaste édifice. La
science de l'Optique, si nécessaire à tout
Architecte, ne peut seule prévoir, avant

l'exécution, les effets de l'enfemble. Sans le raifonnement, né du goût dans l'art de profiler, comment deviner les difpofitions où fe trouve l'œil du fpectateur, difpofitions fi variées, que les règles deviennent fouvent inutiles ?

La connoiffance de la propriété des différentes lignes conduit donc à en faire une application, dont l'effet foit toujours agréable à la vue. Elle apprend à ne pas allier des maffes folides avec des parties déliées, ou des ornemens graves avec des détails frivoles, en un mot à ne point fortir du caractère de l'Architecture, qui ne doit jamais fe démentir.

> *Servetur ad imum*
> *Qualis ab incœpto procefferit.*

C'eft fur ces principes que les règles ont été établies, c'eft-à-dire, les obfervations puifées dans la nature même & fondées fur l'expérience des fameux

Artiftes. Elles ne doivent cependant
pas être fi facrées, qu'elles ne puiffent
fouffrir quelques exceptions. La jufteffe
du difcernement & la fcience feules ont
le droit de faire naître des licences qui
fouvent font éclorre des beautés. Encore
ne doivent-elles être admifes que dans
les parties acceffoires de l'édifice. Don-
nons-nous bien de garde, au refte, de
confondre ces licences avec les abus que
le goût condamne & que les préceptes
défavouent. Tels font ces caprices qui
ont élevé des colonnes dont la bafe eft
en haut & le chapiteau en bas. Tel eft
un ordre corinthien porté fur un piédeftal tofcan & couronné d'un entablement dorique. Joignons-y ces édifices
où, fans refpecter les règles de l'art,
les ornemens d'un ordre font appliqués
à un ordre différent, & où l'on donne
aux colonnes le double de leur module
ordinaire. Que dirai-je de l'ufage qu'ont
fait quelques modernes d'ornemens de

caprice employés par les Peintres dans les décorations théâtrales ?

Il s'en faut bien que le génie y ait présidé. Dans le grand nombre des productions de nos Architectes, peu en portent l'empreinte. Presque toutes sont des copies des ouvrages des fameux Maîtres, uniquement faits pour être imités. Le génie, au reste, ne s'acquiert point. La nature seule crée un grand Artiste, l'art ne formera qu'un Artiste élégant. Ne confondons pas le génie avec une malheureuse facilité de produire des choses peu estimables; stérile abondance qui n'est capable que de faire de médiocres Artistes.

Si l'on demande qu'est-ce que le génie, je répondrai avec un homme d'esprit (15) que c'est « ce principe de toute beauté, ce souffle céleste qui ins-

---

(15) Essai sur la Poësie, par Mylord Buckinghan, traduction de M. Trochereau.

pire tout un ouvrage, comme le principe de la nature anime la machine de
l'Univers ; cette chaleur qui se fait
sentir dans chaque expression, est une
émanation de la divinité, & est plus
que l'esprit. Invisible lui-même, rien ne
brille que par lui : indéfini, il définit
& les hommes & les choses. Où habites-
tu puissant génie , continue Mylord
Buckinghan, quelle partie du cerveau
peut contenir une substance si vaste, si
étendue ? Lorsque dans les momens
d'une langueur accablante je me plains
en vain de ton absence, où te retires-
tu ? Pourquoi viens-tu quelquefois me
séduire par tes charmes enchanteurs? »

Le génie est créateur, c'est son principal caractère; sans être servilement esclave des règles, il ose prendre des licences à propos, quelquefois aussi il se porte
moins à inventer qu'à faire un heureux
choix de ce qui l'est déjà. Comme il sent
les effets du grand ensemble, il distribue

les maſſes qui doivent produire l'harmonie, & diſpoſe ſagement les membres de l'Architecture. Par là il réuſſit
à leur donner des couleurs propres,
des tours gracieux, une ordonnance
nouvelle, le ſublime en un mot.

Parmi les règles que donne Longin
pour y atteindre, il recommande l'imitation des plus célèbres Auteurs. Il con-
ſeille ſurtout à ſon lecteur d'examiner,
s'il traite un ſujet poëtique, comment
Homère ſe feroit exprimé dans la même
occaſion. Quelle leçon pour les Artiſtes!
C'eſt en effet par l'imitation qu'on ſaiſit
l'eſprit d'un autre, c'eſt par cette voie
que s'eſt perfectionné le génie des grands
hommes, & qu'ils ont fait paſſer dans
leurs ouvrages une partie des beautés
de leurs prédéceſſeurs. Imiter ainſi c'eſt
créer. Avant Racine, Euripide avoit
peint Andromaque, Iphigénie & Phè-
dre : le Poëte François, en l'imitant, a
ſouvent enchéri ſur ſon modèle.

Telle

Telle eſt la marche du génie. La théorie lui prépare la voie, le goût lui donne l'eſſor, & l'enthouſiaſme produit des chefs-d'œuvres dignes des ſuffrages de la poſtérité. Ce goût acquis par la comparaiſon des beaux ouvrages modère le génie, quelquefois il l'élève au-deſſus des préceptes, il ſaiſit ces rapports, dont l'accord & l'harmonie nous enchantent, anime les productions de l'Artiſte, ſait allier les belles formes à la plus parfaite ſolidité, réunit aux beautés de la décoration extérieure celles de l'intérieure, dans l'une & dans l'autre détermine le genre, règle la forme & fixe l'expreſſion. C'eſt cette partie qui décèle ſupérieurement le goût de l'Architecte. Il aſſigne la place du milieu aux plus riches ornemens, & dans leur choix il établit ce repos ſi deſirable en cet art, en évitant ſoigneuſement la ſécहhereſſe.

Un morceau d'Architecture trop chargé d'ornemens ingénieux, mais déplacés, ne peut plaire qu'à ceux qui admirent une pièce de vers, dont tout le mérite consiste dans quelques endroits brillans. Il n'en est pas moins vrai que dans la Poësie, comme dans l'Architecture, les ornemens nécessaires doivent devenir naturels; mais tout ornement qui n'est qu'ornement est superflu. Il a été dit des harangues de Démosthène qu'on n'en pouvoit rien retrancher, & de celles de Cicéron qu'il n'y avoit rien à ajouter.

On pardonne aux jeunes gens quelques brillans, s'ils les sèment avec épargne. C'est à eux que s'applique ce mot d'un ancien (16) *amo in adolescente quod resecari possit.* Ces brillans qu'un Poëte a nommés ambitieux, ne devroient pas moins être bannis de l'Architecture que de la Chaire, dont ils avilissent la Majesté. La plupart étrangers & affectés,

_____

(16) Quintilien.

ils font dans les arts ce que font dans un Poëme épique les épifodes que le fujet doit amener, pour qu'ils en faffent partie. Depuis quelques années le luxe s'eft introduit dans l'Architecture ; les ornemens font devenus le principal d'un édifice, dont ils ne doivent être que l'acceffoire. Il eft affez naturel qu'on les ait prodigués dans l'enfance de l'art pour fuppléer à fa richeffe , mais préfentement que fes principes, fa beauté, fes effets font connus , il n'eft pas douteux que par une fage économie on ne doive s'élever à cette belle fimplicité qui fatisfait la raifon d'un fpectateur éclairé. Diftinguons , au refte , deux fortes de fimplicités; l'une qui vient d'indigence , & l'autre de force & d'abondance. Celle-là feule décèle un Artifte médiocre ; celle-ci eft comparable à l'éloquence de Démofthène, fi belle par elle-même, qu'elle charme & enlève fans le fecours des figures.

L'Architecture n'eft jamais feule. La beauté qui lui eft propre eft toujours accompagnée, fouvent même rehauffée par les ornemens que lui prêtent les arts de fa fuite. Si la poëfie, la mufique & la danfe, nous retracent les actions humaines, il faut auparavant que l'Architecture, la Peinture & la Sculpture aient difpofé la fcène d'une manière analogue à la dignité du fujet. Ainfi les arts n'ont jamais plus de charmes, que lorfque leur alliance réciproque les unit, & qu'ils fe rendent des fervices mutuels.

Nos Artiftes s'occupent plus de la commodité que de la décoration extérieure. Les dedans règlent la forme des dehors. En Italie, au contraire, la richeffe de ceux-ci égale la fimplicité de ceux-là. Les anciens plaçoient à l'extérieur les ornemens dont un édifice étoit fufceptible, & s'occupoient enfuite des dedans. Les modernes paroiffent ne plus

s'appliquer qu'à des objets frivoles &
de pur agrément. Le beau fexe, auquel
ils font jaloux de plaire, donne le ton
& les entraîne avec lui vers le luxe &
la frivolité. S'il faut fe prêter au goût
de fon fiècle, ce ne doit jamais être au
point de laiffer amollir fon efprit par
des modes qu'une femme célèbre (17)
a qualifiées de

Certains ufages
Suivis des fous & quelquefois des fages,
Que le caprice invente, & qu'approuve l'amour.

L'habile homme, moins jaloux d'une
réputation frivole & momentanée, que
des fuffrages de la poftérité, s'appro-
priera la ftabilité immuable des monumens Egyptiens fous Séfoftris ; les
beautés des proportions des édifices
Grecs fous Périclès ; la perfection des
bâtimens de l'ancienne Rome fous les
Céfar, & de Rome moderne fous Léon X;
il y joindra l'art de la diftribution inté-

---

(17) Madame de la Suze.

rieure que les François ont créé. Sans
céder aux anciens du côté de la noblesse
& de la majesté de la décoration, il
n'est pas douteux qu'ils ne les aient infiniment surpassés dans la distribution &
dans la disposition de l'intérieur des
appartemens.

Sous les premières races de nos Rois
on n'avoit nulle connoissance de cette
branche de l'Architecture. Quelle étoit
en effet la distribution des édifices ?
Aucune symmétrie dans l'intérieur, des
escaliers où l'on chercheroit en vain la
clarté & la dignité, des pièces vastes,
mais sans enfilade, sans proportion,
des appartemens obscurs, privés des
dégagemens qui les rendent aujourd'hui
si commodes, en un mot des foyers spacieux qui contrastoient avec des portes
& des fenêtres aussi disproportionnées
par leur petitesse. Ce n'est que sous
Louis XIV que la distribution intérieure
a été réduite en art. Jules-Hardouin

Manfart en eſt le créateur. Depuis lui, nos Architectes, peu employés à de grands ouvrages, ne ſe font guère occupés, pendant plus de trente ans, que de la partie des dedans. On peut aſſurer qu'ils l'ont portée au dernier période.

Outre cette diſtribution intérieure, il y en a une extérieure: elle détermine la répétition des membres de l'Architecture & des parties intermédiaires qui donnent du mouvement à l'ordonnance des façades; toutes deux ſont étroitement liées. La difficulté de les réunir, ſans s'écarter de la ſévérité des préceptes de l'art, rend ſouvent les licences indiſpenſables: de là l'ordonnance des dehors eſt ſacrifiée aux embelliſſemens des dedans. C'eſt néanmoins cette conciliation qui eſt le principe de l'accord général, & qui fait éclorre le beau, vers lequel doivent être dirigées toutes les études d'un Artiſte.

On a mis pluſieurs fois en queſtion

s'il y a un beau effentiel dans les arts, & s'il n'eft pas relatif & arbitraire. Un peu d'attention fur la nature du beau fuffit pour fe décider.

Le beau eft un, déterminé, univerfel. Je conviens que les différens peuples le déguifent fous diverfes idées, quoiqu'ils adoptent en général l'Architecture grecque. Les uns fuivent les proportions de Vitruve, les autres prennent pour modèles les monumens de l'ancienne Rome. Quelques-uns ont tâché de plier à leur goût l'antique & les préceptes de Vitruve. Tous ont conftamment fuivi des fyftèmes dont les productions ont été jugées fur les expreffions réfultantes de ce beau que nous fentons & qui nous intéreffe. Dans Cicéron (18) Cotta, parlant de la Divinité, affure qu'il eft plus aifé de dire ce qu'elle n'eft pas, que de dire ce qu'elle eft : de même il eft plus facile de fentir le beau que

_____

(18) *De Fin. lib. 2, cap. 4.*

de le définir. Ne le cherchez pas dans des objets trop petits ou trop grands ; les premiers ne s'aperçoivent que confusément, les seconds ne peuvent être laisis par l'œil du spectateur.

Qu'est-ce donc que la beauté ? l'imitation de la Nature choisie. Pour l'imiter, la Peinture emploie la couleur, la Sculpture le relief, la Danse les attitudes du corps, & la Musique les sons. Tous les arts ont leur manière, qui est une des principales sources du plaisir qu'ils nous causent. Il me semble qu'on peut distinguer deux sortes de beautés. Les unes simples & sublimes frappent & saisissent également l'esprit. Tous les hommes en sont juges, & le violement de certaines règles offense la raison. Les autres plus délicates ne sont aperçues que par une ame familiarisée avec les objets qui dépendent du goût. La réflexion les fait naître & l'examen les dévoile. C'est moins à l'esprit qu'au sen-

timent à faifir ces favantes proportions, ces précieux rapports qui char-
ment l'amateur.

Que des organes peu familiarifés avec
les beautés de l'art foient placés, les
uns vis-à-vis d'un fuperbe édifice, les
autres à un concert délicieux : les premiers n'apercevront que des pierres,
les feconds n'entendront que des fons.
Mais conduifons un connoiffeur dans
les églifes de la Sorbonne, du Val-de-
Grace, des Invalides, arrêtons-le à la
porte Saint-Denis ou devant la colonnade du Louvre : quel effet ces chefs-
d'œuvres d'Architecture feront-ils fur
lui ? Ils remueront fon ame & l'éleve-
ront, les premiers vers l'Être fuprême,
dont la majefté que ni la terre ni le ciel
ne peuvent contenir, fe renferme dans
un étroit efpace ; les feconds lui rap-
pelleront l'idée d'un Monarque grand
par lui-même, grand par fes conquêtes,
grand par la multitude des hommes

célèbres en tout genre que fon fiècle a produits. Tous deux imprimeront la vénération, échaufferont l'imagination, & agrandiront l'ame en lui infpirant de fublimes idées.

D'où vient, au refte, le plaifir que caufent à cet Amateur ces objets de goût? fur quoi eft fondée fon admiration? Sur la perception des rapports. De leur facilité à être faifis, ce plaifir devient plus général, comme le rapport d'égalité le plus univerfellement employé. Telle eft la raifon pour laquelle les aîles d'un bâtiment font parallèles. Si l'utilité exige qu'on s'écarte de ce rapport d'égalité, l'Artifte lui obéit pour le moment, mais il y revient néceffairement, entraîné par le charme de l'harmonie, & c'eft à ce retour qu'on doit tant de petits ornemens qui ne font rien moins qu'arbitraires. Dans l'Architecture l'emploi des rapports compofés eft fouvent néceffaire, pour que les rapports simples soient sentis ; & pour éviter la monotonie, de même que dans la musique l'expression & la variété exigent fréquemment l'emploi de la dissonance. Le plaisir qu'elle procure naît uniquement de la perception des rapports. La difficulté de juger d'une pièce augmentera à proportion que vous les multiplierez par l'harmonie & la mélodie, & que vous les éloignerez les uns des autres.

Qu'on ne dise donc plus que les goûts sont arbitraires , qu'il n'en faut point disputer. Comme il est des beautés réelles, il est un bon goût qui les discerne , & un mauvais goût qui les méconnoît. L'un s'acquiert & l'autre se réforme , tous deux par de solides réflexions sur les excellens ouvrages. Le goût subordonné à des règles invariables, est fondé sur des principes dont l'application sert de boussole pour juger les productions de l'art.

Les ouvrages d'Architecture galans peuvent ſe comparer aux écrits dont le ſtyle eſt fleuri. Quels que ſoient ſes agrémens, ce ſtyle ſort rarement du genre médiocre. Le joli dans les arts qui dépendent du deſſin eſt relatif au joli dans la muſique. L'harmonie réſultante d'un chœur échappe à beaucoup de gens : l'accord, le deſſin, les reſſorts qui en font l'ame, ſont rarement ſentis par l'Amateur plus touché d'une ou de deux voix réunies ou ſéparées. L'effet du ſublime eſt d'élever l'ame au-deſſus de ſa ſphère : il n'a pas beſoin d'ornemens étrangers, auſſi ne paroît-il qu'avec le ſimple ; la fermeté, la fierté, la régularité, la proportion, ſont ſes caractères.

Il n'eſt pas douteux qu'il y a un goût naturel affecté à tous les hommes ; il les réunit pour décerner la beauté aux ouvrages de l'art vraiment excellens. Le goût, juge-né des Beaux-Arts, n'eſt que

l'impreſſion cauſée par la parfaite imitation de la belle nature. Que quelqu'un
oſe traiter Michel-Ange de médiocre
Architecte, ou Puget, Girardon, les
Couſtou, de foibles Sculpteurs, n'éprou-
vera-t-il pas le ſort de Zoïle qui, pour
avoir eu cette témérité à l'égard d'Homère, s'eſt fait mépriſer avec indigna-
tion de tous les Gens de Lettres. *Le
vrai beau, le vrai bon*, dit l'Abbé Tru-
blet (19), *c'eſt ce qui plaît à ceux qui
ont beaucoup d'eſprit & de goût. Le degré
de bonté d'un ouvrage eſt la meſure de
leur plaiſir, comme la meſure de leur
plaiſir eſt la preuve du degré de bonté
d'un ouvrage.*

Le bon goût n'eſt donc qu'un ſentiment prompt & délicat, un bon ſens
épuré, modifié, augmenté par la comparaiſon des chefs-d'œuvres des grands
Maîtres qui, comme un flambeau,
éclairent les Artiſtes & leur ſervent de

(19) Eſſais de Littérature.

guide dans leurs productions. Ces modèles ont constamment suivi des principes dont la raison & la nature des choses
font la base, des règles propres à chaque
genre. D'après leurs procédés unifor-
mes, l'Architecture, la Peinture & la
Sculpture ont été réduites en art. For-
més à leur école, les grands Maîtres
du siècle de Louis XIV nous ont laissé
des modèles qui font autant de principes & de règles invariables du bon
goût. Il n'en est pas tout-à-fait ainsi de
la musique, cet art enchanteur qui agit
si puissamment sur les ames sensibles.
Ce qui faisoit les délices de la Cour de
Louis XIV n'est pas aujourd'hui suppor-
table (20), & peut-être que nos descen-

___

(20) Tandis que les Musiciens de ce beau siècle ont
vieilli, les Poëtes ont toujours conservé le rang où l'estime publique les avoit placés ; les ouvrages de Quinault
ont été remis en musique de nos jours par les plus célé-
bres compositeurs, avec quelques changemens, & le
Chevalier Gluck a conservé le Poëme d'Armide dans son
entier.

dans n'admireront point les sujets de notre enthousiasme. Ainsi j'ose avancer que le beau en musique est arbitraire, & que ses beautés ne sont que de convention. Un siècle ne voit plus (21) régner le goût du siècle précédent, souvent même il change plusieurs fois dans cet espace de temps.

Deux défauts empêchent de se fixer au bon goût : l'ambition d'atteindre au-dessus de ses forces, & l'amour de la nouveauté. Tous deux rendent l'homme inégal & inconstant, & cette contradiction avec lui-même, cette vicissitude ont souvent procuré la décadence du bon goût. A quoi faut-il attribuer celle des arts, sinon à la fantaisie & à la licence ? Ce sont elles qui ont créé nos la Joue, nos Meissonier, nos Pinault.

(21) On a remarqué qu'en Italie telle composition qui a mérité les suffrages d'un siècle, n'est plus de mode pour un autre.

L'amour-

L'amour-propre nous fait aifément illufion ; il n'a pas de peine à nous perfuader qu'il n'appartient qu'à un efprit borné de fuivre conftamment de bons modèles, & que le génie doit s'élever à l'originalité. En conféquence on prend l'effor, on établit de nouvelles règles, on produit de l'extraordinaire, du bizarre même. La gloire de créateur qu'on ambitionne éclipfe celle d'imitateur à laquelle on auroit dû fe borner. Il eft néanmoins conftant qu'il n'y a qu'un vrai, qu'un beau, qu'un bon goût, & qu'une feule façon d'y atteindre.

La Motte a effayé d'introduire l'ufage des tragédies en profe : on fait quels fuccès a eus en France ce bel efprit. Tel fera le fort de quiconque fe livrera à l'amour de la nouveauté ; cet écueil également dangereux pour les arts comme pour les fciences, nous a fait dégénérer. Il faut en convenir, *fuimus Troes.* Quintilien ne craignoit point de dire que de son temps on avoit perdu le goût de la véritable éloquence. Nous pourrions néanmoins atteindre au point de perfection où s'est élevée l'antiquité, si les esprits, les mêmes dans tous les temps, n'étoient énervés par le luxe & la mollesse qui l'accompagne. On n'élève plus les enfans dans l'amour du travail, on ne lit plus les anciens, bien plus, on les décrie, on a trouvé une méthode plus aisée que l'étude des grands Maîtres ; la mode & le caprice.

« Quand on m'a dit, m'écrivoit il y a quelques années un homme de beaucoup d'esprit (22), que tout aujourd'hui se faisoit à la grecque, j'ai cru que je verrois par tout du grand, du sublime, du beau simple, du noble, du gracieux, de l'ingénieux. J'ai cru que dans un siècle aussi lumineux, l'esprit grec &

---

(22) Le Chevalier de la Touche, de l'Académie de Châlons-sur-Marne.

l'efprit françois combinés produiroient
des chefs-d'œuvres qui nous dédomma-
geroient en partie au moins des pertes
que le gothicifme & le mufulmanifme
nous ont caufées. Quelle a été ma furprife, lorfque j'ai vu ce qu'on appelle
des éducations, des compofitions, des
deffins, des décorations à la grecque !
Tenons, Monfieur, tenons ferme dans
notre pofte. Nous ferions trop à plaindre, fi de Grecs de la vieille roche que
nous fommes, nous devenions des Grecs
à la moderne ».

L'émulation n'engagera-t-elle pas les
Artiftes François à reprendre ce vol
hardi, vigoureux & héroïque, auquel
ils femblent avoir préféré la marche
inégale, irrégulière & quelquefois chan-
celante d'un efprit, dont toute l'activité
fe concentre dans la fphère, où les
objets flattent les fens fans prefque
intéreffer la raifon ? Quoique le connoiffeur fe fente une invincible prédi-

lection pour les beautés de l'ordre fublime & le plus impofant, il regarde
toujours avec autant d'équité que de
complaifance les beautés d'un ordre
inférieur, furtout quand le caractère
en eft foutenu, & que dans ceux qui les
lui font voir il remarque des germes de
génie, qui, pour être entièrement déve-
loppés, n'attendent que des conjonc-
tures favorables, des fecours puiffans
& des occafions heureufes.

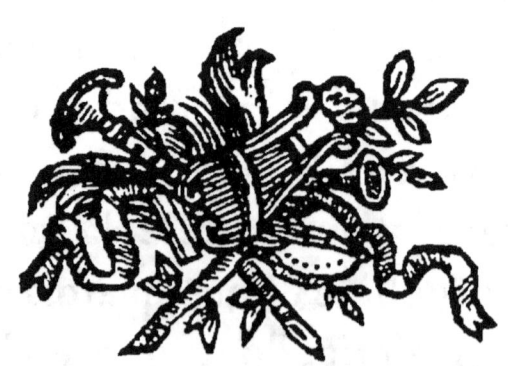

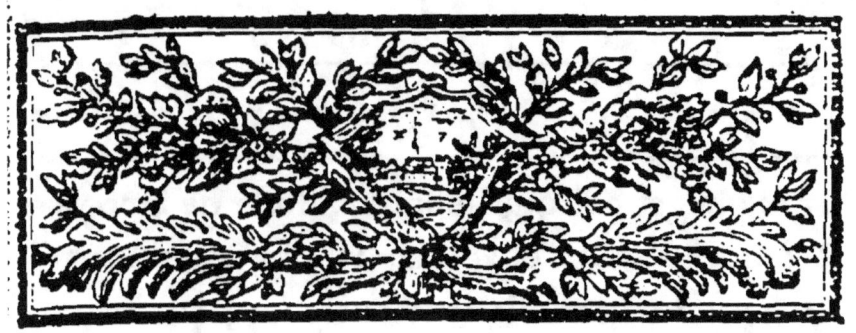

VIES

DES FAMEUX

ARCHITECTES

DEPUIS LA RENAISSANCE

DES ARTS,

AVEC LA DESCRIPTION

DE LEURS OUVRAGES.

PHILIPPE BRUNELLESCHI (1).

CET ARTISTE est célèbre par la forme nouvelle qu'il a donnée à l'Architecture. Pour bien juger

---

(1) *Vasari. Serie degli uomini illustri.*

Tome I.   A

des obligations qu'elle lui a, il suffit de rappeler en quel état se trouvoit ce bel art lorsqu'il commença de s'y appliquer; nul goût, nulle connoissance des beautés de l'antique, point de proportions, point de génie, dessins mauvais, dispositions vicieuses, des colifichets, des ornemens ridicules, en un mot toutes les règles violées, & le règne de la barbarie établi depuis la mort de Justinien par les irruptions des Lombards, des Arabes & des Sarrazins. Dans cette enfance de l'Architecture naquit Brunelleschi en 1377; son père, Lippo Lapi, lui fit faire ses humanités, comptant lui donner l'état de notaire qu'il exerçoit; mais un goût décidé pour le dessin fit changer cette résolution. Le jeune homme voulut apprendre le métier d'orfévre; la science du calcul à laquelle il se livra, le conduisit même à faire quelques horloges, & il s'occupa ensuite de la sculpture (2) il fit connoissance avec le Donatelle, jeune artiste déjà célèbre par ses talens; leur liaison devint intime, par ses con-

_____

(2) Dans la description des choses rares de Venise, intitulée le Voyageur éclairé, & imprimée en 1740, on lit que l'église de Saint Georges le Grand renferme un crucifix de bois sculpté par Brunelleschi.

feils il étudia la perspective, dont les règles étoient à peine connues. Les livres saints, la géométrie & les ouvrages du Dante, furent l'objet de ses études ; & il se fixa enfin à l'Architecture.

Les réflexions de ces deux amis sur les obstacles qu'ont à vaincre ceux qui parcourent la carrière des arts, les décidèrent à se rendre à Rome pour étudier les grands modèles, l'un de l'Architecture, l'autre de la Sculpture. Philippe méditoit dès-lors un projet qui devoit faire époque dans l'histoire, celui d'élever la coupole de Sainte Marie-des-Fleurs à Florence, sans y employer le fer. Arrivé dans la capitale du monde chrétien, la grandeur de ses édifices, la magnificence de ses temples, échauffèrent son imagination. Mesurer, lever des plans, dessiner des ruines & des voûtes antiques, étoit son unique travail. Les difficultés qui depuis la mort d'Arnolfe Lapi, premier Architecte de la cathédrale de Florence, avoient retardé l'achevement de sa voûte principale commencée en 1298, l'animoient à chercher les moyens qui auroient pu les faire vaincre. Deux seuls se présentèrent à son esprit ; l'un de réunir les voûtes des quatre branches de la croisée par une autre voûte en cul-de-four élevée à la hauteur des combles ; l'autre par une coupole. Il se détermina pour ce dernier moyen, sans être effrayé des difficultés.

Absorbé dans ses réflexions, Brunelleschi laissa partir son ami pour Florence & resta seul à Rome. Durant le cours de ses études, il manqua souvent du nécessaire. Dans cette position désagréable, son premier métier lui fut d'un grand secours, il montoit des pierres précieuses pour des orfévres de sa connoissance. En 1407 une maladie causée par le mauvais air de Rome, altéra sa santé, ses amis lui conseillèrent de retourner à Florence.

Dans cette même année les Florentins convoquèrent une assemblée d'architectes & d'ingénieurs pour délibérer sur la manière de construire la coupole de leur cathédrale. Brunelleschi y fut appelé & dit son avis ; il ajouta que ses modèles rendroient son idée plus sensible. Il resta plusieurs mois à Florence, occupé de cet ouvrage ; mais ayant appris qu'on songeoit à réunir des ingénieurs pour passer à l'exécution, il retourna à Rome, afin de se faire desirer. Comme on connoissoit ses talens, on tarda peu à le prier de revenir. Après avoir

entendu les difficultés qu'élevoient les maîtres
de l'art, Philippe les assura de leur réalité; &
ajouta qu'une entreprise de cette importance
exigeoit une consultation des plus habiles architectes de toutes les nations. Cet avis fut
goûté; ils furent invités de se rendre à Florence, & Brunelleschi, sur ces entrefaites,
retourna à Rome, sous prétexte qu'il y étoit
attendu.

Ses réflexions l'avoient convaincu que lui seul
viendroit à bout de son dessein, & dans le conseil qu'il avoit donné, il s'étoit moins proposé
d'avoir des collègues que des témoins de ses
succès. Les artistes appelés à Florence n'y vinrent qu'au bout d'un an, c'étoit en 1420, &
Philippe les y suivit. On tint une assemblée
générale où les projets les plus bizarres & les
plus ridicules furent proposés. Quiconque con-
sidérera que l'Europe étoit alors plongée dans
les ténèbres, n'en sera point étonné. Brunelleschi fut le seul de son avis, il soutint qu'il
étoit possible d'élever la coupole & de la faire
double, sans le secours d'une charpente immense, telle qu'on avoit coutume d'en employer. Sur une assertion aussi hardie, ses concurrens le jugèrent comme la médiocrité juge

le génie. Loin de fe déconcerter , notre artifte
prit le parti de vifiter en particulier les chefs
de cette entreprife , leur montra une partie
de fes deffins , & réuffit à les perfuader de la
poffibilité de leur exécution , ce qu'il avoit vai-
nement tenté dans des affemblées tumultueufes.

On fe détermina donc enfin à lui confier cet
important ouvrage ; mais il ne devoit le conduire qu'à la hauteur de douze (3) braffes , pour
faire un effai. On confidéra de plus qu'il n'étoit
pas prudent d'en laiffer le maître un feul homme,
& on lui affocia Laurent Ghiberti. Il eft morti-
fiant pour un habile Architecte de partager l'honneur avec un artifte qui jouit des mêmes appointemens fans avoir les mêmes talens. Auffi
Philippe , outré de cette affociation , vouloit à
l'inftant s'éloigner de Florence ; il n'y refta que
parce que le Donatelle & Céfar Della Robbia,
fes amis , le retinrent. Il fe mit donc à faire un
modèle de la grandeur , & dans les proportions
de la coupole , ce que perfonne n'avoit encore
entrepris , ne doutant point qu'il ne lui fût fort

_____

(3) Mefure qui contient la longueur des deux bras
étendus , avec le travers du corps ; on l'eftime la longueur de fix pieds-de-roi.

aifé de dégoûter fon collègue de l'ouvrage en travaillant avec lui. Il feignit en conféquence que fa fanté commençoit à s'altérer, afin que les ouvriers priffent des ordres de Laurent. Celui-ci tarda peu à dévoiler fon incapacité. Philippe fut auffi-tôt nommé feul chef de l'entreprife, & on décida que rien ne fe feroit que par fes ordres.

Brunellefchi donna dès ce moment tous fes foins à la coupole, les moindres détails ne lui échappoient pas. Il remarqua que plus les travaux s'élevoient, plus on perdoit de temps; il remédia à cet inconvénient, en établiffant de petits cabarets fur la voûte de l'églife, en forte que les ouvriers ne quittoient plus leur attelier que le foir, & étoient moins incommodés de la chaleur. Son génie s'enflammoit à proportion des progrès de fon ouvrage; qu'il pouffa avec toute l'ardeur d'un artifte qui y voyoit le monument de fa gloire. Il eut, avant fa mort, la fatisfaction d'achever fa coupole, à la réferve d'une partie de la lanterne qui la couronne. Un des articles de fon teftament porta qu'on fe conformât exactement à fon modèle, & qu'on chargeât cette lanterne de blocs de marbre, pour la rendre folide & empêcher la coupole

de s'ouvrir. On a reconnu depuis que le poids
des lanternes concouroit à la ruine des dômes,
en augmentant confidérablement leur pouffée
latérale. La hauteur de la coupole de Florence,
fupérieure à toutes celles que les anciens ont
élevées, eft de cent cinquante-quatre braffes,
depuis le pavé de l'églife jufqu'à la lanterne qui
en a trente-fix, la boule quatre & la croix huit,
ce qui forme en total deux cents deux braffes;
la beauté de fon exécution faifoit dire à Michel-
Ange qu'il étoit très-difficile de l'imiter, &
impoffible de la furpaffer.

Ce dôme, qui fait l'ornement de Florence &
qui étonna l'Italie, n'eft cependant pas le premier qu'on ait élevé; avant lui ceux de Sainte
Sophie de Conftantinople, de Saint Marc à
Venife, & de la cathédrale de Pife exiftoient.
Ce qu'il a de particulier, c'eft que fes contreforts ne font point apparens; qu'il eft double,
& que les murs en font la bafe & le foutien,
au lieu que les premiers font fimples & appuyés
fur des arcs que portent quatre maffifs de mâ-
çonnerie.

Il paroît que Brunellefchi n'entendoit pas
moins bien l'Architecture militaire que la civile.
Appelé à Milan par le duc Philippe-Marie, il

donna le plan d'une forterefle ; celle de Vico
Pifano, les deux citadelles de Pife, dont l'une
eft nommée la vieille, & l'autre la neuve, les
fortifications du *Ponte-à-Mare*, & la forterefle
du port de Pefaro, qui furent auffi conftruites
fur fes deffins, prouvent fes talens en ce genre.

Le grand duc Côme de Médicis l'occupa à
bâtir à Fiefole l'abbaye des chanoines réguliers
qui lui coûta cent mille écus, ainfi que le
porte une infcription placée fur les murs de la
maifon. Notre Architecte profita habilement
de la montagne fur laquelle cette abbaye eft
fituée, pour y réunir à la décoration & à la
magnificence toutes les commodités poffibles.

Vers ce temps-là s'élevoit l'églife de Saint Laurent de Florence, fur les deffins d'un artifte
peu verfé dans l'Architecture. Jean de Médicis
voulut que Brunellefchi en prît la conduite.
Cette Bafilique, qui eft prefque en entier fon
ouvrage, à cent quarante-quatre braffes de long,
& beaucoup de défauts qu'on ne peut attribuer
qu'à l'ignorance ou à la jaloufie des artiftes qui
lui ont fuccédé. Deux rangs de colonnes la partagent en trois nefs ; on remarque de la majefté
dans la frife & dans la corniche ; de beaux bas-
reliefs en bronze décorent les deux chaires à prê-

cher, foutenues fur quatre colonnes de marbre.
L'ancienne facriftie a auffi été conftruite d'après
fon modèle.

Philippe n'a point encore élevé de palais; il
fouhaitoit ardemment que l'occafion s'en pré-
fentât : Côme de Médicis la fit naître. Le génie
de l'artifte , échauffé par l'amour de la gloire,
produifit un fuperbe modèle d'un palais deftiné à occuper le milieu d'une place vis-à-vis
Saint Laurent. Ce projet parut trop vafte à
Côme de Médicis ; ce fut moins la dépenfe
qu'il auroit occafionnée , que la crainte de réveiller l'envie , qui l'en dégoûta. Furieux de
voir fon travail inutile , Brunellefchi brifa fon
modèle. Dans la fuite Côme fut fâché d'avoir
fuivi un autre deffin pour la conftruction de fon
palais : il avoit coutume de dire qu'il ne connoiffoit perfonne qui eût autant d'intelligence
& de talent que Brunellefchi.

Cet Architecte fut plus heureux dans l'entreprife du palais Pitti, féjour du grand Duc
de Tofcane; fa face un peu plate, préfente un
ordre ruftique à boffages, décoration qui annonce plutôt une fortereffe que le palais d'un
prince : fon avant-corps diffère des aîles qui
devoient s'étendre fur la place, & dont le bâti-

ment auroit reçu de la grace & de la nobleſſe.
Brunelleſchi ne le conduiſit que juſqu'au ſecond
étage. Ce fut Barthelemi Ammanati qui l'acheva
après ſa mort, parce que ſes deſſins ſe trouvèrent perdus. Ce palais a ſeize braſſes de haut
ſur huit de large, & eſt percé de vingt-trois
croiſées de face formées de trois rangs d'arcades les unes ſur les autres. Sa porte pratiquée
dans une de ces arcades, donne paſſage à deux
carroſſes à la fois, ſans être plus grande que les
autres.

Le nom de notre Artiſte étoit ſi généralement
connu, que des endroits même les plus éloignés on lui demandoit des deſſins & des modèles. Le marquis de Mantoue l'appela pour
préſider à quelques ouvrages, & conſtruire des
digues deſtinées à contenir le Pô dans ſon lit ;
c'étoit en 1445. Ce prince diſoit ſouvent, en
parlant de Brunelleſchi, *Florence eſt autant digne
de compter parmi ſes citoyens un tel artiſte, que
lui d'avoir une auſſi belle patrie.*

Ce fut par ces entrepriſes, à ce qu'il paroît,
que Philippe termina ſa carrière en 1446, à
l'âge de ſoixante-neuf ans, très-regretté des
artiſtes, & ſur-tout des pauvres dont il étoit
le père. Il fut inhumé à Sainte Marie de Flo-

rence, & un de ses élèves nommé Buggiano, plaça son buste sur son tombeau. On lui rendit, après sa mort, plus de justice qu'on n'avoit fait de son vivant; il eut le désagrément de voir plusieurs de ses ouvrages restés imparfaits, tels que le temple des Anges; ils n'ont pas même eu depuis lui leur entière exécution.

Parmi le grand nombre de ses élèves on cite Dominique du Lac de Lugana, Jérémie de Crémone, Luc Fancelli qui construisit sous ses ordres le palais Pitti, Antoine & Nicolas de Florence, Antoine Manetti, le Michelozzo & le Buggiano.

LÉON-BAPTISTE ALBERTI (1).

Les écrits d'Alberti lui méritent une place parmi les plus fameux Architectes Italiens; il leur doit plus sa réputation qu'aux bâtimens qu'il a élevés, & qui sont même en petit nombre. De plus, si l'on en juge par quelques défauts qu'un grand praticien auroit évités, il

(1) *Vasari. Serie degli uomini illustri.*

paroît qu'il étoit moins verfé dans la pratique que dans la théorie de fon art.

Ses dix livres d'Architecture, écrits en bon latin, parurent en 1481 ; les favans en portèrent ce jugement, qu'un jeune homme qui afpire au degré d'habile Architecte, apprendra plus en les lifant, qu'en examinant attentivement les bâtimens des autres. On le nomma hautement l'Archimède & le Vitruve de fon temps. Quoique depuis lui l'Architecture ait fait bien des acquifitions confidérables, on ne peut lui refufer d'avoir été le premier parmi les modernes qui en ait jeté les fondemens.

Cet habile Architecte, iffu de la noble famille Alberti, naquit à Florence en 1398 (2). Il eft à préfumer que ce fut uniquement par goût qu'il entreprit plufieurs voyages, & qu'il s'appliqua à mefurer les édifices de l'antiquité. Durant fon féjour à Rome, il mérita la faveur de Nicolas V par les divers embelliffemens qu'il fit au palais de ce pape, & à Sainte Marie Majeure. Sa Sainteté mit tellement fa confiance en lui, que dans toutes fes entreprifes elle ne prenoit point d'autre confeil.

(2) Nouvelles littér. de Florence de l'année 1745.

Aidé des talens de Bernard Rosellini, sculpteur & Architecte Florentin, Alberti répara la conduite de *l'Aqua-Vergine*, & construisit la fontaine de *Trevi*, qui a été refaite depuis d'une manière plus magnifique sous Clément XII.

Après avoir solidement établi sa réputation à Rome, cet Architecte alla à Rimini en 1447, faire un modèle pour l'église de Saint François. Il la réduisit dans une forme si agréable, qu'elle est aujourd'hui une des plus remarquables de l'Italie. A sa façade principale on voit un soubassement de marbre d'Istrie, qui règne tout autour de l'édifice, surmonté d'une corniche ornée de feuilles & d'armes. Au-dessus de ce soubassement sont placées quatre colonnes cannelées & engagées, d'ordre composite. Les entre-colonnes sont occupés par trois niches, dont celle du milieu forme la grande porte. L'intérieur de l'église répond à la magnificence du dehors. Une des chapelles qui sont au nombre de neuf, renferme le tombeau de Sigismond Malatesta, & celui de sa femme : l'un des deux, suivant le témoignage de Vasari, est surmonté du portrait d'Alberti.

Son esprit étoit cultivé par l'étude des belles-lettres & des mathématiques. On sait que l'année 1457 fut l'époque de la naissance de l'imprimerie en Allemagne. Cette même année vit éclorre un nouvel instrument dû au génie d'Alberti pour éclairer les perspectives naturelles & diminuer les figures, ainsi qu'un moyen de donner aux plus petits objets une grandeur apparente.

En 1477 il éleva avec un applaudissement général la façade de Sainte Marie nouvelle (3), le palais Rucellai, la loge vis-à-vis, & la chapelle de cette famille dans l'église de Saint Pancrace ; on y voit un tombeau de forme ovale qui fit beaucoup d'honneur à notre artiste. Louis de Gonzague, marquis de Mantoue, lui confia la construction du sanctuaire & du chœur de l'église de l'Annonciade à Florence. Ce sanctuaire qui est un de ses plus beaux morceaux, a la forme d'une rotonde avec une coupole, & est entouré de neuf chapelles dont les arcades sont également en rond, méthode vicieuse qu'Alberti auroit dû éviter, parce qu'en plaçant ses pilastres sur le devant des chapelles, pour

(3) Le goût de cette façade, bien différent de celui du palais Rucellai, qui est bien d'Alberti, peut faire douter qu'elle soit de lui.

leur donner une forme ronde, il femble, quand on les regarde de côté, qu'ils vont tomber, quoique leurs proportions foient très-juftes. Louis de Gonzague l'attira de plus à Mantoue, où plufieurs ouvrages l'attendoient, entre autres, l'églife de Saint André, qu'il ne fit que commencer.

La grande application de notre artifte aux beaux-arts & à l'Architecture, ne l'empêcha pas de fe faire une réputation dans les fciences & dans les belles-lettres. Lorfqu'il étudioit à Bologne, à l'âge de vingt-ans, il compofa une comédie intitulée *Philodoxeos*. Son ftyle approche fi bien de celui des comiques latins, qu'il trompa Alde Manuce, très-verfé dans cette partie de la littérature. Il fit même imprimer fa pièce à Luques en 1588 fous le nom de Lépidus le comique, & la dédia à Afcagne Perfio. Ses autres poéfies réuniffent la richeffe de l'imagination & la profondeur des connoif-fances philofophiques. Landino les a recueillies en un volume fous le titre de Quéftions camal-dules. On dit qu'il a donné le premier au vers italien la mefure du vers hexamètre & panto-mètre latin.

Alberti joignoit auffi au talent d'Architecte celui

celui de peintre ; mais ses études l'ont empêché
de rien laisser de considérable en ce genre ; le
dessin n'en étoit pas la partie la plus esti-
mable. Paul Jove, qui a fait son éloge, cite un
de ses tableaux que Vasari dit être dans la
maison Rucellai, avec d'autres sujets en clair-
obscur. Le même auteur parle d'une perspective de la ville de Venise, comme d'une ex-
cellente production de son pinceau. Quoi qu'il
en soit, Alberti parvint à un âge avancé, étant
mort à Florence en 1540. Son corps repose
dans l'église de Sainte - Croix. Ange Politien
prononça l'oraison funèbre de son ami : les
poëtes le célébrèrent, & Jean Vital fit son
épitaphe rapportée dans son livre, dont voici la
traduction :

Celui qui gît ainsi, Albert étoit nommé,
Que Florence à bon droit a lion surnommé,
D'autant que prince fut des plus savantes têtes,
Comme le seul lion est le prince des bêtes.

Notre Architecte est le plus ancien des modernes, & peut - être le plus profond dans son
art. Il est aisé d'en juger par son livre, où il
enseigne tout ce qu'un artiste doit savoir. Il
auroit pu dessiner plus correctement les profils

Tome I. B

de ſes ordres, & y mettre plus d'art. La compoſition de ſon entablement dorique eſt tres-
négligée, la forme camuſe de ſon chapiteau &
la trop grande ſaillie de ſa corniche ne ſont
pas des preuves de ſon bon goût. La corniche de
ſon entablement ionique pourroit être moins
ſimple, eu égard au caractère de l'ordre ; mais
la diſtribution de ſes membres, quoiqu'un peu
trop ſaillans, ne laiſſe pas d'être agréable.

Ecoutons-le maintenant nous rendre compte
de ſon travail. Il nous dit dans ſa préface, que
ſes réflexions ſur l'Architecture, jointes à l'affection qu'il lui portoit, le déterminèrent à
ſuivre cet art, chercher ſes principes, & examiner où tendent les particularités qui lui ſont
convenables, enſuite à recueillir de divers auteurs les enſeignemens qu'il a renfermés dans
ſes dix livres. Il étoit chagrin de voir périr par
l'injure des temps & la négligence des hommes,
tant d'excellens écrits des auteurs antiques dont
Vitruve s'eſt ſauvé ſeul du naufrage avec beaucoup de peine. De plus, les reſtes de l'antiquité étoient comme autant de bons maîtres
dont on pouvoit apprendre beaucoup de belles
choſes ; mais il ne pouvoit les regarder ſans
pitié, voyant que chaque jour les voyoit dé-

truire de mode, qu'au lieu de les fuivre, les
modernes, qui bâtiffoient, prenoient plaifir à
des folies, telles qu'un homme fenfé pouvoit
fuppofer que dans peu ce bel art feroit totalement anéanti.

Outre les dix livres d'Architecture (4) d'Alberti, que Côme Bartoli, prévôt de S. Jean
de Florence, a traduits en florentin en 1546
in-folio, nous avons de lui des ouvrages latins
fur la fculpture & fur la peinture, traduits en
tofcan par Louis Domenichi. Ces derniers ont
été réimprimés à la fuite du Vitruve d'Amfter-
dam, 1649 *in-fol.*

Voici un extrait des dix livres d'Architecture
d'Alberti. Le premier roule fur l'utilité de cet
art, fon origine & la manière de préparer le
terrein, après le choix du fol & de l'expofition. Suivent quelques détails géométriques
pour le mefurer, avant que de le partager felon
la deftination de l'édifice. Sur ce terrein s'élè-

---

(4) Jean Martin, fecrétaire du cardinal de Lenoncourt,
a traduit cet ouvrage en françois fous ce titre : *Art de
bien bâtir du feigneur Leon-Baptifte Albert, gentilhomme Florentin, divifé en dix livres*, 1553 *in-folio*,
avec figures en bois.

B ij

vent des colonnes surmontées d'architraves qui
portent des couvertures. On indique ensuite la
manière de construire les voûtes solidement,
& divers escaliers. Le second livre traite du
choix des matériaux & des précautions à prendre avant que de bâtir. On exige qu'outré les
desseins pour l'édifice projeté, on fasse des modèles, & préférablement en bois, comme les
plus solides. En examinant les arbres les plus
propres aux bâtimens, l'auteur veut que si l'on
emploie un arbre fruitier, on ne l'abatte qu'après
la maturité de son fruit, parce que dans le cas
contraire, la sève étant encore en fermentation,
le bois est sujet à pourrir. Celui du cyprès dure
le plus long-temps : on sait que les effets les plus
précieux étoient conservés dans des cassettes de
ce bois, & que Platon vouloit qu'on s'en servît
pour graver dessus les loix. Le chapitre des
pierres renferme des singularités remarquables,
telles que celle d'une pierre en Arabie ; mouillée,
elle se pétrit avec le mortier qui unit les différentes pierres, en sorte qu'il semble qu'elles
n'en fassent plus qu'une seule. Les derniers chapitres de ce livre traitent de la brique, de la
tuile, de la chaux, du sable & du ciment.

Dans le troisième livre on trouve des remar-

ques fur les différentes efpèces de terres utiles
pour la conftruction des puits & citernes , &
pour connoître la nature des terres fur lefquelles on veut bâtir. Ce fujet amène quelques
raifonnemens fur les fondations en voûte , &
onze maximes très-fages fur la maçonnerie.
Ce livre eft terminé par des remarques fur la
couverture de tuiles & fur les pavés. On lit
dans le quatrième livre que les hommes ont
diverfes intentions dans la conftruction de leurs
bâtimens , fouvent déterminée par le climat &
la nature du terrein. L'auteur adopte pour la
conftruction des murs de défenfe des remparts ,
la manière de Vitruve , & veut qu'ils foient
appuyés en-dedans par des contreforts. D'après
les Commentaires de Céfar , il dit comment
les anciens conftruifoient des ponts pour faire
paffer les rivières à leurs armées. Le cinquième
renferme de bonnes règles pour la conftruction & diftribution des châteaux & maifons
de ville & de campagne. On trouve ici le
plan d'une citadelle faite uniquement en vue
de défenfe ou d'oppreffion , & celui d'une
grande maifon Italienne du XV fiècle. En con-
feillant de bâtir des hôpitaux , Alberti ne veut
point qu'on y introduife une fomptuofité dé-

placée. Il exige que les magafins des munitions de guerre & de bouche, placés dans les villes, foient entourés de hautes murailles, afin qu'en cas d'incendie, le feu ne fe communique pas à la ville. Il confeille d'avoir maifon d'été & maifon d'hiver ; à l'occafion de celle-ci il fait un chapitre particulier des cheminées, qui comprend tout ce que l'on en favoit au XV fiècle.

Dans le fixième livre l'auteur commence à parler de l'Architecture d'ornement, des colonnes, & de la manière de les former. Quelques réflexions fur la nature du beau & fur le bon goût précèdent une petite hiftoire de l'Architecture. Viennent enfuite plufieurs chapitres fur la mécanique & la manière d'élever & de tailler les colonnes, de travailler le marbre & de l'imiter en ftuc, & d'appliquer contre les murailles des colonnes à demi-faillantes, & les pilaftres. Le livre feptième continue de traiter de la décoration des édifices, & parle des églifes, & de l'efpèce de colonnes & de pilaftres qui leur convient. Dans le huitième il eft queftion des maufolées, des tombeaux, de la conftruction & de la décoration des édifices publics. Le neuvième n'eft qu'une continuation du précédent ; ce qu'il offre de plus curieux est le trait naïf d'Agésilas, roi de Lacédémone, qui voyant en Asie les poutres & les chevrons des maisons équarris, demanda si les arbres naissoient ainsi : on lui répondit que non. Pourquoi donc, dit-il, ne leur pas laisser la forme naturelle que les dieux leur ont imposée ? Le dixième & dernier livre roule sur les moyens de trouver de l'eau, & sur ceux d'arroser les jardins, & de rafraîchir les appartemens de ville & de campagne.

FRANÇOIS LAZARI

DIT

LE BRAMANTE (1).

Lorsque l'Italie eut vu renaître l'Architecture par les travaux de Lapi & de Brunelleschi, Bramante marchant sur les traces de ces restaurateurs, lui rendit la noblesse dont elle étoit déchue depuis les anciens. Il naquit en 1444 à Castel-Durante dans l'état d'Urbin, de parens

(1) *Vasari. Serie degli uomini illustri.*

pauvres, mais honnêtes. Les difpofitions qu'il marqua de bonne heure pour le deffin, engagèrent fon père à lui faire apprendre la peinture, qu'il regardoit comme une reffource utile. Le frère Barthelemi, dit Carnovale, fut fon maître : il profita peu de fes leçons ; l'Architecture occupoit feule toutes fes penfées, elle lui fit abandonner fa patrie & le conduifit en Lombardie, dans l'efpérance d'y trouver de l'occupation. De là il paffa à Milan : la majefté de fon fuperbe dôme frappa fes yeux. D'après un férieux examen, il fe décida à étudier particulièrement les règles de la perfpective & les mefures de l'antiquité fur les deffins de Barthelemi Bramantino de Milan, un des plus habiles Architectes de fon temps. Céfar Céfarini & Bernardin de Trevi, tous deux géomètres - ingénieurs, & artiftes diftingués, furent fes amis intimes : leurs confeils le déterminèrent à partir pour Rome, & il fe confacra à l'étude des beaux morceaux d'Architecture dont l'Italie eft remplie. Naples, Tivoli & la ville d'Adrien attirèrent fucceffivement toute fon attention.

Le Cardinal Olivier Caraffa, qui remarqua en Bramante le germe du talent, lui accorda à

Naples sa protection. Le cloître des frères de
la Paix qu'il vouloit faire rebâtir, fut le premier
ouvrage de distinction de notre artiste. Pour
plaire à son protecteur, il y apporta beaucoup
de diligence, & l'acheva heureusement. Quoique ce cloître ne soit pas de la première beauté,
il ne laissa pas de faire un certain nom à son
auteur, parce qu'alors peu d'Architectes travailloient avec autant d'activité & de célérité
que lui.

La protection du pape Alexandre VI fut une
suite de ce succès : il l'employa en qualité de
second Architecte pour la fontaine de Transtevere & pour celle de la place de Saint Pierre,
qui fut depuis démolie. Conjointement avec
d'autres artistes, Bramante bâtit une grande
partie du palais de Saint-Georges & de l'église
de Saint Laurent *in Damaso* que faisoit élever
près du champ des Fleurs Raphaël Riario, cardinal de Saint-Georges. Ces ouvrages & d'autres
que je passe sous silence, lui acquirent la réputation du plus grand Architecte d'Italie : une
invention facile, jointe à une prompte exécution, lui procura toujours des entreprises importantes.

Ce ne fut pas pour Bramante un médiocre

avantage, d'être né sous un prince auffi amateur des arts que Jules II. Devenu intendant de fes bâtimens, il imagina le projet de joindre par un édifice fomptueux le Belvedère au palais du Vatican, dont un petit vallon le féparoit; projet digne d'illuftrer fon nom & celui du pontife. Pour établir cette communication, il fit bâtir deux galeries; l'une fut décorée de l'ordre dorique, furmonté d'un étage d'ordre ionique élevé jufqu'aux fenêtres du palais pontifical. Il devoit enfuite conftruire une galerie de plus de quatre cents pas du côté de Rome, & une autre vers le bois, pour enfermer le vallon dreffé en efplanade, fur laquelle toute l'eau du Belvedère auroit formé une fuperbe fontaine. La mort du pape & celle de notre artifte empêchèrent l'entière exécution de cet ouvrage qui fut démoli dans la fuite par Sixte V lorfqu'il tranfporta ailleurs la bibliothèque que Sixte IV avoit placée dans le rez-de-chauffée de fon palais.

L'extrême célérité avec laquelle Jules II vou-loit que fes projets fuffent exécutés, ne pouvoir être mieux fecondée que par l'activité de Bra-mante qui ne fe ralentiffoit pas même durant la nuit. Cette diligence mal entendue fut caufe que ſes bâtimens du Vatican travaillèrent au point de menacer ruine, pluſieurs même furent relevés ſous Paul III; on fut obligé de les prendre ſous œuvre, & d'en fortifier les fondations. On remarque dans le Belvedère un eſcalier en ſpirale où l'on peut monter facilement à cheval, & dans lequel il a fait ingénieuſement entrer les trois ordres grecs. Peut-on lui en faire honneur, s'il eſt vrai que les Piſans avoient fait conſtruire avant lui un clocher dans le même goût à Saint Nicolas de Piſe.

Le pape récompenſa ſon zèle pour ſon ſervice par l'office de ſcelleur à la chancellerie. Dans un voyage qu'il fit à Bologne en 1504, lorſque cette ville fut rendue à l'état eccléſiaſtique, il le mena avec lui, afin de faire le plan de la ville & des fortifications, & durant la guerre de la Mirandole Bramante montra ſon intelligence dans l'art militaire.

De retour à Rome, il ordonna les embelliſſemens de la *Strada Giulia*, où il bâtit le palais de Saint Blaiſe ſur le Tibre, dont il reſte à peine des veſtiges. On cite comme un modèle de belles proportions & de ſage ordonnance, une petite rotonde ſoutenue de ſeize

colonnes & placée au milieu du cloître de Saint
Pierre *Montorio* , à l'endroit où cet apôtre fut
crucifié. Elle est dans la manière antique &
d'ordre dorique en-dehors & en-dedans , les
colonnes font de granit , les bases & les chapi-
taux de marbre , & le reste de pierre tiburtine.

L'escalier du palais Borghèse , beaucoup plus
ancien que le palais , est soutenu par de petites
colonnes accouplées qui font assez d'effet , &
monte sans aucun repos de bas en haut.

Bramante donna aussi beaucoup de dessins
pour des temples & des palais dans l'état ec-
cléfiastique ; mais la Basilique de Saint Pierre
de Rome est son chef-d'œuvre. Jules II conçut
le vaste pojet d'un édifice , qui pour la grandeur
& la magnificence surpasfât tous les bâtimens
de l'univers. Bramante lui préfenta plusieurs
plans , dont un , entre autres , prouvoit l'étendue de ses connoissances ; c'est celui où il a
placé deux campanilles aux côtés de la façade ,
comme on le voit dans la médaille frappée sous
Jules II. Le pape ayant adopté ce plan en 1513,
Bramante , à qui le premier temple de la chré-
tienté assuroit une gloire immortelle , se hâta
de faire démolir la moitié de l'ancienne église ,
& de jeter les fondemens de la nouvelle. Il

parvint à la conduire jufqu'à l'entablement avant la mort du pape, & l'on conftruifit avec une diligence fans exemple, les quatre arcs qui devoient fupporter le dôme. Cet artifte pétulant, jaloux d'achever feul un ouvrage qui demandoit plus d'un fiècle de travaux affidus, renverfa impitoyablement les colonnes de l'ancienne Bafilique, & détruifit beaucoup de belles chofes, telles que des tombeaux de papes, des mofaïques, des peintures : il ne refpecta que l'autel & la vieille Tribune enrichie d'ornemens d'ordre dorique encore imparfaits, mais qui furent achevés par le Peruzzi.

De tous les ouvrages que Bramante fit dans cette Bafilique avec tant de précipitation, il ne refte que les arcs qui portent la tour du dôme. Les Architectes qui l'ont conduite après fa mort, ont prefque entiérement effacé les traces de fon premier auteur. Raphaël & Julien de San-Gallo s'éloignèrent de fes intentions, Peruzzi enfuite en changea le plan lorfque l'on conftruifit la chapelle du roi de France. Sous Paul III Antoine de San-Gallo enchérit encore fur fes prédéceffeurs. Enfin Michel-Ange réduifit les plans faits avant lui, & atteignit ce point de perfection dont les autres

Architectes n'avoient pu approcher : il changea
entièrement l'église de Saint Pierre, quoiqu'il
ait dit plusieurs fois à Vasari qu'il ne faisoit
que suivre les idées de Bramante, parce que
ceux qui donnoient les premiers le dessin d'un
grand édifice, en étoient les vrais inventeurs.

On doit mettre au nombre des ouvrages de
Bramante l'église de Lorette où il employa toute
la richesse de l'ordre corinthien ; les mystères
de la Sainte Vierge sont sculptés dans les grands
bas-reliefs dont il est revêtu ; vingt niches placées entre les colonnes qui portent l'architrave,
renferment les statues des prophètes & des Si-
bylles.

La mort de cet artiste arriva en 1514, il étoit
âgé de soixante - dix ans. La cour du pape &
beaucoup d'artistes assistèrent à ses funérailles
dans l'église de Saint Pierre, monument de ses
travaux. Son caractère étoit doux & obligeant,
il aimoit les artistes & leur rendoit tous les
services possibles. Son procédé avec Raphaël
qu'il amena à Rome, & à qui il donna des
principes d'Architecture, lui fait honneur ; il
étoit son cousin, & par son crédit auprès de
Jules II, il parvint à le faire employer dans le
Vatican. Je ne prétends point justifier la super-

cherie qu'il employa pour le favorifer aux dépens de Michel-Ange, en lui donnant la clef
de la chapelle Sixte, dont Raphaël fut bien
profiter. Il vécut toujours honorablement, &
d'une façon convenable à l'état où fon mérite
l'avoit élevé ; il cultivoit la poéfie avec quelques
fuccès, & chantoit fes vers fur la lyre. Sa réputation, grande dé fon vivant, s'accrut après fa
mort, par l'interruption du bâtiment de Saint
Pierre qui dura plufieurs années. Les plus célèbres Architectes redoutoient d'y mettre la
main ; il fembloit qu'ils défefpéraffent de conduire à fa fin un ouvrage qui tenoit plus du
prodige que de l'art.

Bramante fut l'inventeur d'une manière de
conftruire les voûtes d'un feul jet ; en rem-
pliffant des moules de bois de chaux mêlée
avec de la pouffière de marbre délayée dans de
l'eau ; les feuillages, les rofes & les caiffons
dont elles font ornées, s'exécutoient par ce
moyen, avec non moins de facilité que de
promptitude ; on fe contentoit enfuite de faire
une voûte en brique par-deffus. C'eft ainfi qu'il
remit en ufage l'emploi du ftuc connu des anciens, mais négligé depuis long-temps. Il fe
fervit auffi d'échaffauds mobiles pour travailler

aux cintres, en quoi il fut imité par San-Gallo & plusieurs autres.

Cet artiste avoit desiné les plans des beaux édifices qu'il avoit vus, & toutes les parties du corps humain, comme on peut s'en convaincre par l'inspection de son livre. Il en fit encore un autre sur les règles de l'Architecture & de la perspective. Ces œuvres, retrouvées manuscrites en 1756 dans une bibliothèque de Milan, sont en partie en vers & en partie en prose : imprimées en italien, elles n'ont pas encore été traduites en notre langue.

On ne doit pas être étonné de la sécheresse du style de ses premiers ouvrages ; l'Architecture de son temps se ressentoit encore de l'ignorance des derniers siècles, au lieu que celle de Michel-Ange se distingue par la hardiesse & la fierté de son dessin. Il n'eut pas moins de science que de génie, & on peut assurer qu'il a illustré son siècle. On lui reprochera toujours les fautes sans nombre dans lesquelles l'entraîna un caractère vif & impétueux ; à peine les fondemens d'un édifice étoient-ils jetés, qu'il auroit voulu y poser le comble. Guidé par une imagination trop hardie, il ne savoit point combiner ses idées, encore moins leur

donner

donner le temps de fe développer. La gloire du moment préfent étoit la feule qu'il ambitionnoit. L'artifte fage & réfléchi au contraire évite cet écueil dangereux , & ne fe propofe que la gloire dont on jouit dans la poftérité.

Parmi les difciples de Bramante on compte Julien Leno , plus habile, felon Vafari, à exécuter les deffins des autres que les fiens ; Ventura Falegname de Piftoie qui s'attacha beaucoup à prendre les mefures des anciens édifices , & qui aida fon maître dans fes entreprifes ; & le célèbre Raphaël en qui les talens de l'Architecte & ceux de peintre fe trouvèrent réunis.

MICHEL-ANGE

BUONAROTA (1).

CET artifte , le reftaurateur des beaux arts en Italie , tient parmi les fculpteurs le même rang qu'Homère parmi les poëtes. Né en 1474 dans

(1) *Vafari. Afcanio Condivi. Serie degli uomini illuftri.*

C

le territoire d'Arezzo en Tofcane, il defcen-
doit de l'ancienne & illuftre maifon des comtes
de Canoffe. Il fut un des premiers exemples
de ceux qui fe font fait un nom dans les arts
qu'ils ont exercés malgré leurs parens. Nous
lifons que Moliere étoit deftiné à être, comme
fon père, valet de chambre tapiffier du roi, mais
fon génie, dit Voltaire, l'appeloit ailleurs. François Granacci, élève de Dominique Ghirlandai,
frappé des difpofitions de Michel-Ange, fe fit un
plaifir de les feconder, & lui donna à copier les
deffins de fon maître. Le père de Michel-Ange
& fon oncle, peu connoiffeurs, regardoient la
pratique des arts comme peu honorable à leur
famille, & traitoient affez rudement celui qui
les exerçoit malgré eux. Loin de fe décourager,
Michel-Ange leur donna toute fon application
& copia affidûment les deffins des grands maîtres. Ses effais, prodigieux pour fon âge, méritèrent l'admiration des meilleurs juges, &
perfuadèrent enfin fon père de l'inutilité des
obftacles.

Granacci le conduifit un jour dans le jardin
de Laurent de Médicis, très-orné de ftatues
antiques. Frappé d'une tête de Faune à grande
barbe, dont la bouche étoit rongée par les in-

jures du temps, Michel-Ange ofa l'exécuter en
marbre. Il lui ouvrit la bouche comme celle d'un
homme qui rit, & fuppléa ce qui pouvoit manquer à l'original. Laurent vit cette tête, elle lui
parut moins l'ouvrage d'un enfant que celui d'un
artifte confommé dans l'art. *Tu as fait*, lui dit-
il en riant, *ce Faune vieux, & tu lui as laiffé
toutes fes dents ; ne fais-tu pas qu'il en manque
toujours quelques-unes aux vieillards ?* A peine le
duc fut-il parti, que Michel-Ange caffa une dent
à fon Faune & lui creufa la genfive, de manière
que l'on pût croire qu'elle étoit tombée. A fon
retour il réfolut de protéger un jeune homme
qui donnoit d'auffi grandes efpérances, le logea
dans fon palais, & l'admit même à fa table. Il
fe plaifoit à lui montrer fes pierres gravées & fes
médailles, comme à un artifte doué de connoiffances, de jugement & de talens. Michel-Ange
n'avoit alors que quinze ans.

Après la mort de Laurent, il retourna chez
fon père, & fit un Hercule en marbre qui fut
envoyé à François I, & dont on ignore le fort.
Tandis qu'il en étoit occupé, il tomba beaucoup
de neige à Florence. Pierre de Médicis, fils aîné
de Laurent, imagina d'en faire faire une figure
dans la cour de fon palais, il manda Michel-Ange,

l'en chargea , & lui continua les mêmes bontés que son père.

Un crucifix de bois pour l'église du Saint Esprit, mérita à son auteur l'amitié du prieur qui lui donna un logement , & lui procura des cadavres humains pour étudier l'anatomie , étude qui l'a rendu un très-grand dessinateur. Durant les troubles excités à Florence par l'expulsion des Médicis, Michel-Ange se retira dans la ville de Bologne, où il sculpta, pour le tombeau de Saint Dominique , la figure de Saint Petrone , & un ange qui tient un chandelier. Trois années s'étoient écoulées depuis la mort de Laurent jusqu'à cet événement, ainsi il pouvoit avoir vingt à vingt-un ans.

L'envie, qui ne tarda pas à lui susciter des compétiteurs , le fit retourner à Florence. Le grand Duc y vit un Cupidon endormi, ouvrage sublime de notre artiste ; il lui conseilla (2) de l'arranger de façon qu'il parût antique & sortir de terre. Michel-Ange l'envoya donc à Rome, où le cardinal de Saint-Georges l'acheta deux cents écus. Cette éminence sut dans la suite que ce

(2) J'ai préféré le récit du Condivi élève de M: A. à celui des autres auteurs qui rapportent le fait différemment

Cupidon étoit d'un artiste Florentin. Indignée
d'avoir été trompée, elle fit partir un de ses
gentilshommes pour Florence, afin de découvrir la vérité. Celui-ci fut adressé à Michel-Ange,
comme un homme qui cherchoit un sculpteur
dont on avoit besoin à Rome. Michel-Ange
n'ayant rien à lui montrer, prit une plume, dessina une main (3) que le gentilhomme admira;
& lui dit, qu'entre autres choses, il avoit fait un
Cupidon dans telle attitude. Ainsi par quelques
traits artistement dessinés, Michel-Ange se déclara l'auteur du Cupidon, comme il ne fallut
autrefois à Protogène qu'une ligne tracée par
Apelle pour reconnoître ce fameux peintre. Le
gentilhomme lui proposa donc de l'emmener à
Rome & de le placer chez son maître. Michel-
Ange n'hésita point à se rendre dans une ville
si justement appelée la patrie des arts; mais
le cardinal, peu connoisseur, laissa ses talens
oisifs, & se défit du Cupidon en faveur du duc
Valentin. Il fut ensuite donné en présent à la
marquise de Mantoue qui l'envoya en cette
ville où l'on le voit aujourd'hui.

_____

(3) La figure de cette main est gravée de même grandeur
que le dessin de Michel-Ange.

Un gentilhomme plus amateur des arts que le cardinal, commanda à notre sculpteur un Bacchus de marbre : des pampres de vigne couronnent sa tête, une tasse est dans sa main droite, il sourit en la regardant ; son bras gauche est entouré d'une peau de tigre, & sa main tient une grappe de raisin qu'un petit satyre à ses pieds mange furtivement.

Michel-Ange n'avoit que vingt-quatre ou vingt-cinq ans lorsque le cardinal de Saint-Denis lui procura l'occasion de sculpter une Notre-Dame de pitié qui est à Saint Pierre, dans la chapelle du Crucifix. Ce bel ouvrage ne portant point le nom de son auteur, un sculpteur qui le montroit à des étrangers, se l'appropria. Michel-Ange l'entendit, garda le silence, & la nuit suivante, grava son nom sur la ceinture de la vierge. Si l'on s'étonne de la facilité gracieuse avec laquelle ce jeune artiste a traité ce sujet le plus intéressant de tous, qu'on se rappelle la grandeur du génie qui conçut à vingt-deux ans le poëme de la Jérusalem délivrée, & l'avoit exécuté à trente.

Les affaires domestiques de Michel-Ange l'obligèrent de retourner à Florence. Durant un séjour de dix-huit mois, il s'occupa d'un ouvrage qui n'étoit pas fans difficulté. Un bloc de marbre, mal ébauché depuis cent ans par un médiocre artifte nommé Simon dà Fiefole, avoit été propofé à différens ftatuaires qui n'avoient pas même pu en tirer une petite figure. Michel-Ange réuffit, fans y rien ajouter, à en faire un géant placé devant la porte du vieux palais.

Le pape Alexandre mourut fur ces entrefaites, & Jules II rappela Michel-Ange, alors âgé de vingt-neuf ans, pour travailler à fon tombeau. Le deffin eft préfenté à fa fainteté, & lui plaît; elle envoie fans délai cet artifte à Carrare choifir les marbres néceffaires. Dans l'efpace de huit mois ils font taillés, embarqués & voiturés à Rome. Buonarota fe met inceffamment à l'ouvrage, Jules II le preffe, l'encourage, & va fouvent le voir travailler. Ces fréqüentes vifites fufcitèrent des envieux à Michel-Ange. Bramante que le pape aimoit, craignit que l'exécution de ce maufolée n'éclipfât fa gloire, il repréfenta au pape, en adroit courtifan, qu'il eft de mauvais augure d'élever pour foi un tombeau quand on eft en pleine fanté. Cet axiôme vulgaire fit effet fur l'efprit du pontife, il ceffa de donner au fculp-

C iv

teur les secours d'argent & les audiences qu'il lui prodiguoit auparavant.

Michel-Ange prit alors le parti de s'en aller de nuit à Florence. Aussi tôt après son départ, le pape lui envoya cinq couriers, avec ordre de revenir à Rome sous peine d'encourir sa disgrâce: mais les prières & les menaces furent inutiles ; ils ne purent obtenir autre chose, sinon qu'il écriroit au pape que l'ayant traité d'une façon peu convenable, il étoit le maître de chercher un autre sculpteur.

Durant un séjour de trois mois que Michel-Ange fit à Florence, Jules II adressa au sénat trois brefs remplis de menaces, pour qu'il le lui renvoyât à Rome. Le sénateur Soderini, qui étoit gonfalonier, lui dit de se préparer incessamment au voyage ; mais Buonarota craignant la colère du pape, répondit qu'il s'en iroit plutôt à Constantinople, où le grand Turc l'avoit fait inviter par des cordeliers, pour faire un pont de cette capitale à Pera, afin de joindre en cet endroit l'Europe avec l'Asie. Cependant ce sénateur le détourna de ce projet, & le décida à retourner vers le pape.

Michel-Ange alla donc à Rome, & de là à Bologne, où Jules II s'étoit rendu. Il fut rétabli

dans ses bonnes grâces, & reçut l'ordre de jeter
sa figure en bronze, pour la placer sur le frontispice de l'église de Saint Petrone à Bologne.
Michel-Ange en fit un modèle en terre, dont
le pape parut très-satisfait : de la droite il donnoit des bénédictions, mais l'action de la gauche
étoit encore indéterminée. Que comptez-vous
y mettre, lui dit le pontife ? Un livre ; un livre !
mettez-y plutôt une épée, je n'ai jamais aimé
les lettres. Jules II s'apercevant ensuite que la
main droite avoit une action un peu forte, dit
en riant à notre artiste, votre statue donne-t-elle
des bénédictions ou des malédictions ? Elle me-
nace, répondit Michel-Ange, de votre colère
ce peuple, s'il n'est pas sage.

Lorsque cette figure eût été mise en place (4),
Michel Ange partit pour Rome ; le pape vouloit
l'occuper à d'autres ouvrages qu'à son tombeau ;
ses jaloux, blessés de la supériorité de ses talens
pour la sculpture, persuadèrent au pape de lui
faire peindre la voûte de la chapelle de Sixte IV.

(4) Elle fut dans la suite brisée par le peuple, lorsque
les Bentivoglio rentrèrent dans Bologne. Alphonse d'Est,
duc de Ferrare, en acheta la matière, & en fit faire une
pièce d'artillerie qu'il nomma la Julienne.

Ils se flattoient que Michel-Ange peu accoutumé à manier le pinceau y échoueroit. Notre artiste qui en sentoit la difficulté, employa les raisons les plus fortes pour s'en dispenser; il fut enfin obligé d'obéir, & fit un ouvrage généralement admiré, quoique l'impatience du pape l'ait empêché d'y mettre la dernière main.

Revenu à Florence, il apprit la mort de Jules II, qui par testament avoit ordonné l'achevement de son tombeau. Les cardinaux, exécuteurs de ses volontés, exigèrent que Michel-Ange fît un nouveau dessin moins magnifique, & d'une moindre dépense que le premier. Il s'y prêta, quoiqu'avec chagrin, jusqu'à l'élévation de Léon X qui l'en détourna pour faire le portail de Saint Laurent de Florence. Michel-Ange voulut s'en excuser, parce qu'il travailloit au tombeau de Jules II; mais les ordres du pape furent si formels, qu'il alla chercher les marbres nécessaires.

A son retour, le peu d'intérêt que prit Léon X aux ouvrages dont il avoit chargé Michel-Ange, les lui fit discontinuer, & il se remit au tombeau de Jules II, qui fut encore arrêté par la mort du pape arrivée en 1521. Sous Adrien, dont le règne fut court, & qui d'ailleurs n'eut

aucun amour pour les arts , il fut rappelé à
Rome , où l'on difoit qu'il avoit reçu de Jules II
plus de feize mille écus , & que l'amour du
plaifir le retenoit à Florence , au lieu de finir le
Maufolée de ce pape. Mais le cardinal de Médicis , qui fut enfuite Clément VIII , alors gouverneur de Florence , l'en empêcha , & afin
d'avoir un prétexte pour le retenir , il l'occupa
au bâtiment de la bibliothèque de Saint Laurent , & de la facriftie , fépulture des princes
de fa maifon. Il lui promit de plus , de faire
valoir fes excufes auprès du pape. Après la
mort d'Adrien , Clément , fon fucceffeur , parut
oublier entièrement le tombeau de Jules II ;
mais comme le duc d'Urbin , fon neveu , joignit des menaces à fes plaintes , Michel-Ange
alla trouver le pape à Rome , qui lui confeilla
de s'arranger avec les agens du duc & de compter
avec eux. Il favoit bien que fi l'on eftimoit au
jufte les ouvrages de notre artifte , celui-ci feroit
plutôt créancier que débiteur.

· Sous ce pontife qui s'intéreffoit au rétablif-
fement des Médicis , Florence fut affiégée. Michel-Ange , en qualité de commiffaire général
des fortifications de l'état de Tofcane , la fortifia ; & défendit durant un an le clocher de

Saint Miniat de l'artillerie des ennemis. Le siége n'étant pas encore fini, il fut obligé de s'enfuir à Venise, où il donna le deffin du pont Rialto, à la follicitation du doge Gritti. Retourné à Florence affiégée par le pape & l'empereur, il en rendit la prife difficile. Lorfque les troubles furent enfin appaifés, il reprit avec une telle affiduité le maufolée des Médicis, qu'en peu de mois il fculpta les fept ftatues placées dans la facriftie de Saint Laurent, appelée auffi la chapelle des princes; aucune n'a été achevée, elles le font cependant affez pour prouver les talens fupérieurs de l'artifte.

J'ai dit plus haut que Clément avoit mandé Michel-Ange à Rome, dans le temps que les agens du duc d'Urbin le preffoient de terminer le maufolée de Jules II. Il auroit bien voulu qu'il eût été totalement oublié, pour que Michel-Ange fe livrât à finir fes ouvrages commencés à Florence; mais cet artifte, dont l'honneur étoit intéreffé à détruire les bruits répandus fur fon compte, ne refufoit pas d'achever ce qu'il avoit entrepris. D'un autre côté fes jaloux ne pouvoient juftifier les payemens qu'ils prétendoient lui avoir été faits. On convint donc qu'il feroit un tombeau pour l'argent qu'il avoit reçu, & qu'il le réduiroit à une feule face décorée de fix ftatues de fa main.

Occupé de cet ouvrage plus d'une fois repris & abandonné, Michel-Ange vit Paul III monter fur le trône pontifical. Ce pape lui marqua le plus vif empreffement de l'employer ; notre artifte s'excufa fur fes engagemens avec le duc d'Urbin, par rapport au maufolée de Jules II. Il fut cependant obligé de céder ; le pape fe rendit un jour chez lui, examina les figures du tombeau qui lui parurent belles, & lui promit de faire confentir le duc d'Urbin à fe contenter de trois ftatues de fa main, & de trois autres faites par d'habiles fculpteurs. Les agens du duc paffèrent en conféquence un nouveau contrat avec Michel-Ange, que le duc confirma, & le Maufolée fut achevé en moins d'un an, tel qu'on le voit à Saint Pierre ès liens.

Michel-Ange ne pouvoit être oifif. Un bloc de marbre qu'il trouva, lui fit naître l'idée d'en faire quatre figures plus grandes que na-ture; favoir, un Chrift defcendu de la croix, foutenu par la Vierge aidée de Nicodème &

d'une des Maries. Cet ouvrage resté imparfait,
étoit destiné pour sa sépulture.

Il s'en occupoit lorsque San-Gallo, Architecte de Saint Pierre, mourut. Paul III qui
connoissoit son mérite, n'hésita point à lui
confier cette importante entreprise. Ses refus
multipliés se terminèrent à se rendre aux volontés du pape. Il commença par examiner le
modèle en bois dû à son prédécesseur, il le
critiqua avec beaucoup de goût, & démontra
l'énormité de la dépense que son exécution
entraîneroit, sans pouvoir espérer d'en voir la
fin. L'habile homme saisit tout d'un coup l'espèce de beauté convenable au genre qu'il doit
traiter. Aussi Michel-Ange fit-il en quinze
jours un nouveau dessin; il resserra les plans
de ses prédécesseurs, pour réduire le sien en
croix grecque, en rendit l'ordonnance plus majestueuse, & diminua le poids de sa coupole
sans en diminuer le diamètre. En un mot ses
idées s'éloignèrent beaucoup de celles de Bramante & de San-Gallo qui avoient pris le gigantesque pour du merveilleux, le bizarre pour
de la variété, & la confusion pour de la richesse.
Paul III lui fit expédier en 1546 un bref qui
l'autorisoit à réformer leur ouvrage; & défen-

doit fous des peines très-graves de rien changer
au plan de Michel-Ange. Il lui affigna en même
temps fix cents écus d'appointemens ; mais
Michel-Ange les refufa, & durant dix-fept ans
il travailla fans émolumens à une Bafilique qui
avoit enrichi fes prédéceffeurs. Il renforça pour
la troifième fois les piliers de la coupole, & en
couronna les arcs d'un entablement majeftueux
& d'une élégante proportion. Les branches méridionale & feptentrionale de la croifée furent
achevées fucceffivement, & tout cela l'occupa
trois années. On a remarqué que les parties de
l'intérieur de la nef n'ont pas affez de largeur
pour leur hauteur, ce qui fait paroître l'églife
moins grande qu'elle ne l'eft.

Le fénat lui confia enfuite la conduite du
Capitole, auquel il rendit fon ancien luftre
par une façade tres-riche qui décore les trois
côtés de fa place, & des appartemens fort commodes. Au milieu d'un grand efcalier à deux
rampes qu'il y conftruifit, il plaça une figure
antique de porphyre repréfentant Rome triom-
phante, affife & ayant à fes côtés deux efclaves
qu'il fe contenta d'ébaucher. Par fes foins les
ftatues antiques du Nil & du Tibre décorèrent
ce palais refté imparfait à fa mort. Il n'en fut

pas de même de celui des confervateurs du
peuple Romain, qui occupe une des trois aîles
du Capitole, & eft entièrement de fon deffin.
Sa belle compofition ne le rend pas moins recommandable que l'excellence de fon exécution. Pour plaire au pape, Michel-Ange fit le
grand entablement du palais Farnèfe, morceau
très-eftimé des connoiffeurs, & les trois ordres
de colonnes qui en décorent la cour.

Vers le même temps Jules III, fucceffeur de
Paul III, lui donna l'entreprife de fa ville ou
maifon de campagne. Ce pape s'y entretenoit
quelquefois avec lui, & un jour qu'il étoit à
l'Aqua-Vergine, accompagné de douze cardinaux, il lui témoigna l'eftime & les égards que
méritoient fes grands talens, en le faifant affeoir à fes côtés.

Nous avons vu que Michel-Ange avoit commencé la chapelle de Saint Laurent à Florence:
le grand Duc que cet ouvrage intéreffoit vivement, lui envoya le Tribolo pour l'amener en
cette ville, mais il s'excufa fur fon grand âge;
d'ailleurs Paul IV qui le preffoit de·finir l'églife
de Saint Pierre, le détermina à refter à Rome.
Buonarota pouffa fi vivement la conftruction de
cette bafilique, afin qu'on ne pût y rien changer

après

après fa mort , qu'en 1557 les grandes voûtes étoient faites , & le tambour de la coupole achevé , avec tous fes ornemens ; fes amis l'engagèrent même à en faire un modèle en bois , où toutes les mefures feroient marquées dans le plus grand détail. Le modèle fut très-applaudi & exactement fuivi.

Vers ce temps-là le pape lui demanda trois deffins pour la porte Pie , & choifit celui dont la dépenfe étoit la moindre. Michel-Ange donna auffi un projet de l'églife de Sainte Marie aux Anges qu'il pratiqua dans les Thermes de Dioclétien : ce projet eut la préférence fur ceux des autres Architectes ; il fe fervit des anciennes fondations & forma une belle entrée à cette églife, ce qui lui fit beaucoup d'honneur.

Enfin cet artifte très-avancé en âge, quitta la place d'Architecte de Saint Pierre qu'il exerçoit depuis dix-fept ans. Il auroit defiré d'être remplacé par Daniel de Volterre. Nanni qui lui fut préféré , ne tarda pas à dévoiler fon incapacité. Pirro Ligorio & Vignole furent donc prépofés à l'exécution des plans de Michel-Ange, & on leur enjoignit de n'y rien changer. Pie V employa même fon autorité pour fermer la bouche aux jaloux de ce grand homme qui

Tome I. D

mourut en 1564, âgé de quatre-vingt-dix ans, laiffant un nom que la poftérité aimera & refpectera toujours. Son teftament ne contenoit que ce peu de mots : *Je laiffe mon ame à Dieu, mon corps à la terre, & mon bien à mes parens.* On le porta dans l'églife des Saints Apôtres, où le pape avoit déterminé la place de fon tombeau.

Le grand Duc qui ne put l'ignorer, le fit déterrer fecrettement & amener à Florence avec des ballots de marchandifes. L'académie de cette ville, dont il avoit été le chef, réfolut de lui faire une pompe funèbre à Saint Laurent, églife de la maifon de Médicis. Comme elle eft la plus remplie de fes ouvrages, ce choix fut goûté du grand Duc, qui chargea Benoît Varchi, poëte fameux, de l'oraifon funèbre (5). On s'empreffa de jeter des fleurs

(5) Cette oraifon funèbre imprimée à Florence chez les Girenti en 1564, *in-*4°., eft à la bibliothèque du roi, X n°. 5934. Benoît Varchi étoit poëte, orateur & hiftorien : on a de lui diverfes oraifons funèbres & des poëfies ; mais il eft furtout connu par fon *Hiftoire de Florence* imprimée à Ausbourg, fous le titre de Cologne en 1721 *in-folio*, réimprimée dans le tome VIII du *Thefaurus antiquitatum & hiftor. Italiæ.*

fur le tombeau de Michel-Ange, & les députés
del'académie convinrent de montrer plus de goût
que de magnificence dans la décoration de fon
catafalque, ce qui siéoit mieux à des artiftes
dont le génie furpaffe les facultés. Ce monument carré & haut de vingt braffes, dont les
faces préfentoient plufieurs traits de la vie de
Michel-Ange, étoit décoré de quatre figures
grandes comme nature ; l'architecture, la peinture, la fculpture & la poëfie, celle de Buonarota, fembloit parler à la fculpture. Le grand
Duc fit élever le tombeau de cet artifte dans
une place diftinguée de l'églife de Sainte Croix,
& donna à Léonard, fon neveu, tous les marbres néceffaires. Vafari chargé de fon exécution, y plaça le bufte de ce ftatuaire, & les
figures des arts qu'il avoit exercés furent dif-
tribuées à trois fculpteurs Florentins ; favoir,
l'architecture à Jean dell'Opera, la peinture à
Baptifte Lorenzi, & la fculpture à Valerio
Cioli.

Michel-Ange a joui des plus heureux jours
dont puiffe jouir un artifte ; il a eu l'avantage
d'être eftimé des papes & des plus illuftres fouverains de l'Europe qui lui donnèrent l'occafion d'exercer fes talens. Côme de Médicis ne

D ij

lui parloit jamais que découvert, & plusieurs papes le faisoient asseoir devant eux. Il n'eut point d'inclination pour le mariage ; *son art*, disoit-il, *étoit sa femme, & ses ouvrages ses enfans qui vivroient après lui.* Il aimoit la lecture, faisoit assez bien des vers & fréquentoit les plus beaux esprits de son temps. Sa mémoire étoit des plus heureuses, & il disoit souvent des choses agréables. On lui demandoit son avis sur un sculpteur qui avoit passé beaucoup de temps à imiter des figures antiques. *Un homme*, répondit-il, *accoutumé à suivre les autres, n'ira jamais devant, & quiconque est incapable de bien faire de lui-même, ne peut pas se servir avec avantage de l'ouvrage d'autrui.* On le pria d'aller voir une figure d'un artiste qui se tourmentoit beaucoup pour chercher le jour des fenêtres le plus favorable à son ouvrage. *Ne vous donnez pas tant de peine*, lui dit Michel-Ange, *à étudier un jour particulier, ne songez qu'à celui de la place* ; il faisoit allusion à la critique du public.

Michel-Ange étoit d'une taille moyenne & d'une forte complexion ; dans sa jeunesse, il ne vivoit souvent que de pain & d'eau, usage qu'il avoit conservé dans sa vieillesse. Ce fut alors

qu'il devint fujet à la pierre ; fa vue fort affoi-
blie lui fervit de prétexte pour ne plus travailler, afin de ne rien faire d'inférieur à ce
qu'il avoit fait dans la force de fon âge.

Artifte infatigable , & né pour les belles
chofes, fon génie le porta toujours à la perfection & à triompher des obftacles. Vafari
affure que l'invention d'un deffin lui coûtoit
beaucoup , & il rapporte plufieurs preuves
que Michel-Ange effaçoit continuellement &
recommençoit fouvent les mêmes fujets , qu'il
brûloit enfuite , pour dérober au public fa
peine & fon travail. Ses grandes études le
rendoient folitaire , & furtout lorfqu'il travailloit. Ceux qui attribueroient cette folitude
à la bizarrerie & à la fantaifie , ignoreroient
fans doute que les talens exigent une application d'efprit & un recueillement de penfées
inalliables avec les foins , les embarras & les
vifites.

S'il a été le plus grand deffinateur qui ait
exifté , fi fes figures ont une force & une action qu'on ne peut imiter , il ne faut l'attribuer qu'à l'exactitude incroyable avec laquelle
il exerçoit l'anatomie fur le corps humain &
fur divers animaux. Non content des beautés

extérieures que la nature lui laiffoit voir à découvert, il entreprit d'en dévoiler les raifons
cachées, de la fuivre, pour ainfi parler, dans fa
marche, & de faire voir fous la peau l'agence-
ment des os & le jeu des mufcles qui, relativement aux diverfes pofitions des membres,
s'alongent ou fe rétréciffent, s'enfoncent ou fe
gonflent, mécanifme qui n'a rien d'arbitraire,
mais qui, faute d'une étude affez complète
de l'anatomie, n'a pas été autant approfondi
qu'il devoit l'être.

Michel - Ange qui en connoiffoit l'importance & la néceffité, s'étoit livré de bonne
heure à cette étude, quelque laborieufe &
quelque dégoûtante qu'elle dût lui paroître. Il
avoit vu l'antique, il l'avoit admiré, il s'en
étoit nourri ; mais plus il y avoit acquis de
connoiffances, plus il s'étoit perfuadé qu'en
cherchant à marcher fur les traces de l'antique,
il étoit encore permis de fe faire une manière
à foi, qui devenant originale, attireroit les
regards, & feroit d'autant plus sûre de plaire,
qu'elle montreroit plus de fcience & plus de
recherches. Une humeur auftère, & même fa-
rouche, peu fenfible à la délicateffe & aux
graces aimables, ne contribua pas peu à le

fortifier dans cette idée. Le goût & la façon de
penfer de fon fiècle, y entroient auffi pour beaucoup. Le travail n'avoit alors rien de trop ef-
frayant, les efprits fuperficiels y étoient mé-
prifés, on s'attachoit au folide, & Michel-Ange,
en fe foumettant à une expofition férieufe &
méditée des mouvemens du corps auffi diffi-
ciles à rendre qu'à apercevoir, ne dut pas
craindre d'être le feul qui fût fatisfait, il pouvoit compter fur un applaudiffement général.
Encouragé par les fuccès, il s'engagea plus que
jamais dans la fcience utile & profonde du
deffin, & bientôt il en fut regardé comme le
père.

Ce n'eft pas qu'en recherchant la véritable
place des mufcles & la forme qu'ils prennent
extérieurement lorfqu'ils agiffent, il abandonnât
l'expreffion & le fentiment de la chair, qu'il
fît des figures sèches & fans aucune grace ni
foupleffe; il fut éviter cet écueil dangereux,
contre lequel ont échoué tous ceux qui n'ayant
ni les mêmes talens, ni la même fagacité, ont
cru marcher fur fes traces, & n'ont donné
que des figures d'écorchés & où l'action des
mufcles eft méconnoiffable, tant ils les ont
chargés. Pour lui, il connut l'art de les couvrir

d'une peau délicate, d'en adoucir ainsi le trop
d'âpreté & de rudesse, & d'exprimer dans le
plus grand degré de vérité la finesse & la mollesse de la chair. Il a aussi excellé dans l'art des
raccourcis, & il a laissé en ce genre des modèles en terre, en plâtre & en cire, beaucoup
plus sûrs que les modèles vivans. On lui rend
cette justice, que la pureté de ses mœurs n'a
point été altérée de son application continuelle
à dessiner des figures nues.

Michel-Ange lui doit cette supériorité dont
il est en possession dans les trois arts de la peinture, de la sculpture & de l'architecture; il
paroît néanmoins que la sculpture eut dans son
cœur la préférence, & c'est dans cet art qu'il
a le plus excellé. On rapporte que souvent il
passoit la nuit à manier le marbre, & qu'il se
couchoit tout habillé. Comme il se contentoit
difficilement, il laissoit fréquemment dans ses
figures des endroits imparfaits; on n'en peut
guère citer que quatre qui soient absolument
terminées, le Bacchus, le Géant de Florence,
la Pitié & le Christ de la Minerve : les statues
de Julien & de Laurent de Médicis, la Nuit,
l'Aurore & le Moïse sont restées imparfaites.
Il disoit que s'il avoit fallu attendre qu'il se fût

contenté lui-même, aucune ne seroit sortie de son attelier.

Il paroîtra sans doute surprenant qu'un morceau de sculpture, où des parties essentielles ne sont pas encore commencées de travailler, soit amené dans tout le reste à son point de perfection. Cela sert à montrer que Michel-Ange étoit dans l'usage d'ébaucher lui-même ses figures, & quand il en avoit dégrossi une partie, de ne la point quitter qu'elle ne fût entièrement terminée. Il se promenoit ainsi sur toute sa figure, d'autant plus certain de ne point se tromper dans ses mesures, qu'il avoit pris la précaution de faire précéder le travail du ciseau par des études faites sur le papier d'après le naturel, & où des repaires nécessaires qui y étoient marqués, répondoient à de semblables repaires tracés sur le marbre, & lui servoient de guide sûr.

Cet artiste avoit un grand goût de dessin ; un fonds de science inépuisable se fait remarquer dans ses ouvrages. L'admiration qui leur est due, ne doit pas cependant empêcher de dire que sa manière est un peu sèche, que ses compositions sont extrêmement bizarres, & que ses figures, souvent outrées, présentent des modèles d'un goût terrible. Ses draperies manquent fréquemment de cette légèreté qui en fait tout l'agrément. Il a eu des caprices qu'on pourroit bien envier, s'il étoit aisé d'y réunir la science & la belle exécution qui le caractérisent.

Michel-Ange eût volontiers fait des élèves, s'il eût trouvé des sujets disposés à profiter de ses leçons ; aussi disoit-il qu'il n'appartenoit qu'aux nobles d'exercer les arts. On compte néanmoins parmi ses disciples Antoine Mini, Bernard Bontalenti, dit dalle Girandole, & Jacques del duca de Palerme, qui se font tous trois appliqués à la sculpture.

Il ne me reste plus qu'à rassembler les productions de ce vaste génie, en qui la nature a montré tout ce dont est capable un grand artiste. On voit de lui à la Minerve un Christ en marbre debout derrière sa croix, ouvrage admirable.

A Saint André de la Valle, dans la chapelle Strozzi, bâtie sur ses desseins, les tombeaux de quatre seigneurs de cette maison, & le modèle d'une Notre-Dame de pitié qui tient notre Seigneur mort sur ses genoux.

A Saint Pierre aux liens le tombeau de Jules II forme un portique de marbre à deux rangs de cariatides qui laissent dans leurs espaces des niches

remplies de ftatues. Son principal ornement eft
un Moïfe plus grand que nature ; d'une main il
tient l'extrémité de fa barbe qui defcend jufqu'à
l'eftomac, l'autre eft pofée fur fon ventre ; une
efpèce de camifole fort ferrée lui laiffe les bras
nus jufque par-deffus les épaules, & lui fert
de vêtement. Il a les tables de la loi pliées fous
le bras droit, & femble parler au peuple qu'il
regarde fièrement. La grandeur & la majefté
du légiflateur du peuple Juif font infiniment
au-deffus de celles qu'ont données à leurs divinités les anciens fculpteurs & les poëtes. Ce
chef d'œuvre réunit toute la force & la fubli-
mité du génie. L'expreffion des mufcles de fes
bras & de fes jambes fuffit pour prouver la
fcience de l'artifte dans l'anatomie. A fes côtés
font deux ftatues traitées avec plus de délicateffe ; l'une eft la vie contemplative figurée par
une belle femme dont la tête & les mains font
levées au ciel ; l'autre eft la vie active qui fe
regarde dans un miroir & tient une guirlande
de fleurs. Michel-Ange n'a fait que ces trois
ftatues, les autres ont été exécutées d'après fes
modèles par Raphaël dà Monte-Lupo. Au-deffus
du Moïfe eft la figure du pape couchée fur un
tombeau de marbre, & plus haut on voit celle

de la charité. Les principales vertus de Jules II
font défignées par des ftatues placées dans des
niches.

Quelle différence de cette compofition avec
celle que l'artifte s'étoit propofé d'exécuter !
Suivant le deffin qu'il en avoit fait, ce monument eft ifolé. Chacune de fes faces eft décorée de quatre figures d'efclaves debout, en-
chaînées à des termes au-devant defquels elles
font placées. A leurs extrémités, des niches
pratiquées entre des colonnes, renferment des
victoires ayant à leurs pieds des prifonniers. Au-
deffus de l'entablement qui couronne cette décoration, huit figures affifes, repréfentent des
vertus & des prophètes, parmi lefquels on diftingue Moïfe accompagnant le tombeau placé
dans le milieu. Le couronnement confifte en
une grande pyramide dont le fommet eft terminé par un ange portant un globe. Telle fut
la première idée de Michel Ange : de toutes les
figures qu'il fit ou ébaucha, il ne refte que le
Moïfe, une Victoire qu'on voit à Florence, &
deux efclaves qui furent envoyés à François I
par Robert Strozzi, gentilhomme Florentin. Ce
prince en fit préfent au connétable Anne de
Montmorency, tué à la bataille de Saint Denis

en 1567. On les a vus long-temps au château d'Escouen, d'où ils ont été transférés à celui de Richelieu en Poitou, bâti par le cardinal de ce nom. Ils font aujourd'hui l'admiration des connoisseurs dans le jardin de l'hôtel de Richelieu à Paris.

Ces deux figures exécutées par Michel-Ange dans la vigueur de l'âge, font de sa plus grande manière; l'une représente un homme d'environ quarante ans, dans l'abattement où le jette la douleur de se voir réduit à l'esclavage. Il lève le bras gauche sur sa tête, & s'en sert pour l'empêcher de tomber en arrière. Le bras droit est dans l'abandon, & vient s'appliquer sur la cuisse du même côté. Il ne reste, pour que cette figure soit entièrement achevée, que des recherches à faire dans les cheveux qui ne font qu'ébauchés, & les pieds à former, encore enfermés dans le marbre. Il y a aussi en quelques endroits certains morceaux pris dans le bloc, qui servent de soutien à des parties saillantes & isolées de la statue. Ces tenons n'ont pas été jetés bas, Michel-Ange se réservoit de les abattre quand il auroit mis la dernière main à son ouvrage, & on peut dire qu'il touchoit à ce moment.

La seconde figure d'esclave est beaucoup moins avancée que la première; la tête n'est encore qu'en masse, les pieds ne sont que préparés, & en général on aperçoit qu'il y manque plusieurs de ces touches fines & délicates qui ne se donnent qu'à la fin d'un ouvrage, & qui se font desirer ici dans le général de toute la figure. Celle-ci représente un homme des plus vigoureux qui paroît souffrir très-impatiemment d'avoir les bras liés derrière le dos. Ce qu'il y a de plus admirable, c'est le coulant des contours, c'est la beauté & la justesse des attachemens; la nature y est portée au sublime & à un certain point de perfection inaccessible aux hommes vulgaires. On ne sauroit trop regretter que Michel-Ange n'ait pas terminé ces deux figures, & quel est l'homme qui oseroit y donner les derniers coups? Telles qu'elles sont, elles laisseront aux artistes plus d'envie de les imiter que d'espérance de les égaler.

Pline nous parle (lib. XXIV) de tableaux excellens qui n'en étoient que plus admirés, pour être restés imparfaits. « Saisis d'une (6) douleur tendre à la vue de ces chefs-d'œuvre

---

(6) Mairan, éloge du cardinal de Polignac.

de l'art auxquels la mort de leur auteur a ravi les derniers traits, nous leur prêtons ce qui leur manque, nous suppléons à nos desirs, nous lisons sur l'ouvrage toute la pureté du génie qui l'a conçu, nous y voyons toutes les beautés qui alloient éclorre sous les mains de l'ouvrier, & ces mains expirantes, qui semblent encore y être attachées, en rehaussent le prix à nos yeux ».

Dans l'églife de Saint Pierre, la chapelle du Crucifix renferme une Notre-Dame de Pitié que les poëtes ont célébrée dans leurs vers. Le sculpteur semble avoir ajouté à la pesanteur du marbre pour faire tomber les membres morts du Sauveur, dont le poids paroît sensible. Ceux qui ont trouvé la Sainte Vierge trop jeune pour être la mère d'un homme de trente ans passés, & qui ont observé que le corps de son fils ne semble point peser sur ses genoux, ni l'incommoder, n'ont pas fait réflexion que la mère de la divinité ne peut être privée des graces de la jeunesse, & qu'un Dieu, quoique mort, ne cesse jamais de l'être.

A Saint Grégoire de Rome, au mont Cœlio, la figure de ce Saint assis. Elle a été finie après la mort de Michel-Ange par le Francisioni.

Dans la salle du palais Farnèse est le buste de Paul III, sur la chape duquel Michel-Ange a sculpté avec une adresse merveilleuse quelques bas-reliefs d'une délicatesse étonnante.

A une des petites fontaines de la place Navone, devant Saint Jacques, on voit un Triton & un Dauphin de marbre.

A la ville Borghèse un buste du Sauveur en bas-relief.

Dans la cathédrale de Florence une Notre-Dame de pitié qui n'est qu'ébauchée.

La chapelle de Médicis, dans l'église de Saint Laurent à Florence, possède six grands tombeaux, quatre de granit d'Egypte, & deux de granit oriental. La beauté de leur forme & le goût mâle de leur décoration les distinguent infiniment. Sur chacun de ces tombeaux est un oreiller de jaspe bordé de pierreries, sur lequel est posée une couronne de pierres fines. On voit dans la sacristie nouvelle deux tombeaux pour Julien & Laurent de Médicis, dont les figures sont placées dans des niches; la première est tout en mouvement & rappelle le caractère actif du duc; la seconde assise, la tête appuyée sur sa main, indique un homme qui réfléchit. Chacun de ces tombeaux est orné de deux figures

couchées

couchées & repréfentant la Nuit dormant, le
Jour, l'Aurore qui femble pleurer la mort du
duc Laurent, & le Crépufcule. La Vierge dans
le fond eft de la même main, elle tient le
Jéfus qui fe tourne de bonne grace vers fon
fein. La correction & le caractère de ces ftatues,
quoique non achevées, ont animé la verve des
plus fameux poëtes d'Italie, qui ont dit que cette
nuit admirable obfcurciffoit ce que le jour avoit
de plus beau.

A Florence, à l'entrée du vieux palais, un
David deux fois plus grand que nature, à l'âge
où il vainquit Goliath : il eft de la première
manière de ce maître.

Dans la galerie il y a une tête de Brutus que
Michel-Ange commença, dit-on, fans qu'il
pût l'achever. Un diftique latin, gravé au-
deffous, en donne la raifon :

Dùm Bruti effigiem fculptor de marmore ducit,
In mentem fceleris venit, & abftinuit.

Dans la grande falle du vieux palais, une
figure de la Victoire qui tient un prifonnier
fous fes pieds; elle fut faite pour le tombeau
de Jules II.

Tome I.   E

Au palais Pitti, un Bacchus & un modèle en cire d'une descente de croix, très-bien composé. Dans le jardin on voit une grotte ornée de quatre statues ébauchées pour le mausolée du même pontife.

A Bologne, dans l'église de Saint Dominique, une figure d'Ange, & celles des Saints Petrone, Procul & François.

La chapelle de l'Albergo à Gênes renferme un bas-relief où est une tête de la Vierge qui voit Jésus-Christ mort.

Dans la sacristie des messes, à Saint Sulpice, est une Vierge en marbre qu'on dit être des premiers temps de Michel-Ange.

Les édifices qu'il a élevés à Rome & à Florence, sont des monumens de sa science dans l'Architecture. Ce qui suffiroit seul pour l'immortaliser, est le nouveau dessin qu'il fit pour l'église de Saint Pierre, & qui, à la réserve du portail, a eu son entière exécution. Quoiqu'on ne puisse lui accorder l'invention des dômes, celle de leur décoration lui appartient. Rien de plus parfait que le dôme de Saint Pierre; sans parler de sa grandeur qui est de vingt-une toises & demi de diamètre dans œuvre, grandeur dont aucun ouvrage en ce genre n'approche,

il eſt décoré des plus riches ordres d'Architecture, & terminé par une lanterne d'une belle
proportion. Le dôme de Sainte Sophie à Conſ-
tantinople eſt un des premiers & des plus grands
qu'on ait conſtruits : on ne peut pas dire que
ceux de Saint Marc à Veniſe, de Saint Antoine
à Padoue, de Milan & de Piſe ſoient petits ;
mais ſont-ils recommandables par leurs proportions ? la lumière y eſt-elle bien entendue ?
un goût gothique ne les défigure-t-il pas ? ne
partent-ils pas du fond ? Michel-Ange oſa
tenter une nouvelle route ; il éleva ſur quatre
arcs doubleaux, outre une double voûte, une
tour de dôme ornée de colonnes, & dont le
diamètre ſurpaſſe celui de la rotonde. Mais ce
qui prouve la vaſte étendue de ſon génie, c'eſt
l'extrême préciſion avec laquelle il conçut cet
hardi projet, & le diſcernement qui prévit tellement tous les moyens d'en aſſurer l'exécution, que ſur ſon modèle, & ſans y rien
changer, Jacques de la Porte l'entreprit avec
le plus grand ſuccès long-temps après ſa mort,
ſous le pontificat de Sixte V.

La merveille de Rome & de l'Architecture,
Ce dôme ſi hardi dans ſa rare ſtructure,

E ij

Plaît moins par le détail qu'il offre aux curieux,
Que par l'accord du tout qui fait charmer les yeux.
On n'admire d'abord ni sa vaste étendue ,
Ni ses murs si vantés qui percent dans la nue :
De l'édifice entier le juste assortiment
Plaît en chaque partie , & brille également.

Pope , Essai sur la Crit. Chap. II.

L'église des Chartreux à *Termini* , pratiquée dans les thermes de Dioclétien , fait admirer, par sa régularité & sa belle ordonnance , le génie de l'excellent artiste qui a su faire un temple en forme de croix grecque , au milieu des ruines de cet ancien édifice : Michel-Ange en restaura les chapiteaux composites , dont les colonnes sont les plus parfaites de toutes celles qui nous restent des anciens. Malgré la grandeur des salles de ces bains qui surpassent les édifices modernes de ce genre , & l'exhaussement de leurs voûtes , le spectateur qui compare l'ouvrage antique avec le moderne , reste étonné & n'ose décider en faveur de l'un ou de l'autre. Le cloître des Chartreux est très-vaste & carré , des portiques l'entourent , & il est orné de plus de cent colonnes qui soutiennent des corridors.

Les plus précieux restes de l'antiquité , &

furtout ceux du théâtre de Marcellus, ont donné les mefures du palais Farnèfe; il eft ifolé, a trois étages, avec un attique au-deffus de l'entablement, & a été conftruit par deux grands Architectes, Michel-Ange & Vignole. Ce palais, un des plus beaux de Rome, eft remarquable par fon extrême fimplicité; la feule façade de derrière a un avant-corps de trois ordres élevés l'un fur l'autre.

On eftime la décoration extérieure du palais des Confervateurs, pour l'heureufe affociation des ordres corinthien & dorique. Toute la maffe de cette ordonnance eft portée par de grands pilaftres du premier ordre, dont les piédeftaux ont de hauteur environ deux neuvièmes du pilaftre. Jacques *del Duca* a décoré la fenêtre du milieu de deux frontons & de confoles, dont le mauvais goût contrafte fingulièrement avec la manière fage de fon maître qui s'eft contenté d'orner les autres de balcons. Quant à la décoration intérieure, le rez-de-chauffée eft difpofé en deux portiques, l'un interne, l'autre externe; foixante-huit colonnes ioniques d'une feule pièce & de plus de deux pieds de diamètre, les foutiennent; quoiqu'elles paroiffent toucher au mur, elles font ifolées, parce qu'elles

font nichées dans fon épaiffeur. Des plate-
bandes d'environ douze pieds de portée, font
appuyées fur ces colonnes, & les jambages
dans les entre-colonnes de l'intérieur du portique, font revêtus de tables renfoncées, de
même proportion que les plate-bandes. Des
grotefques de ftuc artiftement fculptés fe voient
dans les foffites de ce portique.

Inutilement chercheroit-on une parfaite régularité dans les portes élevées fur les plans
de Michel-Ange dont je vais parler; mais
n'a-t-il pas pu être permis à un artifte tel que
lui, de s'éloigner, fans s'égarer, des règles
ordinaires ? Au refte, ces portes ferviront toujours de preuves des progrès qu'a faits l'Architecture depuis cet homme célèbre.

Celle du fauxbourg du Peuple à Rome, décorée par les ordres de Pie IV, eft l'ouvrage
des deux plus fameux artiftes modernes; la
face intérieure appartient au Bernin, & l'extérieure à Michel-Ange (7). Son ouverture en
plein cintre eft ornée de quatre colones doriques d'un affez petit module; l'attique a plus
du tiers de cet ordre. Le cartouche dont il eft

---

(7) Plufieurs perfonnes donnent cette porte à Vignole.

couronné , fort proprement fculpté , d'après
Michel-Ange , a une forme maigre & décou-
pée. Des raifons particulières qui engagèrent
notre artifte à fe fervir de colonnes de granit
antique d'environ deux pieds de diamètre , le
reftreignirent au petit module qu'il a employé.

La compofition de la porte Pie produit beaucoup d'effet , tant elle eft ingénieufe & bien
adaptée à la place ; fa délicateffe & fa légèreté
font oublier la dureté de la matière mife en
œuvre , & la gravité de l'ordre qu'elle retrace.
Je ne dis rien de fes ornemens de fculpture.

La porte de la ville du patriarche Grimani
dans la *Stada Pia* à Rome , eft une production
licencieufe où différens ordres font réunis. Le
dorique , dénué de triglifes , y eft joint à une
décoration ruftique , les pilaftres font coupés
par un impofte , & les moulures de leurs bafes
& chapiteaux fe confondent avec celles des colonnes. La difparité de ftyle eft choquante dans
cet ouvrage , eftimable feulement par fa forme
pyramidale.

La ville du cardinal Sermoneta s'annonce par
une porte bien proportionnée , quoique fa compofition foit ruftique. Michel-Ange y a employé
un ordre compofite fur une bafe tofcane ; elle

ne reçoit pas peu de grace des confoles qui terminent les piliers butans de fes côtés. La maffe
d'Architecture dont cette porte eft accompagnée contribue à faire paroître fa baie un peu
petite.

La porte de la ville du duc Sforce au fauxbourg du Peuple, eft un mélange de différens
ordres : des boffages ruftiques avec des pilaftres
doriques, dont les chapiteaux font tofcans,
ainfi que les bafes, rappellent le monftre peint
par Horace au commencement de fon Art poëtique.

La façade fur le jardin de la ville de Médicis
a été élevée par Michel-Ange, fuivant l'opinion
la plus commune.

On regarde comme la plus belle porte de
Rome celle du grand palais appartenant à la
maifon Colonna : elle eft au milieu de deux
colonnes doriques qui fupportent un balcon.

L'églife de Saint Laurent à Florence, dont
l'ordre corinthien règle l'ordonnance, eft fort
eftimée. Dans le foüterrein de la nouvelle chapelle on voit fur l'autel un Crucifix avec une
Vierge & un Saint Jean de marbre, ouvrage
dû à l'Architecte de ce beau vaiffeau. Il a auffi
conftruit la bibliothèque de Saint Laurent, fon

veſtibule & l'eſcalier, dont la diſpoſition eſt telle que trois perſonnes y montent à la fois par différens endroits, & ſe retrouvent ſur les paliers.

Le chapiteau ionique, nommé chapiteau de Michel - Ange, a été employé par ce grand maître au portique du Capitole : il tient de l'ionique antique, en ce que ſes deux faces ſont diſſemblables, & que ſes volutes pendantes & ovales, ſe contournent avec grace. Il en diffère par l'augmentation d'un aſtragale & d'un gorgerin, & par une ligne courbe que décrit ſon tailloir. Cette augmentation dont il paroît recevoir plus de hauteur, lui donne un caractère plus viril que l'antique. Ce chapiteau ſingulier prouve qu'une compoſition qui s'éloigne de la ſévérité des règles, peut être heureuſe, lorſqu'elle eſt due au génie d'un artiſte ſupérieurement verſé dans la partie du deſſin.

ANTOINE DE SAN-GALLO (1).

CET ARTISTE né vers le milieu du XV ſiècle, dans le territoire de Florence, étoit fils d'un

(1) *Vaſari. Serie degli uomini illuſtri.*

tonnelier nommé Barthelemi Picconi de Mu-
gello; il apprit, dès son enfance, le métier de
menuisier, mais il se hâta de quitter un état
pour lequel il n'étoit point né, & de se rendre
à Rome où la réputation de Julien & d'Antoine
de San-Gallo ses oncles l'appeloit, semblable à
ces anciens Grecs qui alloient chercher les
sciences en Egypte, pour les répandre ensuite
dans leur patrie. Il prévoyoit dès-lors qu'aidé
des conseils de ses oncles, il rempliroit un
jour l'Italie de ses ouvrages. Arrivé à Rome, il
étudia sous eux l'Architecture, & prit le sur-
nom de San-Gallo. Julien se trouvant fort
incommodé de la pierre, fut obligé, quelques
années après, de retourner à Florence. Son
neveu se fit alors connoître de Bramante dont
la réputation étoit brillante. Ce maître attaqué
d'une paralysie, vit avec plaisir un jeune homme
capable de le suppléer : ses succès furent tels,
qu'il lui confia, en 1512, le soin de plusieurs
ouvrages pour lesquels il se contentoit de lui
donner des ordres.

Sur la réputation que San-Gallo s'étoit acquise,
le cardinal Farnèse qui fut ensuite Paul III, le
consulta pour le rétablissement de son vieux
palais situé dans le champ des Fleurs. Antoine

lui montra des deſſins, parmi leſquels le cardinal n'eut que l'embarras du choix. Comme leur exécution étoit lente, il décora l'égliſe de Notre-Dame de Lorette près de la colonne Trajane, & conſtruiſit pour le marquis Baldaſſini un palais qui, malgré ſa petiteſſe, eſt regardé comme un des plus commodes par ſa belle diſtribution.

Le cardinal Alborenſe fit choix de notre artiſte pour la conſtruction d'une chapelle de marbre & de ſon tombeau dans l'égliſe de Saint Jacques des Eſpagnols. D'autres cardinaux qui exercèrent enſuite ſes talens, rendirent ſon nom célèbre. Bramante mourut, & Léon X nomma trois Architectes pour la fabrique de Saint Pierre, Raphaël, Julien de San Gallo & Joconde de Vérone. Peu de temps après ce dernier quitta Rome, & Julien, comme on l'a vu, retourna dans ſa patrie. Antoine obtint aiſément du pape la place vacante par le départ de ſon oncle, & il reſta ſeul, avec Raphaël, chargé de cette importante entrepriſe.

Cet artiſte joignoit au talent d'Architecte celui d'Ingénieur; il en donna des preuves lorſque Léon X réſolut de fortifier *Civita vecchia*. Son plan fut adopté préférablement à ceux

qu'on lui préfenta ; avantage qui lui donna
beaucoup de crédit à la cour du pape. Il ofa
réparer le défaut de conftruction des galeries
du Vatican , où Raphaël avoit laiffé des emplacemens vides pour plaire à quelques perfonnes qui vouloient y pratiquer des logemens.
Ces vides remplis de maçonnerie occafion-
noient des porte-à-faux nuifibles à la folidité
de cet édifice dont il refit les fondations.

Par ordre du cardinal Farnèfe Antoine conftruifit dans l'île Vifentine , près du lac de Bol-
sène , deux petits bâtimens dont l'un eft octogone par dehors & rond en-dedans , l'autre
carré en-dehors , avec des niches aux quatre
coins , & octogone en-dedans. Le ftyle de leur
Architecture eft un monument des talens de
San-Gallo. D'autres ouvrages l'occupoient lorfque Léon mourut , & les beaux arts avec lui.
Adrien , fon fucceffeur , avoit fi peu de goût
qu'il regardoit les ftatues comme des chofes
indécentes ; il vouloit même détruire la chapelle de Michel-Ange qu'il appeloit par déri-
fion *un bain de gens nus.* Sous fon pontificat ,
l'édifice de Saint Pierre , auquel il auroit dû
s'intéreffer , avançoit très-lentement. Antoine
fe livra donc à des ouvrages moins importans ,

tels que la restauration de l'église de Saint
Jacques des Espagnols.

Clément VII, élevé sur la chaire de Saint
Pierre peu d'années après, fit ressusciter les arts.
Il commença par occuper San-Gallo à pratiquer dans le Vatican une cour sur laquelle
donnent les galeries; cour aussi commode que
belle, parce que les avenues étroites & tor-
tueuses qui y conduisoient, furent élargies &
redressées. Dans la suite Jules III ordonna de
grands changemens dans ce palais, sous prétexte d'en ôter les colonnes de granit qu'il
vouloit faire placer à sa ville hors la porte du
Peuple.

Au retour d'un voyage que fit San-Gallo par
ordre du pape, à Parme & à Plaisance, pour
en visiter les fortifications, il augmenta & embellit le palais du Vatican.

La solidité, cette partie de l'Architecture
dont Bramante s'étoit si peu occupé, fit une
des principales études d'Antoine; on en vit
la preuve dans l'église de Notre-Dame de
Lorette, à laquelle il s'étoit fait des lézardes
en 1526, & qu'il répara de la façon la plus
solide. Clément VII s'étant réfugié à Orviette
après le sac de Rome, & manquant d'eau,

Antoine y conſtruiſit un puits tout de pierre
de taille, de vingt-cinq braſſes de diamètre,
avec deux eſcaliers à vis taillés dans le tuf, l'un
au-deſſus de l'autre, qui conduiſoient juſqu'au
fond du puits. Les bêtes de ſomme deſcen-
doient par un de ces eſcaliers juſqu'au pont où
on les chargeoit, & remontoient par un autre.
Cet utile ouvrage fut fini du vivant de Clément, à la réſerve du revêtement de l'ouverture que Paul III fit achever, d'après un deſſin
différent de celui de San-Gallo. Aucun ancien
n'a fait d'ouvrage comparable à celui-là pour
la commodité, il eſt éclairé juſqu'au fond par
des ouvertures ménagées dans les murs où ſont
pratiqués les eſcaliers. On a remarqué qu'Antoine conduiſoit à la fois les for>tereſſes d'An-
cône & de Florence, l'égliſe de Lorette, le
palais du pape, le puits d'Orviette, fort éloignés les uns des autres, & que ſon génie ſuffi-
ſoit à tout.

Sous Paul III le crédit de San-Gallo devint
encore plus grand; il avoit été lié avec lui avant
qu'il fût pape. Il reçut ordre de faire le plan de
la citadelle de Caſtro, le deſſin du palais qui
eſt ſur la place, appelé l'hôtellerie, & celui de
la monnoie ſitué dans le même endroit. Lorſque

Charles V. vint à Rome, après sa glorieuse ex-
pédition de Tunis ; notre artiste fut chargé des
fêtes qui furent données à ce prince. Les historiens rapportent que dans la place de Venise,
vis-à-vis le palais de Saint-Marc, on avoit élevé
un arc de triomphe aussi riche que bien proportionné, décoré de trophées & d'un ordre corinthien ; la charpente étoit recouverte de toiles
peintes où l'on avoit prodigué l'or & l'argent ;
des bas-reliefs placés dans les entre-colonnes,
faisoient voir les principales actions de cet Empereur, & quatre captifs étoient enchaînés aux
angles. Ce bel ouvrage qu'on auroit pu mettre
au nombre des merveilles du monde, s'il eût
été exécuté en marbre, ne dura que quelques
jours.

San-Gallo faisoit alternativement les fonctions d'Architecte & d'Ingénieur ; il construisit
pour le duc de Castro la forteresse de Nepi,
dressa les rues de cette ville, & y éleva des
temples & des palais. Ces entreprises ne lui
firent pas moins d'honneur que les fortifications ajoutées aux bastions de Rome ; & les
ornemens dont il revêtit la porte du Saint
Esprit renfermée dans ces bastions ; ouvrage
qui pour la magnificence égale ceux de l'anti-

quité. Ses envieux, après sa mort, tentèrent de le faire détruire, mais inutilement; il n'est pas encore achevé.

Par ses soins on reprit sous œuvre les fondemens du Vatican qui menaçoient ruine, surtout du côté de la chapelle Sixte, décorée des ouvrages de Michel-Ange. La salle qui lui sert de vestibule, fut agrandie & éclairée par de grandes fenêtres; sa voûte fut ornée de compartimens de stuc, tels qu'on n'en avoit pas encore vus. Il bâtit la chapelle Pauline, dont les proportions & la décoration réunirent tous les suffrages, & il pratiqua de superbes escaliers qui communiquent de ces chapelles à l'églife de Saint Pierre.

Les différends survenus entre le pape & les habitans de Perouze, furent cause que sa sainteté y fit construire une forteresse; celle d'Ascoli eut la même origine. Toutes deux furent achevées avec une diligence incroyable. Antoine, débarrassé de ces ouvrages, se détermina enfin à dérober au public quelques momens de son temps pour se construire dans la *Strada Giulia* un palais où dans la suite un cardinal, qui en devint possesseur, fit beaucoup de dépense & de beaux appartemens. Mais tous ces ouvrages ne sont

rien

rien en comparaison de son modèle pour Saint Pierre de Rome, modèle dont la forme, suivant Vasari, est belle & bien proportionnée dans l'ensemble & dans les détails. Cependant Michel-Ange jugea qu'il avoit trop de ressauts & de petites parties, que les colonnes n'étoient point assez grandes, & que les arcs & les corniches étoient trop multipliés. Il prétendit encore que la multiplicité des coupoles qui accompagnoient le dôme, jointe à la délicatesse des colonnes dont elles étoient décorées, ressembloit plus aux ouvrages gothiques qu'à ceux de l'antiquité. En rectifiant ce modèle qui ne fut pas exactement suivi, Raphaël & Michel-Ange ont produit un chef-d'œuvre d'Architecture.

San-Gallo fortifia, sur la fin de ses jours, les gros piliers qui supportent la coupole de Saint Pierre, & rendit leurs fondemens plus solides. Ces sages précautions dissipèrent les inquiétudes que la négligence de Bramante avoit fait concevoir sur leur durée.

Depuis un temps immémorial les habitans de Terni étoient en différend avec ceux de Narni, à l'occasion du lac de Marmora, dont ils éprouvoient tour à tour les ravages, sans vouloir qu'on y remédiât. Enfin ces deux communautés

Tome I.   F

envoyèrent, en 1546, des députés à Paul III, pour le prier de les mettre d'accord. Le pape donna toute sa confiance à Antoine qui s'y rendit incessamment : son avis termina toutes les difficultés ; mais la fatigue de son travail, jointe aux grandes chaleurs qu'éprouva notre artiste, qui n'étoit plus jeune, lui causa une maladie dont il mourut à Terni en 1546.

JACQUES SANSOVIN (1).

LE vrai nom de cet artiste étoit Tatti ; celui de Sansovin qu'il lui substitua, venoit d'un bourg de la Toscane, près d'Arezzo, où il naquit en 1477. Les principes de la sculpture lui furent enseignés par André Contucci, le premier sculpteur de ce temps-là après Michel-Ange. La nature qui le destinoit à exceller en cet art, s'étoit réservé de lui donner les graces. Dès sa plus tendre jeunesse il avoit recherché l'amitié d'André del Sarte, dans le goût duquel

(1) *Vasari. Serie degli uomini illustri. Tommaso Temanza.*

il aimoit à deſſiner. Ces deux artiſtes ſe pro-
poſoient réciproquement leurs doutes ſur les
arts ; c'eſt ainſi que les gens d'eſprit ſe cherchent
& s'enrichiſſent par le commerce & la fréquen-
tation.

Julien de San-Gallo, Architecte de Jules III,
informé des progrès du jeune Sanſovin, l'emmena à Rome. Il y deſſina ſi parfaitement les
ſtatues du Belvedère, que Bramante ne put lui
refuſer des éloges. Trois habiles artiſtes, du
nombre deſquels il étoit, furent occupés par
ce célèbre Architecte à modeler en cire le
Laocoon, pour le jeter en bronze : leurs modèles furent montrés à Raphaël ; ce judicieux
eſtimateur des talens jugea celui de Sanſovin le
meilleur, & il fut exécuté.

Le crédit de Bramante obtint à cet artiſte
un logement dans le palais du cardinal *del'a*
Rovere, & afin de le faire connoître de Jules III ;
il demanda pour lui la permiſſion de reſtaurer
pluſieurs antiques. La manière dont il s'en acquitta, lui mérita les éloges du pape & de tous
les ſpectateurs.

Les études ſuivies de Sanſovin, quelques
excès de jeuneſſe altérèrent ſa ſanté, au point
que pour la rétablir, il fut obligé d'aller prendre

F ij

l'air natal de Florence, dont il éprouva bientôt les heureuses influences. On proposa pour lors au concours une vierge destinée à l'Oratoire du marché neuf de cette ville : Bandinelle, *Baccio dà Monte-Lupo* & d'autres bons sculpteurs se mirent sur les rangs; Sansovin remporta la victoire sur ces artistes. Les marbres furent quelque temps en chemin : pour ne pas laisser ses talens oisifs durant cet intervalle, les Marguilliers de Sainte-Marie-des-Fleurs l'occupèrent à modeler une figure de Saint Jacques le Majeur, destinée pour leur église, avec les statues des autres apôtres qui lui acquirent la réputation d'excellent sculpteur.

Elle croissoit chaque jour. Jean Bartholini lui commanda un jeune Bacchus en marbre, dont sa maison de campagne devoit être décorée : il fut achevé en si peu de temps, qu'on pouvoit dire que son esprit alloit aussi vîte que sa main. Un de ses élèves qui lui avoit servi de modèle, devint fou, ce qu'on attribua à ce qu'en hiver il avoit été trop long-temps nu, & la tête découverte. Un jour qu'il pleuvoit à verse, Sansovin l'aperçut sur le haut d'une cheminée, nu & dans l'attitude du Bacchus. Cette figure, regardée avec raison comme l'ouvrage le plus excellent fait alors, paſſa enſuite dans la galerie du grand Duc, & fut gravée dans le Muſée de Florence (page 54 du tome III.) L'incendie de 1762 l'a détruite, au grand regret des amateurs & des adminiſtrateurs du cabinet.

En 1514 Jules de Médicis chargea Sanſovin de deſſiner des arcs de triomphe pour l'arrivée du pape Léon X à Florence. Notre artiſte s'aſſocia André del Sarte, & lui confia le foin de peindre les figures & l'Architecture qui devoient orner la façade de Sainte Marie - des - Fleurs. Le pontife n'admira pas moins l'ouvrage du peintre que le génie du ſculpteur; il eut même la bonté de dire qu'il étoit triſte que cette façade ne fût pas la véritable.

Léon X étant allé à Bologne où François I devoit ſe rendre, eut envie de retourner à Florence. Sanſovin reçut auſſi-tôt de nouveaux ordres pour un arc de triomphe qui fut autant eſtimé que le premier. Le pontife lui marqua ſon contentement, en lui donnant l'entrepriſe de la façade de Saint Laurent qu'il avoit réſolu de faire conſtruire en marbre. Tandis qu'on attendoit de Rome Raphaël & Michel-Ange, Sanſovin fit par ordre du pape un deſſin de cete façade qui fut enſuite modelé en bois & fort.

goûté. Il eut ordre d'aller choisir les marbres avec Michel-Ange ; mais durant ce voyage le pape partit pour Rome. Sanfovin s'empreffa de lui montrer fon modèle, comptant faire les figures, ainfi que Léon X le lui avoit promis. Il apprit alors que Michel-Ange avoit été chargé feul de cette entreprife ; il ne voulut plus retourner à Florence, & fixa fon féjour à Rome, uniquement livré à la fculpture & à l'architecture.

Une Notre-Dame en marbre pour l'églife de Saint Auguftin, & un Saint Jacques pour celle des Efpagnols à Rome, firent beaucoup d'honneur à notre artifte : il s'occupoit en même temps d'élever l'églife de Saint Marcel des frères Servites, & de former au-devant une place qui annonçât convenablement ce bel édifice.

Je paffe fous filence d'autres ouvrages moins confidérables pour m'arrêter à un monument important. La nation Florentine en faveur fous Léon X, obtint de ce pape la permiffion de faire conftruire un temple fous l'invocation de Saint Jean-Baptifte, qui ne devoit céder en grandeur ni en beauté à ceux que les nations Allemande, Efpagnole & Françoife avoient déjà élevés. Raphaël, Antoine de San-Gallo,

Balthazar de Sienne & Sanfovin firent des deffins.
Le pape préféra ceux de ce dernier, qui s'étoit
propofé pour modèle un plan que donne Serlio
dans fon livre d'Architecture. Lorfqu'on eut
jeté les fondemens d'une partie de cette églife,
on s'aperçut que la place trop refferrée obli-
geroit d'avancer dans le Tibre, pour que fa
façade fût vis-à-vis la *Strada Giulia.* La beauté
de cette idée, quoique plus difpendieufe, la
fit préférer, & on dépenfa, à faire des fondations dans le fleuve, plus de quarante mille écus
qui auroient fuffi pour élever la moitié des murs
de l'églife. Sanfovin, l'ame de cette entreprife,
fit alors une chûte fi confidérable, qu'on le
porta à Florence pour l'y faire guérir. San-Gallo
eut feul la direction de l'ouvrage, que la mort
du pape, protecteur des Florentins, interrompit,
& il ne fut repris qu'après celle d'Adrien VI
qui n'aimoit pas les arts. Clément, fon fucceffeur, ordonna à Sanfovin de continuer l'églife
de Saint Jean-Baptifte, comme il l'avoit commencée.

Lorfque Rome fut prife & faccagée en 1527
par l'armée de Charles V, cet artifte fe retira
à Venife, dans le deffein de paffer en France,
où François I l'invitoit de fe rendre; mais le

F iv

doge André Gritti, amateur des beaux arts, le
détermina à rester à Venise. Les procurateurs
de Saint Marc l'occupèrent à rétablir la coupole
de cette église, dont la vétusté & la foiblesse
des fondemens annonçoient la ruine prochaine.
Le succès de cette restauration lui valut, à la
mort de l'Architecte de la république, cette
place réservée aux plus grands artistes, avec le
logement & la pension ordinaires.

En 1532 Sansovin fut chargé de continuer
le bâtiment de la Miséricorde, commencé en
1508 par Pierre & Jules Lombard sur le modèle d'Alexandre Léopardo: cet édifice, malgré
ses défauts & son état d'imperfection, offre
des traces du génie de l'artiste. Un autre qui le
rendit célèbre, quoique très simple, est l'église
de Saint François-de-la-Vigne.

Deux ouvrages de sculpture, faits dans le
même temps, ne doivent pas être oubliés; l'un
est une Vierge placée sur la porte de l'église de
Saint Marc; l'autre consiste en trois figures de
bronze qui représentent un miracle de ce Saint
chassant les démons, qu'on voit dans la chapelle
ducale de Saint Marc.

L'hôtel de la monnoie se trouvoit alors dans
un état de dépérissement qui fit penser à une

réconstruction totale. Trois Architectes furent
invités à en donner des plans : celui de Sansovin
fut choisi par le conseil des Dix & exécuté ; sa
façade, du côté de la poissonnerie, est magnifique ; vingt-cinq boutiques qui renferment les
différens arts relatifs à la monnoie, entourent
la cour du milieu. Elle n'a que deux entrées,
dont une conduit à un vestibule correspondant
à une arcade du portique du grand bâtiment
où est la bibliothèque de Saint Marc. Ce dernier ouvrage, qui est encore de Sansovin, n'a
pas moins illustré son nom que la décoration
de la place. Deux ordres règlent l'ordonnance
de son Architecture ; le premier est un dorique
très-riche, & l'autre un ionique fort régulier,
sur lequel règne une frise d'un goût exquis.
L'entablement a pour couronnement une balustrade qui porte de belles statues dûes aux
meilleurs disciples de Sansovin. Deux rampes
très-ornées partagent l'escalier de cet édifice.
La première pièce est un superbe musée, enrichi
de figures données pour la plupart à la république par deux prélats de la maison Grimani :
ce sont autant de précieux monumens de l'antiquité. De là on passe dans la bibliothèque qui
a seize croisées dans sa longueur & trois dans

fa largeur : fon plafond eft orné de compartimens peints par les plus fameux artiftes de
ce temps-là. Sanfovin ne mit la dernière main
qu'à la partie du bâtiment qui comprend l'efcalier, le mufée & la bibliothèque ; le refte
fut achevé treize ans après fa mort.

Un incendie avoit confidérablement endom-
magé le palais Cornaro , bâti fur le grand
canal, vers Saint Maurice. Cet accident détermina Georges Cornaro, fils du procurateur,
d'en faire conftruire un plus magnifique & plus
commode. Il fit part de fon projet à Sanfovin
qui lui donna un plan digne d'une auffi illuftre
famille. Ce palais , en égard à fa fituation , à
fa magnificence , à fa grandeur & aux richeffes
qu'il renferme, doit être cité comme l'édifice
le plus diftingué de la ville.

Un des principaux ouvrages de notre artifte
eft la loge de la place de Saint-Marc ; deftinée
à raffembler la nobleffe occupée de converfa-
tions agréables , elle fut commencée en 1540
& eft reftée imparfaite. On y monte par quatre
degrés qui conduifent à une petite terraffe environnée d'une baluftrade. Vis-à-vis eft fa façade
toute de marbre, ornée de huit colonnes compofites, portées fur des piédeftaux & faifant

avant-corps. L'édifice eſt embelli de figures &
de bas-reliefs allégoriques à l'heureux gouvernement de la république. Quatre ſtatues de
bronze, dues à Sanſovin, ſont placées dans des
niches d'un goût exquis, que ſurmontent des
trophées : elles repréſentent Pallas, Apollon,
Mercure & la Paix. Le bas-relief au milieu de
l'attique a pour ſujet Veniſe figurée par la Juſtice, avec deux Fleuves qui verſent de l'eau :
du côté de la mer on voit Jupiter, & Vénus du
côté de la chapelle.

Le Sanſovin exécuta alors pour les chanoines
de l'île du Saint-Eſprit un chœur & une façade
ſur les lagunes. Il fit auſſi élever pour Jean
Delfino un ſuperbe palais ſur le grand canal
auprès de Saint Sauveur : ſa cour & ſon eſcalier
ſont remarquables; l'intérieur en eſt fort bien
diſtribué, mais la façade eſt ce qu'il y a de
plus frappant.

Au milieu de tant d'occupations auſſi conſidérables, il ne perdoit pas de vue la bibliothèque de Saint Marc ; elle avançoit au point,
qu'à la fin de 1545 le cintre de la voûte étoit
fini. Cet ouvrage dura plus long-temps qu'il ne
comptoit, la gelée n'empêcha pas de le continuer, & il fut achevé vers la mi-Décembre.

Le 18 du même mois il tomba tout d'un coup:
cet accident fit beaucoup de bruit, & Sanfovin
fut privé de fon titre d'Architecte de la république, & de la liberté qui ne lui fut rendue
qu'aux inftances des perfonnes de la première
diftinction. On attribua la chûte de la voûte à
la précipitation du travail, à la gelée, à l'incapacité des ouvriers, & à la commotion caufée
par le bruit d'un canon qu'avoit tiré un vaiffeau
en entrant dans le port. Le zèle de Sanfovin
dans la reftauration de la voûte eft inconcevable. Au commencement de 1548 elle eft
entièrement rétablie.

La critique n'épargna point cet ouvrage, on
trouva qu'il n'avoit pas affez d'exhauffement
par proportion avec le palais ducal qui eft vis-
à-vis : mais dans fa conftruction l'Architecte
fuivit la hauteur des vieilles procuraties fituées
fur la grande place, parce que le projet étoit
de continuer à orner l'autre place, du côté de
Saint Geminien, & de rendre uniforme la
décoration de leurs bâtimens. D'ailleurs, fi on
confidère la bibliothèque en elle-même, on
verra qu'elle eft élevée fur un terrein fort long,
borné d'un côté par la monnoie, & de l'autre
par la place qu'on ne pouvoit diminuer. En

conféquence, l'Architecte étoit aftreint à lui donner une élévation proportionnelle à fa largeur. Un artifte, Palladio, dont l'avis eft d'un grand poids, jugea que cet édifice étoit le plus riche & le plus orné qui eût peut-être été fait depuis les anciens jufqu'à nos jours.

Sanfovin fut employé à la conftruction des bâtimens neufs de Rialto, placés le long du grand canal par ordre du gouvernement, pour la commodité des marchands : ils préfentent les ordres ruftique, dorique & ionique. Le premier a vingt-cinq arcades furmontées d'autant de fenêtres, à chacune defquelles répondent les autres ordres. La conftruction eft fingulière en ce que les murs des corridors, au lieu d'être portés fur les inférieurs, font foutenus fur les voûtes du veftibule & des boutiques. Ces porte-à-faux ont occafionné de fréquentes réparations dans ces bâtimens qui auroient été au-deffus de tout éloge, fi leur folidité eût égalé leur régularité.

Les occupations multipliées de Sanfovin ne lui faifoient point perdre de vue la chapelle royale de Saint Marc. En l'année 1524 il s'occupa de fes embelliffemens, & deux ans après il plaça avec fes élèves l'impofte de la pofte,

qui eſt un ſuperbe morceau de bronze. Dans
ſes deux plus grands compartimens on voit la
mort & la réſurrection de Notre Seigneur;
les plus petits préſentent les quatre évangéliſtes & quelques prophètes. Au‑deſſus ſont
les portraits du Titien , de l'Arétin & du
Sanſovin.

D'après ſes deſſins , l'égliſe de Saint Geminien , commencée long‑temps auparavant, fut
achevée & décorée en 1556. L'intérieur & la
façade annoncent également ſon génie ; une
parfaite harmonie règne dans toutes ſes parties.
Quant à ſa hauteur , il ſe régla ſur celle des
vieilles procuraties qu'il avoit ſuivie en conſ-
truiſant la bibliothèque.

On confia auſſi en 1562 à Sanſovin le bâtiment de l'égliſe de Saint Georges des Grecs ,
qui ne cède à aucune de ſes entrepriſes, ſoit à
Rome , ſoit à Veniſe. Il ſut ſi bien plier ſa
manière à celle des Grecs, que l'égliſe paroît
être moins l'ouvrage d'un Latin que d'un Grec.
La majeſté & la magnificence s'y font également
admirer : elle eſt toute bâtie en pierre d'Iſtrie
& d'une ſolidité rare. La nation des Grecs
crut devoir rendre hommage à ſes talens , en
le chargeant d'élever dans l'égliſe de Saint Sé‑

baſtien un mauſolée pour un archevêque de Cypre. Sur une baſe portent deux grandes colonnes unies par une arcade, dans le milieu de laquelle eſt une urne avec la figure du prélat couchée.

Un autre mauſolée d'un goût plus noble, érigé pour le doge François Veniero, ſe voit dans l'égliſe de Saint Sauveur : les deux ſtatues qui ornent les niches latérales, prouvent la ſupériorité des talens de Sanſovin, quoique dans un âge fort avancé.

Il travailla auſſi au palais ducal, & fit conſtruire le grand eſcalier qui mène au collège, ouvrage que le peu d'eſpace rendoit difficile à exécuter : il s'en tira cependant d'une manière qui lui fit honneur, & l'orna avec une magnificence vraiment royale. Différens travaux l'occupèrent encore, tels que le palais du duc d'Urbin à Veniſe, ſitué ſur le grand canal, & ceux des familles Barberighi & Tiepolo. Je ne dirai qu'un mot de la grande chapelle de l'égliſe de Saint Fantin ; elle eſt d'ordre compoſite & ornée de quatre colonnes cannelées ſur leſquelles portent autant d'arcades, ſurmontées d'une jolie coupole. Il y règne une ſimplicité qui caractériſe la belle Architecture : elle fut achevée en 1564. Notre artiste avoit alors quatre-vingt-cinq ans.

Une constante application à son art ne l'empêcha point de se livrer à la sculpture, & de produire. des ouvrages considérables tant en marbre qu'en bronze. De ce nombre est à Padouë, dans l'église de Saint Antoine, un miracle du Saint, exécuté en bas-relief.

On regarde comme des chefs-d'œuvres de ce sculpteur une vierge en marbre placée sur la porte de l'église de Saint Marc, & un Saint Jean-Baptiste de marbre au-dessus du benitier de celle de *Casa grande*.

Au bas de l'escalier du palais de Saint Marc sont les figures gigantesques de Neptune & de Mars ; emblêmes de la puissance dont la république de Venise jouissoit alors sur mer & sur terre.

Un Hercule pour le duc de Ferrare.

La statue de Saint Antoine en marbre, placée dans l'église de Saint Petrone à Bologne, fait honneur à son ciseau.

Le jugement qu'on peut porter des sculptures de Sansovin, mort en 1570 (2) à l'âge de

_____

(2) Son tombeau se voit dans l'église de Saint Geminien

quatre-

quatre-vingt-treize ans, c'eſt que ſes draperies
ſont auſſi légères que les étoffes mêmes, que
ſes figures ont des graces & de l'action, &
que ſon art a ſu amollir le marbre & le bronze.
Ses talens pour la reſtauration des antiques ne
ſont pas moins connus.

Un moderne (3) n'en penſe pas auſſi avanta-
geuſement. « La grande monotonie de l'exécution, dit-il, qui a précédé la connoiſſance du
beau, paroît ſingulièrement dans la fabrique
des différens tombeaux élevés par Sanſovin, &
les autres ſculpteurs du commencement du
XVI ſiècle. Les figures de ces monumens ſont
toutes très-médiocres ; mais les ornemens dont
ils ſont décorés, ſont d'une manœuvre ſi fine,
qu'ils pourroient ſervir de modèles aux artiſtes,
& être jugés comparables aux travaux des anciens dans ce genre. Le deſſin de ces figures
eſt énergique, mais dur, il eſt fier ſans grace,
la force de l'expreſſion altère la beauté de l'enſemble. »

Quel que ſoit le ſentiment qu'on adopte à

qu'il a décorée. Au-deſſus de ſon épitaphe eſt le portrait
de cet artiſte, peint par lui-même.

(3) Vinckelmann, Hiſt. de l'antiquité chez les anciens.

cet égard , on n'en conviendra pas moins que
Sanſovin tient un rang diſtingué parmi les Architectes , en le conſidérant du côté du deſſin
& de l'invention , qu'il trouva le bon goût de
bâtir , & qu'il orna Veniſe de quantité de beaux
édifices. Cette ville , bien différente de Rome,
poſsède d'excellens tableaux , mais la ſculpture
y eſt en général très-mauvaiſe , & l'Architecture médiocre. Sanſovin & Palladio ſont les
meilleurs Architectes qu'elle ait eus; cependant
ils ont laiſſé peu d'ouvrages de la grande manière. On peut reprocher au premier d'avoir
ſouvent péché contre les règles de la ſolidité. Il
employa fréquemment les ordres dorique &
compoſite , & celui-là même dans les temples;
il ne prodigua point les ornemens ; mais il en
fit un uſage modéré. Dans le peu de voûtes
qu'il fit conſtruire , il adopta l'ordre ionique,
ſans admettre la forme du chapiteau , dont
Julien de San-Gallo lui avoit donné l'exemple à
Rome.

JACQUES BAROZZIO,

DIT

DE VIGNOLE (1).

Cet Architecte est moins connu sous son nom propre que sous celui de Vignole, petite ville située dans le territoire de Bologne, où il prit naissance en 1507. Son père s'y étoit retiré avec sa femme née en Allemagne, après la perte de sa fortune causée par les guerres civiles de Milan sa patrie. Il y mourut & laissa son fils privé de toutes ressources, excepté de celles du génie. Une disposition naturelle pour le dessin, une forte inclination pour les arts conduisirent notre jeune artiste à Bologne; il s'y appliqua à la peinture, mais la lenteur de ses progrès l'en détourna, & un goût plus déterminé le fixa à l'Architecture. Plusieurs dessins d'édifices, faits d'après les principes de Vitruve, pour des particuliers, &, entre autres, pour

(1) *Baglione. Serie degli uomini illustr:*. Le Vignole, donné par M. Mariette, avec une vie de cet Architecte.

G ij

François Guichardin , gouverneur de Bologne, lui acquirent quelque réputation. Un religieux dominicain (2) qui excelloit en ouvrages de marqueterie, exécutoit ces deſſins en relief, & déſignoit par des bois de couleur les matériaux qu'on devoit employer dans la conſtruction.

Vignole ne tarda pas à s'apercevoir qu'il eſt dangereux de trop ſe livrer à ſon imagination, & que la théorie ne peut ſuppléer à la vue des originaux. Il fit donc le voyage de Rome dans le temps qu'il s'y formoit une académie d'Architecture, compoſée en partie de pluſieurs perſonnes de qualité. S'il lui fut de quelque utilité en rédigeant ſes conférences ſur les difficultés de l'art, il en retira des avantages plus grands encore par l'habitude qu'il prit de la manière antique, en deſſinant pour cette académie naiſſante les anciens édifices de Rome.

Le Primatice , peintre & Architecte Bolonois , qui étoit paſſé en France au ſervice de François I , fut envoyé à Rome par ce prince en 1537, pour faire mouler les plus belles ſtatues antiques , & en acheter une partie. Il connut bientôt Vignole, ſe l'aſſocia dans ſon travail,

---

(2) Le frère Damien de Bergame.

& l'emmena en France où il resta deux ans. Plusieurs figures de bronze, moulées sur l'antique, qu'on voit à Fontainebleau, & quelques deffins & modèles d'édifices dont la guerre empêcha l'exécution, furent les seuls travaux qui l'occupèrent.

Il retourna ensuite à Bologne, dans le deffin d'élever la façade de l'église de Saint Petrone. L'envie de ses compétiteurs fit jouer à cette occasion mille refforts pour le traverser, elle ne réussit qu'à reculer la réception de son plan de quelques années, qui furent utilement employées à bâtir à Minerbio, près de Bologne, le palais du comte Alamanno Ifolani, & dans cette ville la maison d'Achille Bocchi. Le portique du change de Bologne est aussi de lui; il ne fut édifié qu'en 1562 : on admire l'art qui a su accorder l'ancienne ordonnance avec la nouvelle. Mais ce qu'il fit de plus utile pour la même ville, est d'y avoir conduit, durant plus d'une lieue, le canal du Naviglio. Ayant été mal récompensé de ce travail, il alla à Plaifance, donner le deffin du palais du duc de Parme, dont il laissa la conduite à son fils Hyacinthe.

Depuis l'année 1550 que Vignole étoit re-

G iij

tourné à Rome, il bâtit, à ce qu'on préfume, les églifes de Mazzano, de Saint Orefte, de Nôtre-Dame-des-Anges à Affife, & une belle chapelle dans l'églife de Saint François à Pérouſe. Jules III, à qui il fut préſenté par le Vaſari, le fit ſon Architecte. On connoît la ville de ce pape, ſituée hors de la porte du Peuple, & dans le voiſinage la petite églife de Saint André, dont la forme eſt celle d'un temple antique iſolé. Ces travaux, & ceux auxquels l'employa le cardinal Alexandre Farnèſe, qui lui fit achever ſon palais & élever la porte de Saint Laurent *in Damaſo*, conduiſirent Vignole à une entrepriſe plus importante, je veux dire l'églife de la maiſon profeſſe des Jéſuites à Rome, dent le Pape Paul III venoît d'approuver l'inſtitut. Le cardinal Farnèſe, ſon neveu, confia à notre Architecte la conduite de ce monument qu'il projetoit de faire élever avec beaucoup de magnificence. Les deſſins de Vignole furent extrêmement goûtés; on trouva que les tribunes ménagées dans les bas côtés de l'églife, au-deſſus des chapelles, avoient le mérite de la nouveauté, & que l'élégance des profils, jointe à la diſtribution générale des membres d'Architecture, décéloient un grand maître. Les fondemens de ce temple furent jetés en 1568; la mort empêcha Vignole de l'élever plus haut que la corniche. Jacques de la Porte, son élève, bâtit la voûte, le dôme & la chapelle de la Vierge, & y mit la dernière main en 1576. Le dessin que le maître avoit laissé pour le portail de l'église, auroit dû avoir la préférence sur celui de l'élève.

Mais cette église & celle de Sainte Anne-des-Palefreniers, au fauxbourg Pie, peuvent-elles être comparées au château de Caprarole situé à huit ou dix lieues de Rome? Le cardinal Alexandre Farnèse choisit pour son emplacement la croupe d'une colline entourée de vallons, d'où se découvre une vue charmante. Plusieurs cours où sont distribuées les écuries & cuisines, précèdent le bâtiment qui forme un agréable amphithéâtre du côté de l'entrée. Sa figure est pentagone, & il est flanqué de cinq bastions; au premier aspect on le prendroit pour une forteresse. Les curieux y voyent avec plaisir des perspectives inventées & peintes par Vignole qui entendoit parfaitement l'optique. Il avouoit que cette science lui avoit donné beaucoup de facilité pour l'étude de son art, & il en a laissé des mémoires que son fils

G iv

communiqua , après sa mort , au père Ignace Danti , Dominicain & professeur de mathématiques ; il les a commentés & mis au jour en 1583.

Philippe II , Roi d'Espagne , qui faisoit travailler au bâtiment de Saint Laurent de l'Escurial , commencé en 1563, ordonna que les plus fameux Architectes fussent consultés sur son projet. Vingt-deux dessins furent faits à cette occasion ; Vignole en eut communication. Le choix qu'il fit avec un discernement exquis de leurs beautés , auxquelles il joignit ses propres pensées , lui mérita unanimement la préférence à la Cour d'Espagne sur ses concurrens. Le roi voulut l'attirer à son service par les propositions les plus avantageuses. Vignole s'excusa de les accepter sur son grand âge & sur les travaux de l'église de Saint Pierre dont il avoit été nommé (3) Architecte depuis la mort de

(3) Pirro Ligorio , Napolitain , lui fut associé. Pie IV leur enjoignit expressément de suivre en tout le plan arrêté. Ligorio eut la témérité de s'en écarter : elle fut punie , & Vignole resté seul , ne fut presque occupé , jusqu'à sa mort , qu'à revêtir les dehors du temple de Pierre Tiburtine.

Michel-Ange. Flatté d'avoir été jugé digne de
fuccéder à ce grand homme, il s'occupoit de
la continuation de ce monument avec un zèle
rare. Les quatre petits dômes dont le grand eſt
accompagné, ont été conſtruits ſur ſes deſſins.
Ceux qu'il avoit faits pour l'Eſcurial n'eurent
point d'exécution, & cette maiſon royale fut
bâtie par Louis de Foix, Pariſien. *Il falloit*,
dit un jour un plaiſant, étonné de ſa vaſte
étendue, *que Philippe II eût grand'peur lorſqu'il
fit un auſſi grand vœu*. On fait que ce prince en
ordonna la conſtruction pour accomplir ſon
vœu à la bataille de Saint-Quentin donnée le
jour de Saint Laurent.

Les occupations de Vignole furent interrompues par une commiſſion honorable dont
il s'acquitta avec la plus parfaite intégrité : il
s'agiſſoit de régler les limites des états de Grégoire XIII & du grand Duc de Toſcane, près
de la ville de Caſtello. Le pape, à ſon retour,
lui témoigna ſa ſatisfaction, & l'entretint,
durant plus d'une heure, de différens projets.
Notre artiſte devoit ſe rendre le lendemain à
Capratole, mais la fièvre occaſionnée par une
indiſpoſition récente dont il n'étoit pas bien
rétabli, le ſurprit la nuit même, & l'enleva

le septième jour dans sa soixante-sixième année en 1573. Son corps, accompagné des académiciens du dessin, fut porté avec pompe dans l'église de Sainte Marie-de-la-Rotonde. Les cendres du plus grand partisan de l'Architecture antique pouvoient-elles être mieux conservées que dans le plus magnifique édifice de l'antiquité ?

Vignole a élevé le premier, sur les ruines des bâtimens gothiques, des édifices marqués au coin du bon goût de l'ancienne Architecture ; ses ordonnances générales sont aussi nobles que le détail de leurs parties est correct. Il ne s'est jamais écarté des grandes proportions, comme du double, du tiers, du quart, & cette méthode est le principe de ce beau réel qu'on admire dans ses ouvrages. Leur auteur, dont le but paroît avoir été d'instruire les jeunes gens, est un des plus célèbres parmi les Architectes modernes qui ont écrit sur leur art : il doit cette célébrité à la facilité de ses règles, à l'élégance de ses profils, & à son attachement aux règles de l'antiquité. Rien n'est plus aisé à exécuter que ses ordres. Pour leurs piédestaux & toute hauteur déterminée, il suffit de la partager en dix-neuf parties, dont quatre pour

le piédeſtal, & trois, qui eſt le quart de douze
qu'a la colonne, pour l'entablement. Si l'on ſup-
prime le piédeſtal, la hauteur ſera diviſée en
cinq, quatre pour la colonne, & une pour
l'entablement.

Palladio au contraire donne à ſes piédeſtaux
environ le quart de la hauteur de la colonne,
& le cinquième aux entablemens. Vignole plus
détaillé, plus exact, plus attaché à l'antique
que cet auteur, lui eſt quelquefois inférieur
dans ſes modules & dans ſes compartimens
un peu ſecs. On trouve auſſi que la hauteur de
ſes piédeſtaux & de ſes corniches rend ſes colonnes un peu courtes, & ſemble les priver
de cette hardieſſe & de cette majeſté qu'ont
celles de Palladio. Quoi qu'il en ſoit, il n'en
eſt pas moins conſtant qu'aucun auteur n'a plus
approché de l'antique, & il ne s'en eſt écarté
quelquefois dans des meſures particulières, que
pour la facilité de l'exécution; ſa règle générale étoit qu'elle s'accordât avec la beauté des
proportions.

Vignole a fixé le premier des règles du trait
de diminution & du renflement des colonnes;
s'il n'a pas ſuivi les principes de Vitruve ſur
leur eſpacement moindre pour les grêles que

pour les groffes, c'eft qu'à l'exemple des anciens, il a fait leurs entre-colonnes prefque égaux, lorfqu'il n'y a point d'arcades entre elles. Dans ce dernier cas, la diftance eft réglée par la largeur des arcades. *J'ai fait choix*, dit-il dans fa préface, *de certains ordres antiques, & n'ai apporté de ma part que la diftribution des proportions fondées fur des nombres fimples, fans me fervir de braffes, de pieds & de palmes d'aucun pays, mais feulement d'une mefure arbitraire appelée module, divifée en un certain nombre de parties égales.*

L'ouvrage de Vignole a eu un grand nombre d'éditions, & a été traduit en toutes les langues. Il le compofa dans les dernières années de fa vie, temps auquel les connoiffances ont été mûries par une longue expérience, & il le fit exécuter fous fes yeux. Son plus fameux commentateur eft Daviler (4) qui a enrichi de nouvelles obfervations le difcours trop fuccinct

(4) Charles-Auguftin Daviler, né à Paris en 1653, étoit originaire de Nancy. Il a bâti à Touloufe le palais archiépifcopal pour M. Colbert, archevêque de cette ville. La mort le furprit en 1700, dans le temps qu'il préparoit une nouvelle édition de Vignole.

dont les figures font accompagnées, & qui a
de plus traité de la conftruction & de la décoration des édifices. La première édition qu'il
en donna eft de 1691 : elle a été depuis confidérablement augmentée en 1738, fous le titre
de *Cours d'Architecture qui comprend les ordres*
de Vignole avec des Commentaires, les figures
& les defcriptions de fes plus beaux bâtimens, &
de ceux de Michel-Ange... par le fieur Charles-
Auguftin Daviler, Architecte, in-4°.

Quelques remarques fur les principaux ouvrages de Vignole termineront fon article. Je
commence par la ville du pape Jules III à
Rome, dont il n'exifte que des ruines. Le principal palais eft en partie dû à Georges Vafari.
La cour de forme circulaire a une colonnade
de pierre & de beaux ornemens de ftuc ; une
fontaine renfoncée fe préfente au pied du bâtiment, & eft ornée de Termes de marbre avec
des efcaliers & une baluftrade tout autour. Cet
édifice tient de la première manière de notre
architecte. La décoration de fa façade, gravée
dans fes œuvres, confifte en un ordre tofcan,
orné de boffage & formant un avant-corps de
deux pilaftres & de deux colonnes engagées
d'un quart de leur diamètre. L'ordre fupérieur

est corinthien, avec des pilastres seulement.
Ceux qui sont dans les angles, trop éloignés
de l'avant-corps du milieu, offrent une disposition mesquine qui tient du goût de plusieurs
bâtimens de Rome, élevés à l'époque du renou-
vellement des arts.

L'église de Saint André, hors de la porte du
Peuple, est aussi un de ses premiers ouvrages.
Elle présente un frontispice faisant un avant-
corps formé par quatre pilastres corinthiens qui
portent un fronton : une corniche avec des modillons couronne toute cette masse. La beauté
de ses proportions, de ses détails & de ses
profils rend l'église de Saint André très recommandable. Son plan est un carré long qui soutient sur quatre pendentifs une coupe ovale.
L'ordre corinthien y préside tant dans l'extérieur que dans l'intérieur, où il est couronné
par un architrave au lieu d'un entablement.

Vignole a décoré le palais Farnèse de man-
teaux de cheminée, de fenêtres & de portes,
dont les ornemens contribuent à sa magnificence. Il est d'usage à Rome de construire les
murs en brique, on y attache ensuite avec des
crampons de fer les saillies & les ornemens;
comme cela se pratique ici à l'égard du marbre,

où l'on taille dans le chantier les membres d'Architecture qui doivent entrer dans une façade, & qu'on y pose à mesure que le mur s'élève.

La porte de l'église de Saint Laurent *in Damaso* est d'ordre corinthien : sa composition ne se lie point avec celle de la façade, & fait voir la différence des bâtimens de Bramante d'avec ceux de Vignole.

L'église du Jésus est un des plus grands édifices que nous ayons de cet Architecte : sa disposition offre une croix latine, dont la longueur dans œuvre est de trente-six toises, sa croisée en a dix-sept de large, & sa néf huit & demi moins un pied. L'ordre composite exécuté dans l'intérieur de l'église, soutient une voûte d'environ quinze toises sous clef. Entre les pilastres accouplés on a percé des arcades surmontées de tribunes. Le dedans de la tour du dôme est décoré de pilastres composites, entre lesquels sont alternativement des croisées & des niches avec des figures de stuc. Pour diminuer la naissance des pendentifs de la coupole, Vignole a terminé en retour, dans quatre pans coupés, les pilastres dont les piliers du dôme sont revêtus ; distribution qui a été suivie à l'église de Saint Louis rue Saint-Antoine. Celle de Saint

Jean des Florentins & de la Sorbonne à Paris
eft plus régulière; le pilaftre en retour y eft
plié de fon demi-diamètre, & accouplé avec
fon pareil, en forte que les bafes & les chapiteaux ne font point mutilés.

Le château de Caprarole, près Viterbe, eft
d'un goût très-fage & d'une Architecture compofée de formes carrées. Auffi admirable dans
la compofition de toute fa maffe, que bien
pratiqué dans le détail de fes parties, il eft
élevé, comme je l'ai dit, fur une colline environnée de précipices & de rochers. La beauté
de cette fituation eft encore augmentée par les
rez-de-chauffée que raccordent des chûtes de
perrons & de terraffes, qui montent jufqu'au
plus haut du jardin terminé à la cime de la
montagne. Un étage en talus fert de bafe à
l'édifice. Le rez-de-chauffée qui le furmonte,
porte l'ordre ionique régnant au premier étage.
Le corinthien, plus léger, s'élève au-deffus
avec un double rang de croifées. Aux encoignures du bâtiment, les ordres difparoiffent
pour faire place à des boffages qui enrichiffent
fa décoration. Sa maffe eft ingénieufement couronnée d'un entablement avec confoles & métopes, furmontée d'une baluftrade. La cour de

ce

ce château, qui de son côté n'a que deux étages, est petite. Les portiques circulaires à arcades qui l'entourent, sont d'ordre rustique & ornés de refends sur lesquels s'élève un ordre ionique très-correct, dont les colonnes sont engagées du quart de leur diamètre ; pratique que Vignole a suivie dans tous ses ordres. Combien cette méthode ne leur ôte-t-elle pas de grace & de beauté ! Sans parler d'une grande loge & d'un escalier très-ingénieux, placé dans un des côtés du polygone ; quatre vastes appartemens sont distribués à chaque étage, & ont leur dégagement par les portiques circulaires de la cour.

Le *Studio publico* à Bologne, occupé par l'université de cette ville, est un bâtiment carré dont la cour est entourée de deux étages de galeries. Les arcades inférieures du portique extérieur sont enterrées & d'un cintre très-surbaissé.

A Fréscati, dans un des palais des princes Borghèse, Vignole a donné le dessin de la galerie placée à la tête du parterre & du théâtre d'eau qui est au fond, dont la décoration est du meilleur genre.

Le palais Ducal à Plaisance formeroit un grand édifice, s'il étoit fini. Il a cinq étages,

Tome I.   H

dont la façade, du côté de la ville, est la seule
achevée. La cour devoit être en cloître avec
des colonnes surmontées de galeries. Ce palais
ne se distingue pas moins par l'élégance & le
goût de la décoration des dedans , que par la
beauté de sa distribution. Comme les murailles
extérieures ne sont qu'en brique , on présume
qu'elles devoient être revêtues de marbre.

L'église de Saint Augustin à Plaisance a cinq
nefs , & est fort belle.

On attribue aussi à Vignole le palais du marquis Caponi à Rome , celui de la marquise
Fontana , & l'Oratoire de Saint Marcel.

SEBASTIEN SERLIO.

BOLOGNE fut sa patrie en 1518 : il étudia
l'Architecture à Rome sous Balthazar Peruzzi
de Sienne , que ses talens dans cet art ont encore plus distingué que ses ouvrages de peinture. On regarde Serlio comme le premier qui ait
mesuré exactement une partie des anciens édifices , & qui les ait étudiés. De Lorme , son

contemporain , nous dit dans le VII livre de
son architecture, qu'*il étoit homme de bien &*
de fort bonne ame , pour avoir publié & donné de
bon cœur ce qu'il avoit mesuré, vu & retiré des
antiquités.

Serlio quitta trop jeune l'Italie pour y élever
quantités de monumens remarquables : l'école
de Saint Roch à Venise, le palais Grimani & le
palais Malvezzi à Bologne, sont les seuls qu'on
connoisse. François I le fit venir en France en
1541 , & lui paya en souverain les frais de son
voyage. Ce prince avoit formé le projet de bâtir
le Louvre avec toute la magnificence possible ; &
la France étoit encore ensevelie dans les ténèbres
de l'ignorance. Serlio , nourri des beautés de
l'antiquité, ne réussit cependant point à les faire
passer dans ses dessins , & ceux de Lescot furent
jugés supérieurs aux siens , tant pour la beauté
des proportions , que pour la régularité de
l'édifice ; le Roi en ordonna l'exécution. L'artiste Italien rendit justice au mérite de l'artiste
François , & eut même la grandeur d'ame de
conseiller l'adoption de son plan préférablement
au sien propre.

François I tarda peu à employer Serlio à
d'autres ouvrages, il lui donna la conduite des

H ij

bâtimens qu'il faifoit conftruire à Fontainebleau , & cet Architecte y a long-temps travaillé. Il y compofa même les livres d'Architecture que nous avons de lui , & qui ont été
affez eftimés dans leur temps ; le premier eft
intitulé : *Reigles générales de l'Architecture fur*
les cinq manières d'édifices , à favoir , tofcan ,
dorique , ionique , corinthien & compofite , avec
les exemples d'antiquités , felon la doctrine de
Vitruve , in-fol. 1545 , *traduit en françois , &*
imprimé à Anvers. Ce volume qui , fuivant
l'avertiffement mis à la tête , devoit renfermer
fept livres , ne contient que le quatrième , par
lequel l'auteur crut devoir commencer, comme
le plus néceffaire pour la connoiffance des différentes fortes d'édifices & de leurs ornemens.
Il femble qu'il n'ait travaillé que pour les maîtres qui ont moins affaire du détail des proportions , qu'ils n'ont befoin de voir l'idée des
chofes en gros.

Son fecond ouvrage a pour titre : *Livre extra-*
ordinaire d'Architecture de Sébaftien Serlio , Ar-
chitecte du roi très-chrétien , auquel font démon-
trées trente portes ruftiques , mêlées de divers
ordres , & vingt autres d'œuvre délicate en di-
verfes efpèces , traduit de l'Italien 1551. Voici à

quelle occasion il fut composé. Serlio vivoit
incessamment à Fontainebleau comme dans une
vaste solitude. Le loisir dont il y jouissoit, les
éloges fréquens qu'il entendoit donner à la
porte du cardinal de Ferrare, les copies qu'on
lui en demandoit, lui firent naître l'idée d'en
dessiner une trentaine dans le même goût, &
ensuite vingt autres d'un style plus délicat. Dans
le dessin des premières notre Architecte se permet les plus grandes licences : il n'en discon-
vient point, mais il tâche de s'excuser sur
l'amour des hommes pour la nouveauté & sur
leur fureur pour placer dans tous leurs ouvrages
des lettres, des armoiries, des devises, des
têtes antiques & des portraits modernes. Ces
fantaisies auxquelles son génie n'eut point de
honte de se plier, lui ont fait briser des triglifes, des feuillages, des architraves, des
frises, des frontons & des parties de corniche,
pour y ménager une table d'attente ou des armoiries. Faut-il, après cela, s'étonner qu'il
ait produit des monstres qui participent tout
à la fois des ordres rustique, toscan, dorique
& corinthien ? L'auteur qui l'a bien senti,
donne les moyens de rendre ses portes régulières, en bannissant cette choquante disparité.

H iij

Dans les vingt autres portes, qu'il annonce comme plus sages, le goût du bizarre perce également : on y remarque de l'altération dans les proportions des ordres, & un mélange de l'ionique avec le dorique.

Tous les écrits de Serlio ont été réunis dans l'édition de 1569, en un seul ouvrage divisé en sept livres : le premier est un petit traité de Géométrie relative à l'Architecture : le second traite de la perspective : le troisième comprend les plans, les mesures, les profils, & les représentations d'un grand nombre d'édifices antiques d'Italie & hors d'Italie : dans le quatrième livre il expose, selon la doctrine de Vitruve, tout ce qui concerne les cinq ordres d'Architecture, sous ce titre : *Reigles générales de l'Architecture.....* Le cinquième est intitulé : *Le cinquième livre d'Architecture de Sébastien Serlio, auquel est traité de diverses sortes de saints temples selon la forme des chrétiens.* L'auteur s'est borné à nous apprendre comment les temples des payens ont été changés en églises chrétiennes, & comment les autels destinés aux sacrifices des animaux, ont pris la forme actuelle pour célébrer le saint sacrifice de la messe : le sixième ne contient que des projets de portes d'un deſſin aſſez lourd, ſous le titre de *Livre extraordinaire d'Architecture*, dont j'ai parlé plus haut : le ſeptième traité renferme des obſervations ſur la conſtruction de différens bâtimens civils.

Les guerres civiles qui troublèrent le royaume ſous Charles IX, obligèrent Serlio à ſe retirer à Lyon : la goute, peu de temps après, vint troubler la douceur du repos dont il eſpéroit y jouir ; & il ſe vit réduit à vendre quelques-uns de ſes deſſins pour ſubſiſter. Dans des momens plus calmes, il revint finir ſes jours à Fontainebleau en 1578, âgé de ſoixante ans.

Serlio comptoit parmi ſes élèves à Rome le célèbre Guillaume Philander qui avoit commencé l'étude de l'Architecture à Rhodès. Il ne lui fut pas inutile dans l'édition de Vitruve que celui-ci entreprit. Le diſciple fut auſſi de quelques ſecours au maître par ſes lumières. Philibert de la Mare en parle avec éloge dans la vie de Guillaume Philander, qu'il a donnée en latin.

Notre artiſte hérita des deſſins & des écrits de ſon maître Peruzzi, qu'il mit à contribution dans les ouvrages dont je viens de parler. Fort

H iv

attaché aux principes de Vitruve, comme écrivain, il les négligea constamment comme praticien. Sa manière de profiler est mesquine ; sa
corniche, qui devroit être plus haute que l'architrave, est trop foible ; les petites parties qui
la composent, lui donnent de la sécheresse :
celle de l'ordre composite est lourde & pourroit
convenir au Toscan, dont il fait la colonne
haute de six diamètres. Sans avoir égard au
rapport du composite avec le corinthien, rapport qui doit en retracer l'élégance, il a choisi,
pour le couronner, un entablement tiré d'un
bâtiment colossal. Il assure néanmoins avoir
formé son ordre composite des restes du Colisée, des arcs de Titus & de Vespasien, d'un
bâtiment *in transtevere*, d'un arc de triomphe à
Vérone, & d'un édifice à la *Basilica del foro
transitorio*.

L'École de Saint Roch, élevée par Serlio,
comme nous l'avons dit, passe pour la plus
grande & la plus magnifique de toutes celles
de Venise. Elle est entièrement de marbre &
a quelque chose de grand dans son Architecture. Le goût de ses croisées, surtout de celles
du rez-de-chaussée est un peu gothique : il y a
douze colonnes isolées les unes sur les autres,

qui font autant d'avant-corps dans les corniches dès deux côtés.

Le palais Grimani , fur le canal *Grande* , préfente une face aſſez belle & ornée de trois ordres. Les aigles & les oiſeaux ſculptés dans l'entablement ſupérieur à l'aplomb des colonnes, ne ſont pas approuvés.

On critique auſſi qu'il y ait une corniche à chaque étage au palais Malvezzi à Bologne.

ANDRÉ PALLADIO (1).

Vicenne , le berceau de pluſieurs grands hommes , compte parmi ſes citoyens André Palladio , né en 1518. Dès ſes premières années ſon goût le porta vers l'Architecture. Le maître qu'il choiſit fur Vitruve , également diſtingué dans la théorie & la pratique de cet art, Il n'eut pas de peine à ſentir l'inſuffiſance du deſſin pour comprendre cet auteur ; il com-

(1) *Vite dei piu celebri Architetti & Scultori Veneziani che fiorirono nel secolo decimo sesto , scritte da Tommaſo Temanza Architetto.... in-4°. in Venezia 1778.*

mença donc par s'appliquer à la géométrie &
aux belles-lettres. Après ces études préliminaires, auxquelles furent associés les ouvrages
d'Alberti & d'autres célèbres professeurs, il
alla à Rome sous le pontificat de Paul III. Les
édifices antiques de cette ville, des environs
& du royaume de Naples, ceux même qui
étoient le plus dégradés, furent soumis à ses
observations. Les idées sublimes & l'art admirable qui les caractérisent, lui inspirèrent les
beaux plans dont sa patrie s'honore.

Après avoir porté sur les objets de l'antiquité
les yeux d'un grand maître, Palladio revint à
Vicence au mois de Juillet 1547. A son arrivée
les magistrats s'occupèrent sérieusement à faire
réparer la Basilique (2) de leur ville. Au commencement de 1549 on présenta trois plans;
celui de Palladio fut unanimement adopté,
de sorte qu'il doit être regardé comme le seul
auteur de cette fameuse Basilique.

---

(2) C'est une maison royale où l'on rend la justice.
Cette fabrique, comparable à celle des anciens, est une
des plus belles qui ayent été faites depuis eux, tant pour
la forme & la richesse des ornemens, que pour la matière
qui est une pierre très-dure, dont les assises ont été posées
& jointes avec tout le soin possible.

Dès ce moment le nom de notre artiste commença à être connu à Venise. Le palais Foscari, près de la *Malcontenta*, son premier ouvrage en cette ville, l'annonça comme un partisan de la saine antiquité. On voit à la façade une galerie d'ordre ionique, à laquelle conduisent deux magnifiques escaliers. La salle qui y répond est faite en forme de croix ; de chaque côté il y a des appartemens très-commodes. La nouveauté de cette idée, la beauté du dessin, relèvent infiniment cet ouvrage, quoique fait il y a deux cents ans.

Au mois de Juillet 1560, les habitans de Vicence ordonnèrent, par une délibération, qu'on ne travailleroit à la Basilique de cette ville qu'en présence de Palladio, dont ils réglèrent les honoraires à cinq écus par mois. Cet édifice consiste en un grand portique qui entoure de trois côtés l'ancienne salle ; il est tout bâti en pierre de Vicence, & remarquable par rapport à la sujétion où s'est trouvé l'Architecte, de l'accorder avec la vieille salle gothique. Le premier étage est dorique, le second ionique. Les colonnes du premier ordre portent sur le pavé de la place, & sur un simple socle ; au lieu que celles du second sont élevées sur des piédeſtaux, à la hauteur de la baluſtrade des arcades. Dans les angles, l'Architecte a accouplé les colonnes, pour donner plus de ſolidité à ſon édifice. Sur l'entablement du ſecond ordre règne une baluſtrade ornée de ſtatues à l'aplomb des colonnes, & dans l'intérieur, ſur les murs de l'ancienne ſalle, on voit un attique avec des fenêtres cintrées qui éclairent la principale ſalle.

. Le ſecond ouvrage que Palladio fit exécuter à Veniſe, fut le monaſtère des chanoines de Latran, dits de la Charité. Ce bâtiment, où toutes les règles de l'art devoient être obſervées, ne fut point achevé, il n'y eut d'exécuté que le veſtibule, les aîles, l'eſcalier & une grande partie de la cour. Quelques années après un incendie le réduiſit en cendres, à l'exception d'un côté de la cour, d'un des deux bâtimens & de l'eſcalier en limaçon. Ce corps de logis que les flammes épargnèrent, eſt en brique, partagé en trois ordres, dorique, ionique & corinthien, & de la plus belle exécution. Dans la friſe dorique on voit, au lieu de triglifes, des patères & des têtes de bœuf agréablement unies par des feſtons, comme ſi la friſe n'étoit qu'une métope continue. Cette invention

appartient à Palladio. Voilà tout ce qui reste
aujourd'hui de cet édifice, regardé encore,
dans son état actuel, comme un des plus beaux
ornemens de Venise.

Notre Architecte construisoit en même temps
le réfectoire de Saint Georges le majeur, dont
la magnificence a peu d'égale. La porte d'entrée,
exécutée d'après une de l'ancien temple de Spolette, qu'on voit dans Serlio, est si belle, qu'elle
efface l'antique. Le vestibule, d'un goût très-
noble, a pour ornement deux fontaines de
pierre de Vérone, placées entre des colonnes
corinthiennes. Le péristile à côté de la porte du
couvent est encore de lui ; le premier ordre
qui répond au portique, est partagé en arcades
avec des colonnes accouplées d'ordre ionique ;
des croisées avec leurs ornemens accompagnent
le second.

Les moines de Saint Georges le majeur se
déterminèrent en 1565 à faire construire une
belle église. Palladio, chargé de cette entreprise, choisit la forme d'une croix, & ne lui
donna que sept degrés d'élévation au-dessus du
sol de la rue. Il partagea la largeur en trois
nefs ; un ordre composite règle la décoration
intérieure de la principale, au milieu s'élève

fur quatre arcades une belle coupole en brique. Un rang très-élégant de pilaftres corinthiens foutient les arcades des nefs latérales décorées de niches & d'autels. La fimplicité des ornemens plaît autant que l'accord parfait des différentes parties de cet édifice. Dans la conftruction de ce temple, il eut l'art de faire paroître des colonnes de marbre grec veiné plus longues qu'elles ne l'étoient, en ajoutant à leur bafe des ornemens taillés fort délicatement.

Le portail de l'églife en face du palais Ducal n'a qu'un rang de colonnes qui portent un fronton ; la beauté de fa conftruction eft remarquable.

On ne peut regarder fans admiration le fuperbe palais que Palladio fit bâtir à Mafer, campagne du Trévifan, pour Marc-Antoine Barbaro. Il y règne tant d'élégance, jointe à toutes fortes de commodités, qu'il eft difficile d'en trouver un femblable. Les colones doriques qui décorent la façade principale, ont les chapiteaux de leurs angles à deux faces, comme ceux du temple de la Fortune à Rome, ufage qu'il fuivit toujours dans fes bâtimens. Il conftruifit aufli vis-à-vis la porte du jardin une belle fontaine d'un feul vafe, au milieu d'une place en demi-lune. Vasari prétend qu'elle est semblable à celle que le pape Jules fit faire à Rome.

Les comtes Valmarena se décidèrent à construire un palais à Vicence, & Palladio présida à cette entreprise. Sa superbe façade offre deux ordres de pilastres ; le premier n'a qu'un étage & est corinthien ; le second, qui en comprend deux, est un composite porté sur des piédestaux & surmonté d'un attique. De savans Architectes ont trouvé cet édifice trop foible dans les angles, parties qu'on s'est toujours appliqué à rendre plus solides que les autres.

La ville de Bresce, magnifique dans ses bâtimens, jouissoit alors des douceurs de la paix sous la domination des Vénitiens. Cette circonstance lui rappela des entreprises qu'elle avoit méditées autrefois. Son dôme, fait en forme de Basilique, menaçoit ruine : les magistrats préférèrent à son rétablissement la construction d'un autre édifice d'un goût plus noble. Un de leurs Architectes en fit un modèle qu'ils soumirent au jugement de Palladio. Celui-ci, après l'avoir attentivement examiné, proposa en 1567 plusieurs changemens dans cette Basilique qui devoit avoir trois nefs & recevoir la

forme d'une croix femblable à celle de Saint
Georges le majeur. Il confeilla de plus d'employer des briques cuites dans la conftruction
des voûtes & de la coupole, à l'exception des
bafes, des chapiteaux & des frifes, & de les
enduire de ftuc comme les temples antiques
qu'il avoit vus à Rome & à Naples. Les cala-
mités dont toute l'Italie fut alors affligée, fuf-
pendirent l'exécution d'un fi bel ouvrage, qui
refta abandonné jufqu'à nos jours, où le cardinal Querini l'a fait terminer.

Notre Architecte conftruifit à Venife un
ouvrage remarquable pour les religieux de Saint
François-de-la-Vigne. Leur églife avoit été
élevée fur les deffins de Saufovin, à l'exception de la façade du côté de la campagne.
M. Grimani, patriarche d'Aquilée, n'étoit pas
fatisfait de l'idée qu'avoit tracée le crayon de
cet habile artifte; il vouloit d'ailleurs faire la
dépenfe de l'ouvrage : il communiqua donc fa
penfée à Palladio. Celui-ci la faifit & la rendit
fi parfaitement fur le papier, que le prélat
exigea fa prompte exécution. L'ordre corinthien préfide à cette façade ; fur une bafe continue s'élèvent quatre colonnes de demi-diamètre à la hauteur d'environ quarante pieds,

furmontées

furmontées d'un riche entablement & d'un
fronton. Dans l'entre-colonnement du milieu
eſt une porte cintrée avec une croiſée au-deſſus
& deux niches ſur les côtés, où ſe voient les
ſtatues de Moïſe & de Saint Paul, faites par
Titien Aſpetti, artiſte fort connu. Tout cet
ouvrage eſt remarquable par une grande ſimplicité réunie à beaucoup de grace & de majeſté :
il eſt en pierre d'Iſtrie & fut fini en 1568.

Jamais Architecte ne forma autant d'entrepriſes que Palladio ; celles dont il parle dans le
ſecond livre de ſon ouvrage, quoique très-
nombreuſes, n'en ſont cependant qu'une fort
petite partie. Il faut ſe borner ici aux principales. Je commence par le magnifique palais que
fit conſtruire le comte Valeſio ſur la place de
Vicence nommée la place de l'île. Sa face principale préſente les ordres dorique & ionique ;
le premier, élevé ſur un ſoubaſſement continu,
forme une galerie de treize entre-colonnemens,
dont les ſept du milieu ont un peu de ſaillie.
Comme cet édifice ne fut point achevé par le
célèbre artiſte qui l'avoit commencé, le mauvais goût y a introduit, ſurtout dans l'intérieur, des ornemens ſi gothiques, que l'œil en
eſt choqué.

Tome I.   I

On voit dans la même ville le palais du comte Montano Barbarano, qui donne fur la *Contrà-Porta* : fa conftruction ne manque pas de nobleffe, les ornemens & les détails de la façade font d'une grande beauté. Palladio fit encore élever un palais dans la rue de Saint Laurent pour M. Angelo Caldogno, un autre dans l'île pour les comtes Giulio & Guido Pioveni, & un troifième dans la *Contrà-Pufterla*, deftiné aux comtes Schio. Ces trois ouvrages méritent les plus grands éloges. Si nous quittons Vicence, nous trouverons dans un de fes fauxbourgs, fur le fommet d'une colline, un palais fuperbe, dont les quatre faces préfentent autant de galeries avec des efcaliers magnifiques.

Palladio avoit tracé un palais de toute beauté pour le comte Giacomo Angarano ; il devoit être placé dans le bourg du même nom, peu éloigné de Vicence ; mais de tout ce bel ouvrage on ne fuivit que le plan du portail de chaque cour.

Il y a à Padoue, dans le fauxbourg de Sainte-Croix, un palais dû à notre Architecte : on eft étonné de trouver tant de commodités & de fi grands détails réunis dans un fi petit efpace. D'ailleurs la richeffe de fa décoration lui donne plutôt l'apparence d'un petit temple que d'une maifon.

Un peu au-deffous de Padouë, au village de Strà, fur le confluent de deux rivières, on aperçoit encore un palais diftingué par fa nobleffe & fa richeffe. Un autre, non moins magnifique, fe remarque dans le bourg *della Frata* ; il eft fort élevé, a un bel efcalier fur le devant qui mène à la galerie, au falon & à des appartemens très-commodes. Sur les côtés, deux portes d'une Architecture ruftique fervent d'entrée à ce bourg : elles décrivent une portion circulaire fur la place, vis-à-vis de laquelle coule un bras de l'Adige. Dans le village de Fanzuolo fut élevé, fur les deffins de Palladio, un palais commode & bien ordonné dans toutes fes parties.

On aperçoit près de Meftre une aîle d'un palais qu'il avoit commencé. Non loin de la *Motta*, il en fit élever un de peu d'étendue, mais qui réunit bien des avantages. Les bâtimens dont les cours devoient être entourées, n'ont point été exécutés. Je ne puis m'empêcher de parler d'un édifice affez beau, & furtout fort commode, quoiqu'il ait un air gothique, qu'on voit à Boara, fur la rive

gauche de l'Adige. Il a un grand portique composé de dix-neuf entre-colonnemens, dont les
colonnes doriques ont une base attique.

‘ L'Architecte Arduvino, qui sur la fin du
XIV siècle fit construire à Bologne la grande
Basilique de Saint Petrone, pensoit à élever
la voûte à cent pieds du sol. Une hauteur aussi
considérable, fit craindre que l'édifice ne fût
trop hardi, & deux siècles s'écoulèrent sans
qu'on y travaillât. Enfin dans l'année 1572 plusieurs Architectes consultés décidèrent qu'on
pouvoit porter les voûtes à la hauteur de cent
cinq·pieds, au lieu de cent. Palladio adopta
leur avis, & composa pour la façade de cette
église un dessin qui réunissoit le goût gothique
& le goût grec. Celui·là ne règne que dans le
premier ordre ; sans doute que l'Architecte fut
obligé de se conformer aux formes bizarres
des ornemens anciens placés sur les portes &
sur les côtés de la vieille façade. Au-dessus
de cet ordre sont des ornemens corinthiens,
surmontés d'un fronton. La noble Architecture des croisées, la beauté des niches & quantité de bas-reliefs & de festons en guirlandes
en rendent la composition fort riche.

. L'incendie arrivé en 1574 dans les salles du

collège & de l'anti-collège du palais Ducal de
Venise, occasionna la réconstruction d'une
grande partie de ce palais. Il fut décidé que
Palladio en auroit la conduite, & qu'il le rendroit encore plus magnifique qu'il ne l'étoit
avant l'incendie. On juge par les bases & le
couronnement des quatre portes de la salle voisine du collège, qu'elles ont été dirigées sur
les dessins d'un Architecte versé dans l'antiquité
romaine.

Tandis qu'on s'occupoit de ces travaux,
Henri III, roi de France, ayant abdiqué la
couronne de Pologne, passa à Venise pour se
rendre à Paris, & y recevoir celle que ses an-
cêtres avoient portée avec gloire. La république
s'empressa de lui témoigner la joie que lui causoit
sa présence. La décoration du lieu où l'on devoit
se rendre pour la réception du roi, le jour de son
entrée dans la capitale, fut confiée à Palladio, &
on le chargea de construire, en face de l'église de
Saint Nicolas, un arc de triomphe avec une galerie digne de la majesté de la république & de
la grandeur du monarque François. Il ne lui fut
pas difficile d'exécuter ces ordres; l'arc de Septime Sévère lui revint dans l'esprit, & il en éleva
un semblable. Les inscriptions, les devises, les

I iij

figures & les trophées étoient allégoriques aux
exploits du roi. En face de la galerie , traitée
dans le goût antique , paroiſſoit une décoration
de dix colonnes corinthiennes avec des pilaſtres
angulaires. Au milieu s'élevoit un autel placé
ſans une arcade & orné d'un Chriſt de toute
beauté. Le plafond étoit chargé d'ornemens
riches & agréables , tout en un mot y reſpiroit
la grandeur & la majeſté. L'ouvrage , conſtruit
de bois peint en marbre , fit illuſion ; le roi le
remarqua même avec ſurpriſe , & Palladio fut
comblé d'éloges.

Deux ans après (en 1576) Veniſe fut affligée
de la peſte. La république fit vœu d'élever un
temple en l'honneur du Rédempteur du monde,
pour obtenir la ceſſation de ce fléau : elle l'obtint.
L'île *della Giudecca* , où les capucins avoient une
chapelle , fut choiſie pour l'érection de ce monument, & Palladio , nommé par le Sénat,
entra dans ſes intentions. Cet artiſte bâtit un
temple d'ordre corinthien à une ſeule nef, long
de quatre-vingt-douze pieds , & large de qua-
rante-ſix , avec trois chapelles latérales , une
tribune en croix & un dôme majeſtueux. Derrière la tribune , autour de laquelle règne le
même ordre d'Architecture , il pratiqua un

chœur, deux facrifties & deux clochers de forme ronde. Un ordre corinthien plus petit accompagne les arcades des chapelles. La façade de l'églife eft d'une compofition riche, ornée d'une porte cintrée & de niches dans fes entre-colonnemens. Les grandes colonnes portent un fronton majeftueux, & un fuperbe attique en fait l'amortiffement. Le pavé de cette églife eft élevé au-deffus de la place de fix marches qui forment un grand & beau perron. Palladio donna un foin particulier à cet ouvrage, exécuté avec tant de promptitude, qu'avant fa mort, il fut élevé prefque jufqu'au toît. La façade & toutes les belles parties de l'églife font en pierre d'Iftrie, à l'exception des arcades, des voûtes de la nef & des chapelles, du dôme intérieur & des niches de la tribune bâtis en brique. Les chapiteaux corinthiens, placés dans l'intérieur de l'églife, font auffi en brique & fupérieurement fculptés en feüilles d'olivier; peints en blanc à l'huile, ils imitent parfaitement la pierre; ufage dont les édifices de notre Architecte offrent plufieurs exemples.

Dans le temps de la conftruction de cette églife, Palladio en bâtiffoit auffi une pour les orphelines (*delle Zittelle*) qui ne fut cependant achevéé qu'après sa mort. Sa forme d'un carré parfait, est échancrée dans ses angles, de manière que l'église paroît octogone. Des pilastres corinthiens règnent dans son intérieur, avec des arcades de trois côtés, destinées à recevoir des autels. L'autre face est occupée par la porte qui répond au centre de la façade extérieure, ornée de deux ordres surmontés d'un fronton. Un vaste dôme en brique couvre l'église, ce qui a engagé l'Architecte à retrancher les angles de cet édifice, afin d'éviter les porte-à-faux. Les chapiteaux des pilastres intérieurs présentent des feuilles d'olivier exécutées en brique cuite, & semblables à celles du temple du Rédempteur. Il est à observer que les ornemens du premier ordre de la façade répondent à ceux de l'ordre intérieur, comme les moulures extérieures répondent à celles du dedans, suivant l'usage des anciens. Deux campanilles d'une hauteur ordinaire s'élèvent sur les côtés de la façade & lui donnent un air de grandeur.

Mais de tous les ouvrages de Palladio, celui qu'on regarde comme son chef-d'œuvre, est le théâtre olimpique qu'il a construit à Vicence, à l'imitation de celui de Marcellus à Rome. Son plan est ovale, coupé sur sa longueur,

orné de gradins & d'une superbe colonnade.
Excepté celui de Parme (3), qui n'en est qu'une
copie, il est le seul d'Italie dont la forme &
la décoration soient belles, & qui puisse servir
de modèle pour construire un théâtre. L'avant-
scène a quatre-vingt-trois pieds de long, &
vingt-un & demi de profondeur. Sept rues qui
sont au fond du théâtre, aboutissent à l'avant-
scène; la principale ouverture a treize pieds
dix pouces, les autres six pieds dix pouces. On
aperçoit dans ces différentes rues des maisons,
des temples, des forêts en relief, mêlés avec
des fuyans de perspective qui ne sont pas du
meilleur goût. La façade du théâtre, au-delà
de l'avant-scène, est décorée de deux ordres
de colonnes corinthiennes, surmontées d'un
attique orné de niches & de statues. Le parterre
est environné de treize rangs de gradins en face
du théâtre, disposés sur une demi-ellipse. Au
dessus du dernier rang règne une galerie dont
les colonnes ont quatorze pieds & demi, compris l'entablement. Le parterre seul en a cin-
quante-six de large sur dix-huit de profon-

(3) Cet ouvrage est de Leonello Spada, peintre, & de
Jean-Baptiste Magnani, Architecte.

deur ; la hauteur de la salle eſt de cinquante-
deux pieds.

Le dernier ouvrage qu'ait tracé Palladio a été
l'égliſe des religieuſes de Sainte Luce. Il n'eut
le temps que de voir la conſtruction de la grande
chapelle ; le reſte fut terminé deux ans après ſa
mort. La hauteur de cet édifice eſt partagée en
deux ordres , le premier ionique & le ſecond
corinthien. Quoiqu'il n'ait été conſtruit qu'en
partie par notre Architecte , il a cependant été
très-bien conduit.

Il ne manquoit qu'une chapelle au beau palais
du procurateur Marc-Antoine Barbaro, dans le
bourg de Maſer. Palladio , occupé pour un ſé-
nateur curieux de tout ce qui avoit un air de
grandeur & de magnificence , fit conſtruire un
temple rond d'environ trente-cinq pieds de diamètre , en forme d'un petit Panthéon. Un vaſte
eſcalier mène à une galerie qui eſt devant le
temple ; elle eſt compoſée de quatre colonnes
& de deux pilaſtres corinthiens formant cinq
entre-colonnemens & couronnés d'un fronton.
L'intérieur du temple eſt partagé en huit eſpaces
par huit colonnes corinthiennes qui en règlent
l'ordonnance. Au milieu des quatre plus grands
eſpaces ſe préſente un égal nombre d'arcades

engagées dans le mur; l'une sert d'entrée sous
la galerie, les autres sont destinées à recevoir
des autels; les quatre dernières renferment des
niches richement décorées dans le goût de celles
du Panthéon. Cette chapelle est couverte par un
dôme de brique avec une lanterne.

Palladio qui acheva ce petit temple, n'eut
pas la satisfaction de voir terminer le théâtre
olimpique ni l'église de Sainte Luce : une maladie épidémique qui régnoit à Vicence, le fit
périr en 1580, âgé de soixante-deux ans. Il fut
inhumé dans l'église des pères Dominicains, &
on lui fit des obsèques magnifiques. Tous les
académiciens olimpiques, ses confrères, l'ac-
compagnèrent, & l'un d'eux prononça son
oraison funèbre. Après sa mort, les plus beaux
esprits d'Italie célébrèrent sa mémoire.

Notre Architecte étoit d'une belle prestance,
fort enjoué, plein de modestie, ami de toutes
les personnes distinguées par leurs talens, &
affable envers les ouvriers, au point de leur
enseigner avec plaisir ce qu'ils ignoroient. Il
excella dans tous les genres de dessin; pour ses
lavis il employoit le plus souvent le bistre ;
nous en avons un essai dans le livre sur les
Termes qu'a publié milord Burlington, remar-

quable par sa ressemblance avec l'original. Le
goût le plus exquis, soutenu d'une parfaite
précision & du plus grand talent, a fait insérer
quelques-uns de ses dessins dans le fameux
recueil de Vasari.

Son nom célèbre dans toute l'Italie, & même
au-delà, lui mérita l'adoption de l'académie
de dessin établie à Florence. Le comte Alga-
rotti, avec plusieurs autres bons juges, l'a qua-
lifié de Raphaël des Architectes. Il fut en effet
dans son art, par rapport au simple, à la majesté & à la décoration de ses édifices, ce que
Raphaël fut dans la peinture (4). Les dispositions intérieures & extérieures de ses bâtimens
offrent des beautés & des commodités infinies;
ses ornemens sont simples, corrects & harmo-
nieux, ses portes, ses fenêtres, ses niches
rappellent le bel antique. Il a toujours conservé
à chaque ordre son caractère propre, & il a

_____

(4) La décoration est bien différente à Venise & à
Vicence de celle qui règne à Rome, où elle ne consiste
presque que dans des portes & des fenêtres ornées. Les
deux premières villes au contraire offrent des édifices
dont chaque étage est décoré de colonnes qui présentent
un aspect magnifique, de sorte que les planchers sont
portés d'une manière naturelle & sensible à l'œil.

preſque toujours donné du mouvement à ſes
façades : il entendoit ſupérieurement les formes
pyramidales. On pourroit deſirer plus de grandeur dans la plupart de ſes ouvertures , & plus
de ſévérité dans le rapport de leur largeur avec
leur hauteur. Quoi qu'il en ſoit , ſes productions annoncent qu'il avoit beaucoup étudié
l'antiquité , & que la nature fut toujours ſon
modèle. Les jeunes gens pour qui elles ſont un
objet d'étude , remarqueront le parti qu'a pris
Palladio de ſupprimer les pilaſtres derrière les
colonnes, lorſqu'ils gênoient la diſtribution des
fenêtres. D'ailleurs on ne voit pas trop la né-
ceſſité d'orner de pilaſtres un mur qui par ſa
conſtruction ſe ſoutient de lui-même.

Dans ſon profil qui ſurpaſſe en beauté les
plus parfaits antiques , il a imité les modillons
du temple de la Concorde & d'une antiquité
près Saint Adrien , rapportés par Serlio. Son
chapiteau auroit plus de légèreté , s'il eût moins
reſſerré contre le tambour les feuilles d'olivier
de l'ordre corinthien. La hauteur de ſon entablement eſt du cinquième de la colonne , &
celle de ſes piédeſtaux a près du quart. La baſe
de ſon ordre dorique eſt attique , & ſon ordre
a ſeize modules , le piédeſtal quatre modules

deux tiers, & l'entablement en a trois & trois quarts. Les denticules ou les mutules sont supprimées dans sa corniche. Il donne dix-huit modules à sa colonne ionique, cinq & huit minutes à son piédestal, & trois & dix huit minutes à son entablement. Il suit la division du module en trente minutes, ainsi que Scamozzi.

A l'imitation des anciens, Palladio goûtoit fort les bâtimens de brique, moins par rapport à leur solidité qu'à leur résistance aux accidens du feu. Les briques sont extrêmement poreuses, la chaux les lie tellement ensemble, qu'elles ne font plus qu'un seul & même corps, ce qui n'arrive pas dans les pierres, dont les pores plus serrés & moins nombreux se refusent à une telle union : aussi disoit-il que les édifices anciens en pierre cuite paroissoient moins dégradés que ceux en pierre vive. Il employoit ces mêmes matériaux pour les grandes arcades, dans lesquelles réside la solidité des édifices, comme il l'a pratiqué aux deux temples de Sainte Marie majeure & du Rédempteur, qui sont de la plus grande magnificence.

Michel-Ange répétoit souvent que les artistes devoient toujours avoir le compas dans les yeux. Quel homme à talens en a fait plus d'usage que

Palladio ? Auffi tous fes monumens font fi bien entendus & fi bien proportionnés, qu'il y en a peu de pareils, même parmi les ouvrages des anciens. Quoiqu'il ait employé les cinq ordres, fuivant le genre des édifices, il paroît cependant qu'il préféroit l'ionique, furtout pour les maifons des particuliers. Le chapiteau de cet ordre à deux faces, comme le décrit Vitruve, lui plaifoit fort ; fi quelques-uns de fes ouvrages en préfentent à quatre faces, ce défaut ne doit être imputé qu'à des maîtres maçons. De légères imperfections, ¡qu'on pourra y apercevoir, doivent de même être rejetées fur ce que ces édifices n'ont point été élevés fous fa conduite, ou qu'ils ne l'ont été qu'après fa mort.

Palladio a écrit quatre livres fur l'Architecture, qu'il mit au jour en 1570. Ils ont été traduits en françois par Rolland Fréart, fieur de Chambrai, & forment deux volumes *in-fol.* Cet ouvrage a été imprimé à la Haye, en 1726, avec les notes d'Inigo Jones, qui n'avoient point encore paru. On vient d'en donner à Venife une fuperbe édition en quatre volumes *in-folio.*

Notre Artifte commence par expliquer les règles des cinq ordres, & entre enfuite dans des détails sur celles de la construction des parties qui composent les édifices, telles que les plafonds, les planchers, les voûtes, les portes, les fenêtres, les escaliers & les cheminées que les anciens ne connoissoient point : les grands chemins, les places publiques, les ponts occupent la dernière partie de son traité, avec la méthode qu'il a suivie pour leur construction.

JACQUES DE LA PORTE (1).

Cet artiste, né à Milan, travailla dans sa jeunesse sous le Gobbo, sculpteur, & s'occupa à faire des bas-reliefs de stuc. Il étudia ensuite l'Architecture chez Vignole. Ses progrès rapides lui méritèrent la place d'Architecte de Saint Pierre, & sa grande réputation le fit choisir pour achever le Capitole que son maître avoit continué après Michel-Ange. Il a construit le grand perron à degrés rampans, par lesquels on y arrive, & la balustrade qui porte les statues de Castor & de Pollux, les trophées de Marius, ou plutôt de Trajan, & la colonne milliaire.

(1) *Baglione.*

Sous

Sous Grégoire XIII la Porte fit élever fur fes deffins la chapelle Grégorienne dont l'ordonnance eft fort belle, & qui coûta à ce pape quatre-vingt mille écus ; le petit temple charmant des Grecs, dans la rue du Babouin ; l'églife de Notre-Dame de Monti, & une partie de celle des Florentins au haut de la *ftrada Giulia.*

En 1531 notre artifte fut appelé à Gênes pour conftruire dans le dôme la belle chapelle où repofent les cendres de Saint Jean-Baptifte. L'autel eft ifolé au milieu de quatre colonnes de porphire, dont les piédeftaux furent ornés par fon neveu Guillaume, de figures de prophètes en bas-reliefs d'un très-bon goût.

La coupole de Saint Pierre, chef-d'œuvre de l'efprit humain, fut élevé par fes foins & ceux de Fontana, d'après les plans de Michel-Ange, du temps de Sixte V, auquel les embelliffemens de Rome ont procuré l'immortalité.

Voici dans quel état étoit cette Bafilique : tout le corps de l'édifice étoit fini, le tambour de la coupole achevé attendoit depuis vingt-quatre ans la voûte dont il devoit être couronné. Nos deux artiftes, après avoir obtenu du pape la permiffion de faire la courbe de la

Tome I. K

voûte plus elliptique qu'elle n'étoit dans le modèle de Michel-Ange, afin de lui donner plus de grace, commencèrent cet ouvrage le 15 Juillet 1588, avec tant de vîtesse & de célérité, qu'il fut achevé en Novembre 1590.

Nous remarquerons à ce sujet la différence des procédés des modernes avec ceux des anciens. L'histoire nous apprend que ceux-ci voulant ériger la colonne Trajane, composée de différentes pièces, commencèrent par élever un monticule de terre contre lequel ils plaçoient les morceaux de cette colonne les uns sur les autres, à mesure que le monticule se hauffoit. La rotonde fut construite, dit-on, sur une voûte de terre bien foulée (2). La Porte n'employa dans la coupole de Saint Pierre que

---

(2) L'esprit judicieux de critique a fait tant de progrès de nos jours, où il a été secondé par la découverte de monumens inconnus à nos prédécesseurs, qu'on peut se permettre de révoquer en doute ces traditions peu vraisemblables. On doit penser que ceux qui ont conduit & érigé à Rome ces étonnans obélisques d'Egypte, connoissoient trop les moyens d'élever les blocs de la colonne Trajane & de construire une voûte en brique, pour avoir recours à des procédés dignes des Sauvages de l'Amérique septentrionale.

des cintres de bois qui réuffirent avec une facilité furprenante. Qu'eft-ce que la colonne Trajane & la rotonde, pour l'importance & la grandeur, en comparaifon de l'ouvrage de la Porte ? Comme il lui fembla que les piliers avoient été conftruits légèrement par Bramante, il en fortifia les fondemens, à l'exemple de Michel-Ange & de San Gallo, & il fit entourer le dôme de cercles de fer.

Il travailla enfuite à l'églife du Jéfus fur le plan de Vignole, & y mit en 1675 la dernière main. Il y bâtit auffi les deux petites chapelles en rotonde, l'une de la Vierge & l'autre de Saint François d'Affife, ornées de colonnes & de fculptures. Le principal mérite de la façade de cette églife eft d'être conftruite de pierre de Travertin. On y voit deux ordres d'Architecture, dont le fupérieur eft furmonté d'un fronton angulaire qui couronne le tout. Le fronton triangulaire dans le circulaire au-deffus de la principale entrée, fait un mauvais effet. Les portes de l'églife n'ont pas affez de grandeur, & les confoles qui foutiennent le couronnement, font gothiques & trop lourdes. En général le deffin de cette façade ne répond nullement à la richeffe & au ftyle d'Architecture

K ij

employé dans l'églife. Vignole en avoit laiffé un d'un meilleur goût, auquel on auroit dû donner la préférence.

La Porte éleva encore la façade de Saint Pierre-aux-liens, & près des trois fontaines deux petits temples, dont un de Saint Paul & l'autre nommé *del Scala del cœlo*. Le premier d'une Architecture mâle & bien profilée, a un portail ionique qui porte fur un grand piédeftal furmonté d'un attique que couronne un fronton circulaire. Le plan du fecond eft de fon maître, & régulier ; on en eftime la décoration.

La Minerve renferme le tombeau du cardinal Alexandrin, neveu de Pie IV, & celui du cardinal Pucci, tous deux exécutés fur les deffins de la Porte. On regarde comme un de fes meilleurs ouvrages la façade de Saint Louis des François : elle a deux ordres en pilaftres doriques & ioniques, avec trois portes auffi grandes que belles : celle du milieu eft ornée de deux colonnes ioniques couronnées d'un fronton : le fecond ordre, plus petit, eft formé de pilaftres corinthiens.

Il eut la conduite du bâtiment de la Sapience qui eft fort régulier & a la forme d'un carré long. Sa fuperbe cour eft entourée de deux

rangs de portiques l'un fur l'autre , avec des
pilaftres d'ordre dorique & ionique. Il fit auffi
conftruire les fenêtres fupérieures du palais Farnèfe , & la façade du milieu du côté de la
partie du couchant , où l'on voit deux belles
galeries , l'une de plain-pied , & l'autre au
dernier étage.

Sans nous arrêter à quantité d'ouvrages que
la Porte exécuta ou qu'il commença feulement,
je me bornerai à dire qu'on lui doit le deffin
du palais Chigi que Maderne continua après
lui ; ceux de plufieurs fontaines pour la place
Navone, la place Colonna, celle du peuple,
près de l'obélifque, & celle de la Rotonde. On
eftime le plus la fontaine qui eft dans le Capitole, & celle qui fait face au palais Mathei. Cette
dernière confifte en quatre figures d'hommes nus
& de fonte, fervant de fupports à un baffin élevé.
Leur attitude eft affez extraordinaire, leurs pieds
pofent fur des Dauphins qui jettent de l'eau
dans des coquilles.

Le dernier ouvrage par lequel notre artifte
termina fa carrière, eft la ville Aldobrandine
à Frefcati, conftruite fous le pontificat de Clément VIII, & que fa fituation délicieufe a fait
nommer Belvedère par excellence. Le petit

K iij

palais qu'il y éleva pour le cardinal Pierre Aldo-brandin, est d'une Architecture fort agréable. Comme il revenoit un jour de Frescati, en carrosse avec cette éminence, il fut attaqué d'une colique violente, causée par la quantité de glaces & de melons qu'il avoit mangés. Il se retint long-temps par respect pour le cardinal; on fut cependant obligé de le descendre à la porte de Saint Jean de Latran, où il mourut, quelques minutes après; âgé d'environ soixante-cinq ans.

DOMINIQUE FONTANA (1).

L'ÉRECTION des obélisques a rendu cet Archi-tecte célèbre. Depuis plus d'un siècle qu'on l'avoit négligée, elle étoit regardée comme im-possible; il sembloit que la hardiesse des entre-prises des Egyptiens déconcertât les artistes mo-dernes; de sorte que la magnificence des papes manquoit à cet égard d'activité & de ressort.

(1) *Bellori. Baglione. Baldinucci. Serie degli uomini illustri.*

Mili, petit village près du lac de Côme, fut la patrie de Fontana en 1543. Il la quitta à l'âge de vingt ans pour se rendre à Rome, près de son frère Jean qui y étudioit l'Architecture. Quelques principes qu'on lui avoit donnés de la géométrie, lui facilitèrent l'étude de cet art. Un examen réfléchi des ouvrages de Michel-Ange, & des artistes tant anciens que modernes, hâta ses progrès. ·

Devenu Architecte du cardinal Montalte, il commença, par son ordre, la grande chapelle de la Crèche à Sainte Marie majeure, & le petit palais du Jardin, près de cette Basilique. Montalte n'étoit pas riche, & vivoit des pensions que le pape accorde aux cardinaux peu favorisés de la fortune. La magnificence avec laquelle ces ouvrages s'annonçoient, déplut à Grégoire XIII qui le priva de ses bienfaits. Ce retranchement fit suspendre les travaux. Notre artiste en desiroit fort la continuation; il étoit d'ailleurs sincèrement attaché à Montalte qu'il reconnoissoit pour son protecteur. Il fit donc venir de son pays mille écus romains, fruit de ses épargnes, & les employa à l'exécution de son plan. Ce trait de générosité fut l'origine de sa fortune.

Dans cet intervalle le pape mourut ; Montalte, son successeur, prit le nom de Sixte V, & nomma Fontana son Architecte. La chapelle fut bientôt achevée. Son plan décrit une croix grecque qui a de tous côtés quatre - vingt-douze pieds & demi. Sur quatre grands arcs est portée une coupole ornée d'un ordre corinthien, & dans la lanterne, entre les croisées, sont des pilastres composites. L'intention du pape, en la bâtissant, fut de transporter au milieu l'ancienne Crèche, que Fontana plaça sous terre, à douze pieds de profondeur. Il termina aussi le palais du Jardin, dont j'ai parlé, & en bâtit un autre près des thermes de Dioclétien.

Le nouveau pape n'avoit que de grandes idées ; il se proposoit d'achever la coupole de Saint Pierre de Rome, sous la conduite de Fontana & de Jacques de la Porte ; mais avant tout, il résolut d'ériger dans la place, vis-à-vis cette église, un obélisque couché près du mur de la vieille sacristie, où étoit anciennement le cirque de Néron. Cet obélisque de granit rouge tiré des montagnes de Thèbes en Egypte, a de hauteur cent cinq palmes & demie, non compris la pointe qui en a six. La largeur de sa bafe eft de douze palmes par le bas, réduites à huit par le haut. Les papes avoient, depuis long-temps, formé le projet de le placer fur la place de Saint Pierre ; mais la difficulté du tranfport, la diverfité des moyens propofés, & la dépenfe confidérable en avoient toujours retardé l'exécution. Ces fortes d'entreprifes paffoient pour très-importantes chez les Egyptiens qui, par la hardieffe de leurs édifices, étonnent encore l'univers. Nous lifons que Ramesèz, roi d'Egypte (2), faifant élever à Thèbes l'obélifque placé aujourd'hui vis-à-vis Saint Jean de Latran, y employa vingt mille hommes, & fit attacher fon fils au fommet, pour les encourager.

Le pape, étant donc bien décidé à ériger l'obélifque du Vatican, manda de toutes les contrées de l'Europe des mathématiciens, des Ingénieurs & des Architectes au nombre de cinq cents ; les uns avoient fait un modèle, les autres un deffin, quelques-uns un fimple mémoire. La plupart s'accordoient à dire qu'on rifqueroit moins en tranfportant l'obélifque debout, qu'en le couchant & le relevant enfuite.

(2) Pline, Hift. nat. Lib. XXXVI.

Fontana avoit apporté un modèle en bois dont il développa très-clairement la mécanique: c'étoit un obélifque de plomb que des poulies faifoient mouvoir avec des moufles de cabeftan, & en préfence de l'affemblée, il l'éleva & l'abaiffa avec la même facilité. Pour rendre fes idées plus fenfibles, il en fit l'expérience d'après les ordres du pape, fur un petit obélifque du maufolée d'Augufte, couché dans une rue voifine. Après plufieurs conteftations, fon projet fut accepté: on ne voulut pas néanmoins lui en confier feul l'exécution, & on lui affocia Jacques de la Porte & Barthelemi Ammanati, qui firent placer une pièce de bois à l'endroit où devoit être l'obélifque.

Fontana, très-affligé de partager la gloire qu'il auroit méritée feul, repréfenta au pape, de la manière la plus forte, le tort confidérable que lui feroit l'exécution de fon modèle confiée à d'autres mains, & le danger qu'il courroit de fe voir attribuer les mauvais fuccès de l'entreprife, fi elle ne réuffiffoit point. Sixte V goûta fes raifons, & lui donna toute fa confiance. Fontana commença donc à faire creufer le terrein de la place de foixante palmes en carré fur trente-trois de profondeur. Quand on eut

pris les précautions qu'exigeoit sa solidité, on
prépara, pour renfermer l'obélisque, une charpente prodigieuse, soutenue par huit pièces de
bois assez semblables à des colonnes, & forti-
fiées d'un si grand nombre de pièces unies,
qu'elles avoient dix-huit palmes de contour.
Des cables entretenoient ces poutres étayées
par des jambes de force. L'obélisque étoit entouré de madriers liés avec des barres de fer.
Notre artiste avoit calculé que quarante cabestans
pouvoient faire mouvoir un poids de huit cents
mille livres; il y suppléa par cinq leviers faits
avec de grosses poutres de soixante-dix palmes
de long. La nouveauté de ce spectacle attira un
concours prodigieux de spectateurs. On avoit
pris toutes les mesures possibles pour éviter la
confusion & prévenir les accidens. Plus de
neuf cents ouvriers & sept cents cinq chevaux
y furent employés. On étoit convenu que la
trompette donneroit le signal du travail, &
une cloche de Saint Pierre celui du repos. On
parvint, à douze reprises, à élever l'obélisque
de trois palmes environ de terre, ce qui étoit
suffisant pour le placer horizontalement sur
quatre rouleaux, & l'amener dans la place où
il devoit être érigé.

Cette manœuvre se fit le 13 Juin. Le pape
voulut qu'à cause des chaleurs on différât jusqu'au mois de Septembre à placer l'obélisque
sur son piédestal. Le jour indiqué, qui fut celui
de l'entrée du duc de Luxembourg, Ambassadeur de Henri IV, on commença cette opération dès l'aurore, & au coucher du soleil elle
fut achevée en cinquante-deux reprises. Les
ouvriers, pleins de joie, élevèrent l'architecte
sur leurs épaules, & le portèrent chez lui
comme en triomphe, au milieu des acclama-
tions, & au bruit des trompettes & des tambours.

On substitua une croix de bronze de dix
palmes à la boule qui couronnoit l'obélisque,
& on plaça sur sa base quatre lions, pour lui
servir de supports. Son élévation fut la plus
remarquable des entreprises de Sixte V qui fit
frapper deux médailles à cette occasion. Elle
combla de gloire Fontana, dont le nom devint
célèbre dans tout l'univers. Il fut fait noble
Romain & récompensé de la croix de l'Eperon
d'or. Le pape y ajouta une pension de deux
mille écus d'or, réversible à ses héritiers, &
lui en fit payer cinq mille en argent comptant.
La charpente & tous les matériaux lui furent

donnés, objet seul estimé plus de vingt mille écus
romains (3).

Lorsque l'obélisque fut placé, Sixte V conçut
le dessein d'embellir la ville de Rome, en
ouvrant trois rues principales depuis Sainte
Marie majeure, l'une jusqu'à sainte-Croix de
Jérusalem, l'autre à la colonne Trajane, &
la troisième à la Trinité du mont. Fontana fit
unir la place de Sainte Marie majeure, & on
y éleva l'obélisque du mausolée d'Auguste,
haut de soixante-six pieds, dont il a déjà été
parlé. Deux autres obélisques, ensevelis sous
des ruines, furent érigés par ses soins, l'un
dans la place de Saint Jean de Latran, l'autre
à celle de la porte du Peuple. Le premier est le
plus élevé de tous ceux qui ont été conduits à
Rome ; le second décore la principale entrée
de cette ville, entrée qui présente aux étrangers
l'agréable spectacle de trois rues aussi belles
que longues, dont l'obélisque fait le point de
vue.

(3) Nous avons de Fontana un livre de la transposition
de l'obélisque du Vatican sous Sixte V, imprimé en 1590
& gravé par Natalis - Boniface dà Sibenico : il contient
dix-neuf pièces.

Tandis qu'on élevoit celui de la place de
Saint Jean, Fontana décora la façade de cette
Basilique, & construisit la loge de la Bénédiction
devant la porte qui donne sur la ville & sur
Sainte Marie majeure. Cette loge bâtie de pierre
de Travertin, a cinq arcades avec deux ordres
de pilastres doriques & corinthiens placés l'un
sur l'autre. Près de cette loge il construisit pour
le pape un superbe palais à trois étages, avec
quatre escaliers à autant de portes, dont une
conduit à Saint Jean.

Sixte V qui n'étoit plus jeune, occupoit
Fontana à plusieurs ouvrages à la fois, tels que
le bâtiment de la bibliothèque du Vatican qu'il
avoit fait transporter au Belvedère, & la partie
de ce palais qui regarde la place de Saint Pierre;
mais à la mort du pape elle n'étoit élevée que
de trois étages; Clément VIII l'augmenta de
deux autres composés chacun de dix-sept pièces.

Par ordre du même pontife fut continué le
palais de *Monte cavallo* qu'avoit commencé
Grégoire XIII. Fontana construisit cette partie
qui est sur la rue Pie & sur la place de ce nom;
il transporta des thermes de Dioclétien les deux
colosses attribués à Phidias & à Praxitèle, qu'on
prétend représenter Castor & Pollux, & les

plaça avantageusement en face de la rue qui conduit à la porte Pie ; & dans l'endroit où cette rue forme un carrefour par sa rencontre avec la rue *Felice*, il éleva quatre fontaines ornées de fleuves & de naïades qui versent l'eau de leurs urnes.

Notre artiste répara ensuite les colonnes Trajane & Antonine, construisit près du pont Sixte l'hôpital des mendians, & donna le dessin de la porte de la Chancellerie. Pour entrer dans les vues du pape qui vouloit établir une manufacture de lainage au Colisée, il imagina un plan conforme à celui de l'ancien amphithéâtre, avec quatre portes aux extrémités, & autant d'escaliers. Au milieu de la cour devoit être une fontaine entourée de galeries, derrière lesquelles on auroit pratiqué des magasins & des logemens pour les ouvriers. Le terrein étoit à peine aplani, lorsque la mort du pape interrompit cet ouvrage.

Fontana conduisit vers ce temps à Rome de l'eau qui manquoit au Quirinal, devenu le séjour des pontifes Romains. Cette eau nommée *Felice*, vient d'une montagne éloignée de la capitale de quinze milles, sort d'un roc percé dans la longueur de plus de deux milles, &

coule dans un aqueduc qui en a vingt-deux, à cause des détours nécessaires pour éviter les montagnes & les vallées. Ses arcades ont dans quelques endroits soixante-dix palmes de haut sur douze de large, disparoissent l'espace de six milles, & sont hors de terre dans la longueur de quinze milles. La fontaine de l'eau *Felice* à la place de *Termini*, a une décoration soutenue de quatre colonnes corinthiennes formant trois arcades, avec quatre lions de marbre couchés sur les bases & jetant de l'eau : la niche du milieu est ornée d'une figure colossale de Moïse qui avec sa verge semble (4) faire sortir cette eau du rocher : sur les côtés deux bas-reliefs de marbre représentent (5) les Israélites se désaltérant dans le désert, & Gédéon (6) qui choisit ses soldats au bord d'une rivière où ils boivent.

Notre artiste étoit occupé de la construction d'un pont à quatre arches dans le *Borghetto*, pour la communication de Rome avec Lorette, la Marche & la Romagne, lorsque l'envie &

(4) Par Prospero Bresciano.
(5) Par J. B. della Porta.
(6) Par Flaminio Vacca.

la jalousie, comme de concert, vinrent interrompre ses travaux. On prétendit qu'il avoit
fait des profits immenses dans ses entreprises,
& qu'il devoit rendre compte des sommes que
les papes lui avoient-fournies. Clément VII
prêta l'oreille à ces propos, & lui ôta l'emploi
de son Architecte. Le viceroi de Naples profita de cette disgrace pour engager notre artiste à se fixer dans cette capitale, & lui donna
le titre d'Architecte du roi des deux Siciles, &
de premier Ingénieur de ces royaumes. Fontana s'y rendit en 1592, & s'y maria. Son premier ouvrage fut de remédier aux inondations
des eaux pluviales qui faisoient de grands ravages dans la terre de labour, au territoire de
Nole : il fit creuser trois canaux, & rétablir
l'ancien appelé Clanio ou Lagno; il amena les
eaux de Sarno à la tour de la Nunziata, pour la
commodité des meûniers de Naples.

Sous le comte d'Olivarès, successeur du viceroi,
Fontana commença le beau chemin de Chiaja le
long de la mer, & l'orna d'une fontaine. Il re-
dressa la rue de Sainte-Lucie qui va au boule-
vart d'Alcala, aplanit la place du château,
& y transporta la fontaine qui étoit à celle de
l'*incoronata*. Par ses soins furent faites les châsses

avec les statues qu'on voit à l'archevêché. Elles représentent Charlemagne, Charles Martel, & Clémence sa femme. Celles de S. André à l'archevêché d'Amalfi, & de S. Matthieu à l'archevêché de Salerne, sont aussi de lui, avec une chapelle souterraine où l'on descend par une rampe double, pour visiter les reliques de ces apôtres. Ces ouvrages sont dus à la magnificence de Philippe II, roi d'Espagne.

Le monument le plus considérable qu'ait fait notre artiste à Naples, est le palais du roi, élevé sous la viceroyauté du comte de Lemos. Cet édifice a trois ordres d'Architecture, le dorique, l'ionique & le composite. Les arcades du rez-de-chaussée s'élèvent à la hauteur de la corniche, sur laquelle portent des balcons saillans. On entre dans ce palais par trois portes; la principale, décorée de quatre colonnes de granit, doriques & isolées, entre dans la grande cour; les autres, qui n'ont que deux colonnes du même ordre, conduisent à des cours d'une moindre étendue. Depuis Fontana, les vicerois ont fait des changemens considérables, soit dans l'extérieur, soit dans l'intérieur de ce palais, sans s'assujettir au plan du premier Architecte.

Le dernier ouvrage de notre artiste fut le plan

d'un port qui devoit être conſtruit à Naples, à commencer de la tour de Saint-Vincent, comme de l'endroit le plus convenable à la sûreté des vaiſſeaux. Ce projet ſi utile n'eut point alors ſon entière exécution ; il ne fut achevé que ſous Pierre d'Arragon, par François Picchiati, ſon Architecte, qui ſuivit le deſſin de Fontana. Celui-ci mourut à Naples, en 1607 ; âgé de 64 ans. Son fils Jules-Céſar, à qui il laiſſa de grands biens & ſa place d'Architecte du roi, lui fit ériger un beau mauſolée dans l'égliſe de Sainte Anne, qui appartient à la nation Lombarde.

VINCENT SCAMOZZI(1).

Dominique (2) Scamozzi, père de l'artiſte, dont nous allons parler, étoit Archi-

---

(1) *Tommaſo Temanza*

(2) Il mourut en 1582 âgé de cinquante-ſix ans. François Franceſchi imprima à Veniſe, en 1584, ſix livres ſur l'Architecture, compoſés par Serlio, avec beaucoup de notes que Dominique Scamozzi avoit faites pour ſa propre inſtruction.

recte, & d'une honnête famille de Vicence. Il
eut, en 1552, un fils nommé Vincent, fait
pour illuftrer fon nom, fa patrie & l'Italie. Il
lui fit étudier les belles-lettres d'abord à Vicence,
enfuite à Venife, & voulut être fon maître de
deffin & d'Architecture. Sous fes yeux, les talens de Vincent fe développèrent dès fa tendre
jeuneffe, pour une profeffion auffi noble. A
peine âgé de dix-fept ans, il imagina le deffin
du palais des comtés Alexandre & Camille Godi,
deffin qui fut très-goûté quoiqu'inexécuté. On
y remarqua beaucoup de régularité & de fymmétrie, malgré la forme bizarre de fon emplacement. Il fit de plus, à cet âge, un plan pour
le comte Léonard Verlati, d'après lequel il
rendit, auffi belle que commode, une maifon
de campagne bâtie à Verla près de Vicence.
Les différens ouvrages que plufieurs feigneurs
de cette ville lui confièrent, firent briller ce
goût & cette richeffe d'imagination qui carac-
térifent la jeuneffe.

Quelques artiftes diftingués élevoient alors à
Venife des édifices confidérables. Scamozzi s'y
rendit par le confeil de fon père; fon intention
étoit d'y étudier leur manière. Il ne négligea
pas les occafions de fréquenter Palladio, & de

nourrir fon goût par des réflexions fur les ouvrages de cet illuftre artifte. Du moins, fa manière affez femblable à celle de Palladio le fait
préfumer ; mais leurs humeurs oppofées le pri-
vèrent des avantages que qu'il auroit trouvés dans
fa confiance & fon amitié.

La réputation de Scamozzi croiffoit tous les
jours ; les occafions de fe diftinguer fe multiplioient : une des premières fut la réparation
de l'églife de S. Sauveur à Venife ; cette églife
étoit tellement fombre & obfcure, qu'on ne
pouvoit fe difpenfer de l'éclairer. Confulté par
les chanoines en 1569 , Scamozzi leur confeilla de pratiquer une lanterne au milieu de
chaque coupole ; expédient ingénieux qui, fans
altérer la fimplicité majeftueufe de l'églife, lui
procura un jour auffi defiré que néceffaire. Quel
dommage qu'un incendie , arrivé en 1741 , ait
abfolument effacé les traces des talens de notre
Architecte !

L'honneur eft un puiffant aiguillon. Lorfqu'il
parle au cœur d'un jeune homme , il l'éloigne
des plaifirs , & le fait marcher avec ardeur dans
des fentiers épineux. Animé par l'honneur,
Scamozzi fe livra à la lecture de Vitruve & des
meilleurs auteurs , non-feulement de ceux qui

ont écrit sur l'Architecture , mais même des historiens Grecs & Latins. Son esprit, ainsi cultivé, acquit des connoissances dans le goût & la manière de bâtir de ces peuples. Enfin , Scamozzi s'attacha à l'étude de la perspective, dont il écrivit à l'âge de vingt-deux ans, un traité divisé en six livres; il y parle fort au long des théâtres & des décorations: en divers endroits de ses ouvrages, il rappelle les travaux de sa première jeunesse , & il le fait toujours avec une sorte de confiance & de complaisance. Au milieu de ces occupations , il dessina un palais pour le comte François Triffino , qu'on devoit élever à Vicence , & qui ne fut commencé que quelques années après , durant son séjour à Rome.

Scamozzi ne fut pas plutôt arrivé en cette ville, qu'il se fit conduire au capitole, & descendit ensuite vers le *campo Vaccino*. A la vue des antiquités de Rome , précieux débris de sa grandeur éclipsée , il resta dans un tel degré d'étonnement, qu'on l'aperçut quelque temps plongé comme dans l'ivresse , & ne se soutenant que sur un pied.

On juge aisément quelles idées agréables occupèrent son esprit toute la nuit. Scamozzi se trouvoit au comble de ſes deſirs ; placé dans un champ fertile & vaſte, quelle jouiſſance pour un artiſte ! quel aliment pour ſon génie ! Il s'attacha à connoître tous les anciens ouvrages de Rome, à les deſſiner & à les meſurer avec la plus grande préciſion ; dix-ſept mois furent conſtamment employés à cette étude. Il nous apprend qu'il comprit alors pour la première fois la vérité de cette penſée.

Roma quanta fuit, ipſa ruiná docet.

Des hommes diſtingués dans l'Architecture travailloient en ce temps-là à relever le grand obeliſque du Vatican. Scamozzi fut très-attentif à examiner leurs plans & les machines propoſées pour cette entrepriſe. Cet examen lui fut fort utile, en ce qu'il ſe livra à l'étude des mathématiques ſous le célèbre P. Clavio. Bientôt après il partit pour Naples au mois de Mai 1581. Son voyage fut moins une route pénible, qu'une longue promenade, parce que tous les débris de l'antiquité qui s'offrirent à lui, devinrent les objets de ſes obſervations. Après deux ans employés, ſoit à l'étude des mathématiques, ſoit au deſſin de l'antique, il ſe retira dans ſa patrie.

L iv

Mais Vicence n'étoit pas capable de l'élever
à ce degré de réputation que fembloient lui pro-
mettre fes connoiffances ; il préféra le féjour
de Venife, ville riche & puiffante. A peine y
fut-il établi, qu'on l'engagea à joindre des explications détaillées aux vues des antiquités Romaines & Napolitaines publiées en 1565. Notre
artifte, charmé d'avoir une occafion de fe faire
connoître, compofa un traité divifé en qua-
rante-trois chapitres ; les trois premiers traitoient des bâtimens de Rome & de la topogra-
phie de cette ville, & les autres étoient l'explication des quarante planches anciennement
gravées par Pittoni. Cet ouvrage parut à Venife
en 1583. Le nom de l'auteur le rendit alors
précieux ; & fa rareté le fait encore rechercher.

La célébrité de Scamozzi étoit telle à Venife,
qu'aucun artifte ne pouvoit lui difputer le pas,
Palladio étant mort depuis deux ans ; auffi eut-
il l'honneur d'être choifi pour conftruire un tombeau au doge Nicolas de Ponte, dans l'églife de
la Charité. Sur une plinthe qui fert de bafe à tout
l'ouvrage, s'élève un ordre compofite de quatre
colonnes cannelées ; dans l'entre-colonnement
du milieu, eft une belle arcade avec une urne à

l'antique , au-deſſus de laquelle paroît le buſte
du doge , ſculpté par Vittoria. Les deux autres
entre-colonnemens reçoivent des niches ornées
de ſtatues , qui rendent l'ouvrage riche & majeſtueux. Un attique , avec des figures délicatement travaillées , termine ce monument exécuté en pierre d'Iſtrie , & d'une compoſition
noble & magnifique , au jugement de tous les
connoiſſeurs.

Lorſque le tombeau du doge fut achevé ,
on confia à Scamozzi la direction d'un muſée
qui devoit occuper le veſtibule de la bibliothèque de S. Marc, & celle de ce bâtiment vers
le grand canal de S. Georges, avec les nouvelles
procuraties ſur la place. Elles avoient été commencées par Sanſovin ; plus de douze ans
s'étoient écoulés depuis ſa mort, ſans qu'on y
eût travaillé. Scamozzi , chargé de les achever,
ſuivit le plan de ſon prédéceſſeur : ſon architecture eſt formée des trois ordres Grecs, élevés l'un ſur l'autre ; les portes & les fenêtres
ſont ornées de ſculptures ſaillantes. On doit
de plus à notre artiſte , un beau veſtibule qui
ſe voit à l'entrée de la monnoie , lequel eſt décoré de ſtatues coloſſales.

Le paſſage de Marie d'Autriche, par la ville

de Vicence, ne tarda pas à y rappeler notre
artiste. Les députés, nommés pour recevoir
cette princesse, imaginèrent de faire représenter, sur le nouveau théâtre olimpique,
l'Œdipe de Sophocle, traduit en Italien par le
célèbre Giustiniani. Ce théâtre, construit dans
le goût antique, avec une scène fixe, des gradins & une galerie pour les spectateurs, n'étoit
point achevé quant à sa partie intérieure. Palladio, mort peu de temps après l'avoir commencé, n'avoit pas laissé tous les plans nécessaires pour le finir ; son fils Silla, sur qui on
avoit jeté les yeux, étoit privé des connoif-
sances qu'exige une telle entreprise. Scamozzi,
très-instruit de la théorie de la perspective, fut
seul jugé capable de satisfaire l'attente du public. Il plaça donc sur le théâtre, au lieu de
toiles peintes selon l'usage, un bas-relief en
face des spectateurs, & sur les côtés des édifices publics & des maisons particulières, convenables également à la tragédie & à la comédie. Les colonnes, & autres membres d'architecture, furent peints d'une couleur semblable à celle de pierres précieuses ; cette méthode étoit absolument nouvelle. La place &
la disposition des lumières, qui n'étoient point

aperçues , attirèrent aussi son attention. Cette
partie du théâtre subsiste encore , & n'est pas
moins un objet d'admiration que la salle. Scamozzi avoit de plus élevé, en différens endroits
de la ville , des arcs de triomphe , des perspectives , & des décorations, pour rendre le séjour
de Vicence agréable à la princesse , qui agréa
les témoignages de joie que lui donna la ville,
& combla d'éloges notre Architecte.

Après le départ de Marie d'Autriche , Scamozzi retourna à Venise, occupé de mettre la
dernière main à l'édifice contigu à la bibliothèque qui est près de la monnoie. Il fit construire dans le palais ducal , le salon en face
du collège , dont la porte majestueuse est accompagnée de superbes colonnes de marbre. Ses
soins s'étendoient jusqu'aux plus petits détails,
tant il avoit à cœur d'atteindre en tout à la perfection. L'autel de la chapelle ducale du palais ,
voisine du collège , fut aussi son ouvrage : on y
plaça une figure de la vierge en marbre , entourée de petits anges , faite par Sansovin.

L'estime générale qu'avoit acquise à Scamozzi la scène du théâtre olimpique , détermina le duc Vespasien de Gonzague à le mander
à Sabbonietta en 1588, pour y construire un

théâtre semblable à celui de Vicence. Notre artiste tarda peu à s'y rendre; son plan ne lui coûta que huit jours. Le duc lui marqua son contentement par le don d'un colier, eut toujours pour lui beaucoup d'estime, & le prit sous sa protection.

Il paroît, par le plan de cet édifice qui n'existe plus, que la partie la plus digne d'admiration étoit la scène. Suivant la disposition des édifices, l'avant-scène représentoit une place où trois rues aboutissoient; une grande au milieu, & deux petites sur les côtés; pratique bien opposée au sentiment de ceux qui prétendent que l'avant-scène, chez les anciens, offroit l'idée d'une grande salle & des autres parties intérieures d'une maison ou d'un palais. La galerie en demi-cintre, placée sur les gradins vis-à-vis la scène, avoit onze entre-colonnemens, compris deux qui étoient fermés & ornés de niches aux extrémités, comme ceux de Vicence. Les colonnes, d'ordre Corinthien, portoient des statues; les gradins étoient destinés aux cavaliers, & la galerie aux dames. Tel est le fruit que l'habile Architecte tire de l'étude des anciens auteurs & des observations sur l'antiquité. Il est certain que la disposition des théâtres Grecs &

Romains étoit abfolument la même ; leurs Architectes s'interdifoient également la variété de
formes, furtout dans l'intérieur & les goûts
étrangers & inconnus. Chez les modernes, la
véritable forme des théâtres eft encore indéterminée, & le fera tant que l'Architecte ne cher-
chera pas uniquement le beau & la perfection
dans l'unité & dans la fimplicité, fuivant le
précepte d'un poëte :

Deniquè fit quodvis fimplex duntaxat & unum.

Scamozzi étoit alors intimement lié avec le
fénateur Pierre Duodo, homme refpectable par
les grands fervices qu'il avoit rendus à la république de Venife, & par un goût fûr & éclairé
pour les beaux arts. Ce fénateur fut chargé, en
1588, d'aller féliciter, au nom de la république, Sigifmond récemment élevé fur le trône
de Pologne. Il voulut emmener notre artifte
pour le mettre à portée d'obferver le goût de
diverfes nations dans l'art de bâtir ; Scamozzi
fut enchanté d'une fi belle occafion d'acquérir
de nouvelles connoiffances, de voir différens
princes, & de s'entretenir avec des gens inf-
truits, tels qu'il en trouva dans plufieurs cours
d'Allemagne. Durant ce voyage, il médita le

projet d'un palais qui fut enfuite conftruit à Venife pour le fénateur Duodo ; & qui eft aujourd'hui occupé par fa famille. Scamozzi y a réuni un goût très-fimple, à beaucoup de dignité & de majefté. Il eft même étonnant qu'un efpace très-étroit ait permis d'exécuter un plan auffi noble. Dans le même temps ; il en deffina un autre pour le cardinal Cornaro, qui devoit être placé près du grand canal. Nous en avons le plan & la defcription ; mais il ne fut point exécuté. On cite encore, comme la plus belle maifon de ce temps-là, le palais qu'il dirigea à Poiziol, près de Caftel-Franco, pour le procurateur Jean Cornaro ; & un autre deftiné à Jérôme Contarini, dans le territoire de Padoue.

Toutes ces occupations ne ralentiffoient point l'exécution des ouvrages publics, entrepris à Venife d'après fes deffins. Le veftibule de la bibliothèque de S. Marc étoit, comme on l'a dit, deftiné à un mufée qui devoit renfermer les ftatues, les bas-reliefs, & les buftes antiques que le cardinal & le patriarche Grimani avoient donnés à la république. L'exécution en fut confiée à Scamozzi. Ce veftibule étoit difpofé de manière, qu'il y avoit une porte à

chaque extrémité, & trois fenêtres de chaque
côté. Celles qui donnent fur la place répondent,
comme celles de la bibliothèque, au fecond
ordre de ce bel édifice, & les trois autres oppofées font face à la monnoie. Sur un foubaffement continu, s'élèvent des pilaftres corinthiens formant trois entre-colonnemens fur les
grandes faces, au milieu defquels il pratiqua
une niche avec deux colonnes ioniques & un
fronton. Chaque niche eft furmontée d'une
grande arcade qui répond à l'ouverture des fenêtres dont j'ai parlé. Sur les côtés & au-deffus,
on remarque des niches à la grecque, c'eft-à-
dire carrées, où font placées les petites pièces
d'antiquités. La divifion des deux faces plus
étroites, diffère un peu des premières, attendu
la pofition des portes qui ne répondent pas
exactement au milieu ; mais l'ordonnance en
eft exécutée avec tant d'art & de génie, que
peu de gens, même parmi les connoiffeurs,
s'en aperçoivent. La largeur de cette falle eft
divifée en trois parties, par deux cloifons, &
cette divifion paroît fi convenable à l'ufage
d'un mufée, qu'il femble prefque impoffible
qu'un nombre auffi confidérable de bas-reliefs,
de buftes, de ftatues, de vafes & d'infcrip-

tions, soit renfermé avec autant de régularité que de symmétrie, dans un vaisseau peu fait en apparence pour les contenir.

Au milieu de ces occupations & d'autres non moins sérieuses, Scamozzi travailloit en 1591, à la révision des écrits qu'il avoit composés étant jeune, dans le dessein de publier un cours complet d'architecture divisé en douze livres. Il y joignit la partie qu'on nomme militaire; l'essai qu'en renferme le second livre, prouve qu'il l'entendoit parfaitement. Ce travail l'occupa deux ans. Un de ses amis lui demandoit un jour comment il avoit pu donner des règles d'architecture ; c'est répondit - il , *en obser- vant les fautes dans lesquelles les autres sont tombés.*

L'ordre des Théatins qui commençoit à s'éta- blir dans l'état Vénitien , forma le projet de bâtir à Venise & à Padoue, une église & un couvent. Cette entreprise fut donnée à Sca- mozzi , sur sa seule réputation. La première église élevée à Venise en l'honneur de S. Ni- colas Tolentin , a la forme d'une croix latine, avec une grande chapelle vis-à-vis de l'entrée. Derrière est le chœur, & sur les côtés sont pla- cées les sacristies. Aux extrémités de la croisée

devoient

devoient être des tribunes de figure ronde. Du centre de la croix s'élève un dôme majestueux. La décoration intérieure consiste dans un bel ordre corinthien, qui soutient une voûte en plein cintre. La largeur de la nef, entre les pilastres, est de quarante-un pieds, & la longueur, depuis la porte principale jusqu'à la grande chapelle, est de cent vingt-trois pieds, c'est-à-dire que la longueur a le triple de la largeur. La hauteur du pavé à la voûte, est de soixante-un pieds & demi, & répond parfaitement à la moyenne proportionelle harmonique de la longueur & de la largeur de ce temple. Comme il ne fut point élevé sous la conduite de Scamozzi, il ne faut pas être étonné qu'on y ait fait des changemens, & qu'il s'y soit glissé quelques erreurs ; la base des pilastres, par exemple, qui devroit être attique, est toscane, & le portail qu'avoit dessiné notre artiste, n'a point été exécuté.

Peu d'années après fut commencée l'église des Théatins à Padoue, sous l'invocation des apôtres S. Simon & S. Jude. Elle a la forme d'un quadrilatère, dont les angles sont de biais, avec deux chapelles sur les côtés, & une principale vis-à-vis de la grande porte ; il y règne un ordre

Tome I. M

compofite très-élégant. Le portail eft du même
ordre, & fort noble, avec une belle porte accompagnée de deux plus petites.

Scamozzi nous apprend que cette églife fut
bâtie fur un terrein formé des ruines d'anciens
édifices détruits, foit dans les pillages, foit
dans les incendies de Padoue, & élevé fur le
fol vierge, à près de vingt-cinq pieds. Il imagina de fonder des piliers de diftance en diftance, au milieu de ces décombres, & de les
unir par des arcades folides, deftinées à porter
l'églife. Cet ouvrage, commencé en 1594, fut
fuivi de la conftruction du couvent des Théatins. Dans ce même temps il donna les plans
des églifes & des monaftères de tous les Saints
& de S. Michel d'Eft ; ouvrages pleins de défauts, parce qu'ils ne furent pas toujours exécutés fous fes yeux. Pour en jeter les fondemens, il fit creufer des foffés jufqu'à la terre
ferme, & élever un mur de deux pieds, fur
lequel il plaça des piliers ifolés, & établit enfuite des arcades de l'un à l'autre, élevées à la
fuperficie du terrein. Les vides laiffés fous
terre, par ces arcades, furent fermés par des
murs, & forment des caves. Ces pratiques
peuvent faire juger de fa grande expérience,

& fes ouvrages prouvent fa fcience dans l'architecture.

Il fuffit de voir le magnifique palais élevé
pour le comte Galeazzo-Trento fur la grande
rue de Vicence, dont il fait un des principaux
ornemens. On remarque au premier, une galerie majeftueufe, décorée d'un portique de onze
entre-colonnemens d'ordre ionique. Le fecond,
qui eft corinthien, comprend deux étages nobles
& réguliers. La diftribution intérieure n'eft pas
moins avantageufe que commode. Quoique
l'édifice deffiné par Scamozzi, en 1594, pour
Valerio Bardellini, & qui devoit être élevé à
Monfumo près d'Afolo, n'ait été exécuté qu'en
partie; il peut piquer la curiofité des amateurs,
& les engager à en voir les deffins publiés dans
fon ouvrage, parmi les édifices de la campagne.

Nous avons vu que Scamozzi avoit achevé
les bâtimens vis-à-vis le palais ducal à Venife.
Il penfa enfuite à les continuer fur la grande
place, jufqu'à S. Geminien. En 1584, il fit
donc un modèle en bois, plus grand & plus
détaillé, qui offroit non-feulement les nouvelles
habitations des (3) procurateurs, mais les deux

_____

(3) Ces procurateurs de Saint Marc ont la première

places, les églises de S. Marc & de S. Geminien, les anciennes procuraties, le palais ducal,
& tout le côté jusqu'aux magasins de Terre-
Neuve. On résolut ensuite de tenir une assemblée devant le doge Grimani; les membres du
collège, & les procurateurs, y introduisirent
Scamozzi, qui leur montra dans un grand détail, les plus petites parties de ce modèle. Il
répondit d'une manière si satisfaisante à toutes
les objections qu'on lui fit, que l'exécution en
fut résolue.

Chaque maison des procurateurs, est un palais aussi vaste que commode, & toutes ensemble forment un seul édifice, qui s'étend
depuis le coin de la bibliothèque de S. Marc,
jusqu'à l'angle de la galerie vers l'ascension, &
depuis cet endroit, jusqu'à l'église de S. Geminien. Ces maisons doivent être au nombre de
neuf, à cause d'un égal nombre des procurateurs de S. Marc. Sansovin, premier Architecte de ce magnifique bâtiment sur la petite

dignité après celle du doge. Ils sont obligés par une loi
de la république, aussi ancienne que sage, de demeurer
sur la place près le palais Ducal, afin d'être plus à portée
de s'occuper des soins du gouvernement.

place, avoit indiqué à son successeur l'ordonnance d'architecture qu'il devoit suivre. Néanmoins, par des considérations particulières, il
fut décidé que l'ordre corinthien seroit ajouté
aux ordres dorique & ionique. Il en est résulté,
dans la réunion de ces deux parties du bâtiment, une irrégularité dont l'œil des connoisseurs est choqué. Scamozzi qui l'avoit prévue,
tâcha de la sauver, sans altérer les proportions
de son ordre, en faisant une corniche archi-
travée, dont il retrancha la frise, & dont il
agrandit & multiplia les membres. Tel fut le
premier exemple d'une licence qui n'a depuis
été que trop souvent imitée.

Des travaux publics, passons aux ouvrages
particuliers. La manie d'avoir de belles maisons
à la ville & à la campagne, avoit tellement
gagné toutes les classes de citoyens, qu'ils s'étu-
dioient à l'envi, à y réunir le plus d'agrément
& de magnificence. Scamozzi n'avoit d'autre
occupation, que de faire des dessins & des modèles aussi variés que les goûts. On cite, parmi
ces deniers, le plan d'un palais commode & superbe, pour Nicolas Molino, à deux milles
de Padoue, décoré d'une galerie majestueuse
d'ordre ionique de cinq entre-colonnemens; un

autre pour Jérôme Ferretti, sur la droite de la
Brienta, & celui du palais du procurateur Priuli,
situé dans la rue de Sainte-Sophie de Padoue,
& qui orne cette ville magnifique.

La multiplicité des ouvrages confiés à Scamozzi est telle, qu'on a peine à croire qu'un
seul homme ait pu y suffire. Il trouvoit des ressources dans une grande envie d'obliger, un
zèle infatigable, & beaucoup d'amour pour la
gloire. Il auroit voulu remplir, pour ainsi dire,
l'Europe de ses ouvrages; défaut trop commun
aux Architectes, dont la réputation dépend
moins du nombre, que de la composition &
de l'exécution de leurs entreprises. Sa passion
principale étoit de donner un traité complet
d'architecture, qui immortalisât son nom. Il
ne se proposoit rien moins, que de rassembler
chez les étrangers des connoissances, des observations, & des remarques. Ses liaisons avec
les sénateurs, l'avoient mis à portée de les accompagner dans leurs ambassades, de parcourir
agréablement, & sans dépenses, des pays étrangers, & de rapporter dans sa patrie des connoissances rares & utiles.

Il nous apprend qu'il avoit été quatre fois à
Rome, & plus souvent à Naples. Son plus long

voyage fut celui de 1599 & 1600 , parce que le sénateur Duodo devant aller à Prague en qualité d'ambassadeur extraordinaire auprès de l'empereur Rodolphe II , Scamozzi l'y suivit , & même dans la Hongrie , alors le théâtre de la guerre. De la Bohême il vint à Paris , avec les ambassadeurs. Il vit dans cette cour plusieurs princes , entre autres Emmanuel , duc de Savoie , qui l'accueillirent avec une bonté mêlée d'estime. Il logeoit chez l'ambassadeur de la république , chargé de féliciter le roi sur la paix qu'il venoit de conclure avec l'Espagne , & sur le mariage de sa sœur Catherine , avec le duc de Lorraine. De là , il passa à Nancy , pour ce dernier objet. Ce voyage dura huit mois ; Scamozzi avoit parcouru presque toute l'Europe , recueilli un grand nombre d'observations , & dessiné les machines & les édifices les plus remarquables.

Quelques années après , Scamozzi fut appelé à Florence par le seigneur Robert Strozzi , pour lui élever un palais dans une des belles situations de cette ville. Quoiqu'il soit imparfait , on voit qu'il a éprouvé dans l'exécution , des changemens considérables , à l'exception du second ordre entièrement conforme au dessin

M iv

de notre artiste. Sa santé & son bon tempérament le rendoient propre aux plus violens exer-
cices. Une réputation généralement établie dans
l'Europe , le faisoit appeler de toutes parts.
Dans son dernier voyage en Allemagne , il
avoit mérité la confiance & l'estime de l'archevêque de Saltzbourg. Ce prélat voulut que Scamozzi donnât le plan de la cathédrale qu'il vouloit faire bâtir. Ce choix , bien flatteur en lui-
même , le devenoit encore plus , en ce qu'il lui
procura l'occasion de revoir les princes qu'il
avoit connus dans ses premiers voyages , & particulièrement Maximilien, archiduc d'Autriche,
à qui il dédia un de ses livres d'architecture.
Arrivé à Saltzbourg en 1604 , il fut reçu par
l'archevêque avec les marques de la plus grande
distinction, & conféra avec lui sur son projet.
Il médita long-temps à Venise les idées nécessaires à une entreprise de cette importance,
& trois années d'études & de réflexions suffirent à peine pour les porter à la perfection.

Le plan de la cathédrale de Saltzbourg , est
une croix latine à trois nefs, avec des tribunes
cintrées aux extrémités. Un dôme s'élève au
centre de la croix , & un autre sur la plus grande
chapelle. Un vestibule noble & magnifique, ou-

vert de cinq arcades fur la façade, qui fe réduifent à trois dans fon intérieur, eft enrichi
d'ornemens, d'accord avec ceux des petites nefs
latérales. La longueur du temple, y compris
les murs, eft de quatre cents pieds, & la largeur fur la croix eft de deux cents quatre-vingt-
dix pieds vénitiens. Un ordre compofite de colonnes accouplées, eft couronné d'une belle baluftrade continuée tout autour, dans l'intérieur
& dans l'extérieur, fuivant la plus exacte proportion. La hauteur, depuis le pavé jufqu'à la
voûte, eft de quatre-vingt feize pieds; la grande
nef en a près de cinquante-fept de large, & fa
longueur eft de trois cents treize pieds. Les petites nefs n'excèdent pas la hauteur des colonnes; Scamozzi en profita, pour pratiquer
une nef fupérieure avec de petites fenêtres qui
répondent aux arcades inférieures, à l'ufage des
perfonnes dévotes qui voudroient être féparées
du peuple. On admire dans ce temple, l'unité
& la variété de la compofition, l'ordre & la
correfpondance des parties, la fimplicité & la
majefté. Un édifice de cette importance fut
achevé dans le cours de vingt ans; il fuffit feul
pour faire regarder fon auteur, comme un fublime Architecte.

Le sénateur Daodo, dont nous avons parlé plus haut, nommé ambassadeur auprès de Paul V, ayant heureusement terminé l'affaire de l'interdit, obtint du S. Père des indulgences, en faveur du dessein qu'il avoit formé d'élever sept petites chapelles sur sa colline de Monselice, à neuf milles de Padoue. Il se proposoit d'imiter les sept basiliques de Rome, & de faciliter aux fidèles, qui ne pouvoient entreprendre un si long voyage, le moyen de profiter de ces indulgences. Scamozzi, chargé de ce plan, plaça la chapelle principale vers le milieu de la colline, sur une plate-forme. C'est une rotonde divisée en huit arcades, dont quatre renferment l'autel & les portes; les autres forment autant de niches. Une agréable coupole termine cet ouvrage qui, quoique d'un petit diamètre, est cependant digne d'éloge. Les six autres chapelles placées sur le penchant de la colline, ont chacune un autel & trois portes. La même symmétrie y est observée, à la différence des ordres indifféremment employés, tels que le toscan, l'ionique, le composite & le corinthien. Il est douteux qu'elles soient de notre Architecte, quoique la principale chapelle lui appartienne.

Vicence, sa patrie, possédoit plusieurs édifices particuliers dûs à son génie ; mais elle n'en offroit aucun à l'usage du public. Les principaux citoyens de cette ville, frappés de cette réflexion, demandèrent des plans. Parmi plusieurs projets proposés, ils s'arrêtèrent unanimement à celui de reconstruire l'ancien palais prétorien. L'intention étoit de placer plus avantageusement les salles du conseil & du consulat, & de procurer un logement plus commode au préteur & à sa cour. Scamozzi, mandé à Vicence, se hâta de s'y rendre, c'étoit en 1610, & de faire le plan du bâtiment projeté. Ce plan est de forme carrée ; sa façade principale, longue de cent soixante-cinq pieds, donne au levant, sur la place au blé ; celle de derrière regarde d'un côté, le palais de la justice, & de l'autre, la place aux herbes. La face droite, tournée au midi, a cent trente-sept pieds de long, & est sur la principale rue ; la gauche au nord, regarde la grande place. Le premier étage est dorique, & le second ionique. Scamozzi commença cet ouvrage qui, suivant une note écrite de sa main, ne lui procura point toute la satisfaction qu'il en attendoit. C'est le sort de tous les grands hommes. Ils ont, ainsi que les gens

de lettres, (4) une singulière deftinée, d'être
déchirés de leur vivant, & trop loués après leur
mort.

De retour à Venife, il s'occupa uniquement
à continuer fes ouvrages, foit dans la capitale,
foit dans les villes & fauxbourgs de la Terre-
ferme. Le grand bâtiment des procurateurs,
fur la place de S. Marc, fut un de ceux qu'il
eut le plus à cœur de finir. Il y mit tant d'activité, que dans le mois de Novembre 1611,
une des quatre maifons fut en état d'être ha-
bitée. Quoique la quatrième joigne la douzième
arcade, il paroît que Scamozzi n'en éleva que
dix : le refte de l'ouvrage fut abandonné à des
ouvriers praticiens, plutôt qu'à des Architectes
de nom.

Notre artifte ne penfa plus qu'à fes travaux
littéraires. Il avoit, comme je l'ai dit, commencé fon ouvrage en 1591, & l'avoit achevé
en 1607. Epuifé par une étude continuelle, par
les fatigues de fa profeffion, & furtout par fes
fréquens voyages, il fe preffa de publier avant
fa mort, arrivée en 1616, fix livres fur fon
art, au lieu de dix qu'il avoit promis, fous le

titre faſtueux d'*Architecture univerſelle*. On ne
peut cependant douter qu'il n'ait écrit, ou du
moins ébauché les autres, puiſqu'il cite à la
marge de ſon ouvrage, des livres & des chapitres que nous n'avons point : il eſt triſte que
nous en ſoyons privés. Le plus eſtimé de ceux
qu'il a publiés, eſt le ſixième qui traite des
cinq ordres d'architecture. Nous avons une édition de ſes œuvres *in*-fol. de 1736 ; elle comprend huit livres, dont une partie a été traduite
en françois, par Charles Daviler, & le reſte
par Samuel du Ry.

On reconnoît dans ce qu'il a écrit, un jugement ſolide & une expérience conſommée. Ses
principes ſont fondés ſur ceux de Vitruve, &
ſur les exemples des plus excellens édifices de
l'antiquité. A l'égard de l'érudition affectée
qu'on peut critiquer dans ſon livre, c'étoit le
goût d'écrire de ſon temps, & ſurtout des Italiens fort attachés à ces citations. Sa manière
de profiler eſt géométrique ; mais les figures
employées pour décrire ſes moulures ſont monotones, & privées des graces du deſſin, ce qui
a fait attribuer à Scamozzi une manière ſeche.
Sa méthode eſt de ſe ſervir du diamètre inférieur de la colonne, diviſée en ſoixante par-

ries, comme a fait Palladio; & pour le détail
de ses moulures, d'employer un dénominateur,
c'est-à-dire, de choisir un membre dont la grandeur règle la hauteur en la multipliant pour les
plus grandes, & la subdivisant pour les plus
petites. Nul Architecte n'a donné, comme lui,
autant de délicatesse à tous les ordres; il les a
aussi enrichis d'un grand nombre d'ornemens
nouveaux. Il a introduit pour chapiteau ionique,
la partie supérieure du composite, à l'imitation
de celui du temple de la concorde, dont les
quatre faces sont pareilles. L'ordre toscan, selon
lui, a huit modules; le dorique, qui tient de
la nature d'un Hercule, doit être fort, & avoir
huit modules; l'ordre ionique, huit & trois
quarts; le composite, plus solide que le corinthien, neuf modules trois quarts, & le corinthien dix modules, comme le plus délicat,
& celui dont les proportions doivent avoir du
rapport avec celles d'une jeune fille.

Les talens de Scamozzi égaloient sa réputation : ses productions sont simples, correctes &
majestueuses. Il avoit beaucoup de génie, &
dessinoit très-bien au bistre, suivant l'usage de
son temps. Dans tout, il faisoit paroître une
activité & une diligence qui lui méritèrent l'es-

 time des princes & des grands feigneurs. Ses
talens ne doivent point au refte nous aveugler
fur fes défauts ; il étoit vain, plein de lui-
même, enflé & orgueilleux : tel eft le portrait
qu'on peut s'en faire d'après la lecture de fon
ouvrage. Outre ceux dont j'ai parlé, il en donna
un fur les antiquités de Rome, & une differtation fur les *Scamilli impares* de Vitruve, qui ne
font point parvenus jufqu'à nous. Il inféra, dans
fon grand ouvrage, une defcription de la maifon de campagne de Pline le conful, dite *le
Laurentin*, tirée d'une lettre de Pline le jeune.

CHARLES MADERNE (1).

Né en 1556 à Biffone, dans le territoire de
Côme en Lombardie, cet Architecte quitta fa
patrie fort jeune, pour fe rendre à Rome auprès du cavalier Fontana, fon oncle, qui y étoit
très-employé. L'étude du deffin l'occupa durant
un an, & fon génie paroiffant le porter à la
fculpture, le père le plaça chez un fculpteur.

(1) *Pafcoli. Baglione.*

Dans cette école, fans négliger le deffin, Maderne commença à modeler & à travailler d'après
nature. Sur la rapidité de fes progrès, Fontana
le jugea capable d'entreprendre feul des ouvrages de ftuc, & tarda peu à l'affocier aux
entreprifes que le pape Sixte V lui confioit. Le
travail affidu du jeune homme, & fes deffins
d'architecture, le déterminèrent à fe fixer à cet
art, foit qu'il cédât à l'impulfion du génie, foit
qu'il cherchât à fe conformer aux intentions de
fon oncle. Celui-ci étoit alors occupé à élever
les obélifques dont nous avons parlé à fon article; le neveu formé par fes leçons & fon
exemple, devint lui-même capable de diriger
de femblables entreprifes, & des édifices plus
importans. Ses fuccès furent tels, que Fontana
lui-même auroit pu les envier.

Sixte mourut dans ces entrefaites : l'ufage
vouloit qu'on lui élevât un catafalque. Fontana
chargé par le pape Alexandre d'en faire les
deffins, fe repofa entièrement de leur exécution
fur fon neveu. Cette pompe funèbre fut magnifique, & Jérôme Rainaldi, Architecte connu,
la grava.

Sous trois papes confécutifs, qui ne firent
que paroître fur le trône, les travaux reftèrent
fufpendus

suspendus jusqu'à Clément VIII. Ce pontife avoit connu Maderne, étant cardinal, ce fut une raison qui le décida à lui donner le soin de les continuer.

Une circonstance aussi heureuse fit connoître avantageusement notre artiste de plusieurs seigneurs & cardinaux, qui lui procurèrent des occupations capables d'étendre ses talens. Le cardinal Salviati, dont il acheva le palais près du collège romain, lui confia la conduite de l'église de S. Jacques des Incurables, commencée par François de Volterre : le chœur, le grand autel, & la façade de ce temple, furent élevés par Maderne, d'une manière aussi solide que majestueuse. La direction de S. Jean des Florentins lui fut ensuite donnée ; il en construisit la coupole, qui depuis a été abattue, & y pratiqua un chœur malgré la petitesse du lieu. Par ordre du cardinal Rusticucci, il éleva la belle façade de Sainte Susanne, près des thermes de Dioclétien : elle est composée de six colonnes corinthiennes, avec deux pilastres angulaires au premier ordre. Six pilastres composites forment le second, & un grand fronton leur sert d'amortissement. Maderne avoit précédemment achevé le palais de cette éminence dans le *borgo nuovo*,

Tome I.   N

près de la place de S. Pierre, & bâti devant l'église de S. Louis des François, un autre palais pour la famille Aldobrandine.

L'année 1605 fut remarquable par un événement bien honorable pour Maderne. Paul V, élevé sur le trône pontifical, voulut avoir la gloire d'achever le plus superbe monument de Rome, la Basilique de Saint Pierre. Trois des branches de la croix grecque étoient construites; la quatrième restoit à finir avec le portique. Neuf des plus habiles Architectes de Rome, de Naples & de Florence, consultés à cet égard, firent des desseins. Maderne présenta son plan; soutenu par de puissantes protections, il eut la préférence sur ses concurrens. Ce plan consistoit dans le prolongement de la branche orientale de la croix, avec trois arcades qui donnoient entrée de chaque côté, dans autant de chapelles, de sorte que la forme de la croix grecque, déterminée par Michel-Ange, se trouvoit changée en celle de croix latine. Le pape le voulut ainsi, soit pour agrandir la nef de S. Pierre, soit afin qu'on ne se trouvât pas d'abord sous la coupole en y entrant. Maderne assujettit donc ses arcades à la même proportion que Michel-Ange avoit donnée aux siennes, & porta l'ordonnance de

ſes pilaſtres à la même hauteur , ce qui plaça la
nouvelle voûte au niveau de l'ancienne. Il ajouta
deux nefs latérales , en reculant les chapelles
qu'il agrandit. On remarque que ces nefs ſont
peu proportionnées avec la grande conſtruite
par Michel-Ange , quoiqu'elles ſoient ſurmontées de petites coupoles elliptiques qui paroiſſent
les élever.

Sans attribuer à Maderne l'attique de mauvais
goût qui entoure l'égliſe de S. Pierre , attique
qui n'eſt pas de Michel-Ange , attendu que ſes
deſſins conſervés dans la bibliothèque du Vatican n'en ont point , il eſt certain que le portique & la façade appartiennent à notre artiſte.
Sa décoration conſiſte en un ſeul ordre corinthien, avec cinq portes entre deux arcades aux
extrémités , pour faire le tour de l'égliſe par
dehors. Huit colonnes corinthiennes , & autant
de pilaſtres d'une groſſeur prodigieuſe , ſoutiennent l'entablement ſurmonté d'un attique
orné de fenêtres carrées. Le fronton qui y eſt
enclavé , couronneroit plus noblement cette façade , s'il lui ſervoit d'amortiſſement , & le
portail eſt terminé par une baluſtrade qui ſup-
porte les figures de notre ſeigneur & des apôtres.

On voit bien que ce fronton a été fait à deſ-

N ij

sein de ne point trop cacher le dôme, dont on ne découvre de la place que la moitié des fenêtres. En général, cette composition n'a point assez de jeu. Celle de S. Paul à Londres est beaucoup plus magnifique. Plus élevée & décorée de deux grands ordres d'architecture, elle ne reçoit pas peu d'agrément des figures & des vases qui y sont distribués, ainsi que d'un beau fronton qui ne masque point le dôme.

On travailla avec tant d'activité aux ouvrages de S. Pierre, qu'ils furent finis en 1614. Ainsi, après cent huit ans, fut achevé un monument que le génie & la vie d'un seul homme n'auroient pu terminer. Il ne le fut pas si habilement qu'il avoit été commencé. Un accident auquel Maderne auroit dû s'attendre, vint troubler sa joie presque au moment où son ouvrage touchoit à la perfection. Ses fondemens étoient trop étroits pour un édifice aussi considérable, & portoient en partie sur un terrein mouvant, en sorte que l'extrémité méridionale du portique s'ouvrit tout-à-coup en plusieurs endroits, & menaça ruine. Afin de prévenir sa chûte inévitable, Maderne fit creuser assez près des fondations, des puits qu'on remplit de chaux & de pierres, où devoient se retirer les eaux qui

tombent dans le vallon , pour se décharger dans
le Tibre. Le terrein prit alors un peu de solidité
& le portique s'acheva ; mais la suite fit voir
que ces précautions tardives n'avoient point
détruit la cause du mal.

Après que les ouvrages du Vatican furent ter-
minés , notre artiste s'occupa de ceux du palais
pontifical sur le mont Quirinal. Cette entreprise
fut pour lui une occasion nouvelle de faire briller
ses talens , dans la chapelle , la salle , & les superbes appartemens qu'il y fit bâtir avec un
grand succès. Il est souvent plus difficile de bien
terminer les ouvrages des autres , que d'en imaginer de nouveaux.

Les réparations & les embellissemens que Maderne fit au palais Olgiati , vis-à-vis l'église des
Stigmates , à celui de la famille Borghesi à Ri-
petta , & au palais des Lodovisi , dans la place
des saints Apôtres , lui firent beaucoup d'honneur. Pour la première de ces entreprises , il eut
plus d'un concurrent auxquels il fut préféré.

On avoit trouvé , sous les ruines du temple
de la paix élevé par Vespasien , une belle colonne cannelée ; Maderne proposa au pape de
la transporter dans la place de Sainte - Marie
majeure : le pontife approuva ce dessin. Cette

colonne est actuellement sur un piédestal de
marbre, & couronnée par une figure en métal
doré de la Vierge tenant l'enfant Jésus. Le pape
qui honoroit notre Architecte d'une confiance
justement méritée, l'envoya ensuite examiner
l'état des ports de ses Etats. Cette commission
l'éloigna de Rome pendant plusieurs mois. Près
d'y revenir, il eut ordre de reconnoître la forteresse de la ville de Ferrare, & d'en lever le
plan. Le compte qu'il rendit de ses opérations
satisfit également les officiers du pape, & le
pape lui-même.

Arrivé à Rome, on lui offrit le bâtiment de
Notre-Dame de la Victoire, qu'il accepta.
Après en avoir fait différens desseins, ses fondemens tardèrent peu à sortir de terre. Beaucoup d'ouvriers y furent employés ; leur diligence fut telle, que l'Architecte, avant que
d'élever les murs, jugea nécessaire de laisser
rassurer les fondations du bâtiment qui les auroient un jour fait travailler. Cette église, une
des plus jolies de Rome, fut conduite très-
heureusement. Ces succès lui méritèrent l'entreprise de l'église de sainte Luce in Selce, &
celle de sainte Claire.

Sans parler des augmentations qu'il fit dans

l'églife de la Minerve, comme l'architecture du chœur, la chapelle de l'annonciation, & celle de la maifon Aldobrandine, je dirai feulement que fur fes plans furent élevés le chœur & la tribune de S. André de la Valle, (z) à l'exception du dôme dont il fit graver le deffin; mais on lui préféra celui de Rainaldi. Cette églife eft grande & élevée : des pilaftres corinthiens, avec des arcades & des tribunes au-deffus, en réglent l'ordonnance. La proportion & l'élégance de fon architecture fe font remarquer ; le portail a deux ordres de colonnes d'ordre corinthien ; ce qui eft très-fingulier.

L'exactitude qu'avoit apportée Maderne dans les commiffions dont le pape l'avoit chargé, lui en valut de nouvelles. Il fit, entre autres, un voyage près du lac de Pérufe, pour détourner l'inondation des eaux de la rivière de Chiana, ou Clanis. Son retour fut fignalé par la décoration de la croix de l'éperon d'or, que le

(z) Le premier Architecte qui entreprit ce grand édifice, eft Pierre-Paul Olivieri, qui en fit le plan, les fondations & une partie de l'élévation. Maderne, après fa mort, l'acheva.

N iv

pontife lui donna avec une riche chaîne. Notre artiste avoit précédemment été admis dans l'académie de S. Luc; s'il n'en fut pas élu prince, c'est qu'il le refusa.

Le marquis Lancellotti lui confia l'achevement de son palais, situé dans la rue de Coronari. Le tout, excepté la porte qui est du Dominiquin, fut élevé sur ses desseins. Il saisit cette occasion de mériter les bonnes graces du marquis, dont la protection lui procura diverses entreprises, telles que la chapelle de S. Jean de Latran. En un mot, peu d'ouvrages furent commencés de son temps, sans qu'il en eût la direction, ou sans qu'il fût consulté, tant en France qu'en Espagne, & dans les principales villes d'Italie. Un de ceux qui lui font le plus d'honneur pour la noblesse, la distribution & les profils, est le palais Mattei. Ne peut-on pas néanmoins dire que la trop grande simplicité de sa décoration extérieure offre aux yeux une symmétrie monotone?

Un fermier de la douanne, nommé Gaspard Rinaldi, se proposa de laisser un monument digne de lui. Ne sachant à quoi se déterminer, ses amis lui parlèrent de Maderne, qui lui montra différens projets: il s'arrêta à celui-ci.

Dans l'églife de la paix, élevée par Sixte IV, il manquoit une tribune : Maderne eut ordre de l'entreprendre ; fon génie trouva le moyen de placer dans un petit efpace, une chapelle avec un autel.

Le dernier ouvrage de notre artifte, fut le palais Barberin, qu'Urbain VIII lui fit commencer. On peut le mettre au nombre des plus vaftes & des plus fuperbes édifices de l'Europe. Il n'eut pas la fatisfaction de le conduire à fa perfection. Attaqué de la pierre fur la fin de fes jours, il étoit obligé de fe faire mener en chaife à porteurs, pour préfider à ce palais. Enfin il mourut en 1629, à l'âge de foixante-treize ans. Il avoit vu dix papes, dont il fut confidéré, & auxquels il éleva de fuperbes catafalques.

On ne lui connoît point d'autre élève que Borromini.

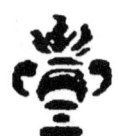

JEAN-LAURENT BERNIN (1).

Né à Naples en 1598, cet artiste reçut de la nature un esprit pénétrant, une imagination vive & féconde. Ces précieux avantages se feroient aisément évanouis dans la dissipation d'un âge tendre, & parmi les amusemens de l'enfance si, au sortir du berceau, pour ainsi dire, il ne s'étoit accoutumé à un travail pénible & à des études sérieuses. Le Bernin avoit un goût si dominant pour la peinture & la sculpture, qu'à l'âge de huit ans il fit une petite tête de faune, où les connoisseurs découvrirent le germe du talent.

Sous Paul V, le père de notre artiste, né à Seste en Toscane, en 1562, & qui exerçoit la sculpture avec quelque réputation, vint s'établir à Rome. Là, s'ouvrit aux yeux du Bernin, un champ plus noble & plus vaste. Son esprit s'agrandit en quelque sorte, à la vue des ouvrages immortels dont les artistes anciens &

(1) Vie du cavalier Jean-Laurent Bernin par Philippe Baldinucci, Florentin, dédiée à la reine Christine de Suède.

modernes ont décoré cette ville. Il s'attacha fingulièrement à les obferver, & fa rare fagacité
lui en découvrit aifément tout le prix.

Trois années d'études & de réflexions le dif-
posèrent à s'élever aux idées fublimes de ces
grands hommes. Enfermé dans le Vatican, depuis la pointe du jour jufqu'à la nuit, il s'occupa à deffiner exactement les chefs-d'œuvres
qu'il contient. Une telle affiduité eft à peine
croyable dans un enfant de dix ans. Le premier
ouvrage qui fortit de fon cifeau fut une tête de
marbre, placée dans l'églife de fainte Poten-
tiene. Paul V n'entendit, qu'avec la plus
grande furprife, parler d'un fi rare talent. Il
fe fit amener le jeune homme, & lui demanda
en plaifantant, s'il pourroit deffiner une tête à
la plume. Quelle tête votre fainteté fouhaite-
t-elle que je deffine, répondit Laurent ? Celle
de faint Paul ; & dans l'efpace d'une demi-
heure, fon crayon hardi la deffina. Un amateur
diftingué, le cardinal Maffée Barberin, étoit
alors près du pape. *Veillez*, lui dit le faint
père, *fur les études du Bernin, tâchez de lui
infpirer cette chaleur de génie qui fait le grand
homme, vous ferez en quelque forte garant des
brillans fuccès qu'on a droit d'en attendre, & je*

me flatte qu'il deviendra le Michel-Ange de son siècle.

Ces louanges, si bien méritées, ne firent d'autre impression sur l'esprit du Bernin, que de l'animer à parcourir la carrière pénible où il entroit. L'idée de la perfection étoit sans cesse présente à ses yeux, & lorsqu'il rencontroit des maîtres célèbres, il leur avouoit que les arts faisoient ses délices. Il se trouva un jour dans la Basilique de saint Pierre avec Annibal Carrache, & d'autres fameux artistes. En sortant de l'église, le Carrache se retourne vers le dôme : *ce ne sera point*, dit-il, *un mediocre effort de génie, de placer dans son milieu une confession digne d'un temple si auguste.* A ces mots le Bernin sent renaître son enthousiasme. *Plaise à Dieu*, s'écrie-t-il, *que ce soit moi qui conduise cet ouvrage !* Ses vœux furent exancés, comme nous le dirons dans la suite.

Le Bernin fit alors le buste de Foys-Montoja pour l'église de S. Jacques des Espagnols, & celui du cardinal Bellarmin dans l'église du Jésus, avec la figure de la Religion qui l'accompagne. Paul V voulut aussi avoir son buste, dès que celui de Scipion Borghèse, son neveu, au-

roit été fini. Ce dernier étoit près de l'être,
lorsque le sculpteur découvrit dans le marbre
un accident qui se rencontroit au front. Aussi-
tôt il fait porter chez lui un autre bloc de marbre,
& dans l'espace de quinze nuits, il termine un
second portrait de Borghèse aussi beau que le
premier, & le place couvert dans son attelier.
A la vue de celui-là, son défaut visible frappe
Borghèse; il essaye de cacher son chagrin pour
ne point affliger le Bernin, qui, en courtisan
rusé, feint de ne pas s'en apercevoir. Il entretient même le cardinal de choses indifférentes,
& tout-à-coup découvre le second buste. La joie
& la surprise de cette éminence furent extrêmes;
la diligence & la présence d'esprit de l'artiste ne
lui plurent pas moins, & telle fut l'époque de
l'amitié la plus tendre dont il l'honora. Ces deux
bustes sont aujourd'hui à la ville Borghèse. Quarante ans après, le Bernin ne put s'empêcher
de s'écrier en les revoyant : *ah! que j'ai fait peu*
de progrès dans l'art de la sculpture, pendant une
si longue suite d'années.

Deux statues, de grandeur naturelle, furent
à 15 ans son premier ouvrage considérable : l'une
est S. Laurent, pour la maison de campagne des
Strozzi, l'autre est Enée, qui porte son père sur ses

épaules. Le cardinal Borghèse , possesseur de celle-ci , lui commanda de plus un David , de la même grandeur que la première. Notre jeune statuaire se surpassa dans cette figure , qui ne l'occupa que six mois , graces à son âge , qui lui faisoit dévorer le marbre , comme il le disoit lui-même. David a les sourcils froncés , les yeux terribles , la lèvre supérieure qui recouvre l'inférieure , l'expression du plus grand mépris , au moment qu'il lance une pierre au front du superbe Philistin. On a remarqué qu'en y travaillant , il se prenoit lui-même pour modèle , & il est arrivé souvent que le cardinal Maffée-Barberin lui a tenu le miroir.

Le cardinal Borghèse l'occupa ensuite à un grouppe d'Apollon & de Daphné , à l'instant où cette nymphe est métamorphosée en laurier. La noblesse des airs de tête , la recherche & la finesse du travail , la pureté du dessin & la beauté des proportions , s'y font d'autant plus admirer , que l'auteur n'avoit pas encore dix-huit ans accomplis. Lorsque ce morceau fut fini; toute la ville accourut pour le voir : mais plus la figure de Daphné étoit parfaite , plus on la crut capable de faire des impressions dangereuses. Le cardinal imagina donc d'y joindre une mora-

lité renfermée dans ce diſtique latin de ſa compoſition, gravé ſur le piédeſtal de la figure.

Quisquis amans ſequitur fugitiva gaudia formæ,
Fronde manus implet, baccas ſeu carpit amaras.

Qui court après des appas ſuborneurs,
N'embraſſe enfin qu'une ſtérile feuille,
Jouet d'Éole, ou du moins ne recueille
Qu'un fruit amer, le poiſon de nos cœurs.
M. DE SAINT-ANGE.

Ce grouppe de Daphné eſt regardé comme le
chef-d'œuvre de la ſculpture moderne. C'eſt une
choſe admirable, que d'un bloc de marbre d'un
auſſi petite étendue, on ait fait deux figures,
dont l'une fuit, & l'autre court après. Il n'y a
pas plus d'un demi pied de diſtance entre la
nymphe & le dieu.

Après la mort de Paul V, Grégoire XV, &
ſon neveu le cardinal Louis, qui créa le Bernin,
chevalier de l'ordre de Chriſt, lui témoignèrent
l'amitié la plus diſtinguée.

Déjà étoit aſſis ſur la chaire de S. Pierre le
cardinal Maffée Barberin, qu'on nomma Urbain VIII. Après ſon exaltation, il fit venir
notre artiſte, & le reçut d'une façon très-gra-
cieuſe. *Vous êtes heureux ſans doute, lui dit-il,*

de voir Maffée Barberin devenu pape ; mais il est plus heureux pour lui de ce que vous vivez sous son pontificat. Ce pape, que Paul V avoit chargé de veiller sur les études du Bernin, songea à réaliser les projets qu'il faisoit dès-lors pour l'embellissement de Rome, & les lui communiqua. Notre artiste ambitionnoit, sur toutes choses, de se rendre capable de les exécuter. Il ne consulta que les statues & les monumens antiques qu'il appeloit ingénieusement *des maîtres payés pour instruire les jeunes gens.* Chargé de décorer l'endroit nommé la confession dans la basilique du Vatican, entreprise qui lui valoit une pension de trois cents écus par mois, il employa neuf années à ce superbe ouvrage. Le pape, avant que de le récompenser, voulut avoir l'avis de plusieurs personnes de distinction rassemblées à ce sujet. Un particulier dit qu'il falloit donner au Bernin une chaîne d'or de cinq cents ducats. Ce propos fut rapporté au pape : *l'or,* dit-il, *sera pour l'artiste, & la chaîne conviendroit à l'auteur de ce conseil.* Il fit tout de suite porter au Bernin dix mille écus, & donna un bénéfice à ses deux frères. Laurent prétendit que ce monument avoit réussi par hasard. Il vouloit dire que sous un si vaste dôme, dans un es-

pace

pace auſſi grand , il n'étoit guère poſſible de prendre des meſures & des proportions juſtes qui répondiſſent parfaitement à l'idée de l'artiſte.

Dans la fontaine de la place d'Eſpagne, il déploya les richeſſes de ſon génie. Au centre d'un baſſin qui imite une mer tranquille , eſt placée une barque d'un goût particulier, avec pluſieurs canons qui jettent de l'eau. Par cette invention , il ſuppléa au peu d'eau de la fontaine , & à ſon peu d'élévation au-deſſus du ſol. Le Bernin vouloit que les ornemens hydrauliques fuſſent toujours relatifs à quelque ſujet noble & magnifique, tiré de l'hiſtoire ou de la fable. Il ſuivit ce principe à la fontaine de la place Barberin. Trois dauphins y ſoutiennent une cuvette ſurmontée de la ſtatue de Glaucus ſonnant de la conque , d'où l'on voit jaillir l'eau.

Le pape Urbain lui fit enſuite orner les grandes niches des piliers qui ſoutiennent le dôme de Saint Pierre. On y plaça depuis les quatre coloſſes de marbre, ouvrage d'autant de fameux artiſtes ; ſavoir, S. Longin par le Bernin ; Saint André , par François Flamant ; Sainte Hélene , par André Bolgi , & la Véronique , par François Mochi. Le pontife qui s'intéreſſoit de plus

Tome I.　　　　　　　　　　　O

en plus à Laurent, ne cessoit de l'exhorter au mariage, afin d'éternifer, pour ainfi dire, fes talens dans d'autres lui-même Malgré fa répugnance, il fe conforma aux intentions du pape, & fe maria en 1639. Il vécut trente cinq ans avec fa femme, dont il eut une famille nombreufe.

Je paffe quelques ouvrages du Bernin, faits dans ce temps, pour m'arrêter au maufolée d'Urbain VIII, qu'on voit à S. Pierre. Dans une niche paroît un dais de marbre à quatre faces, ayant trois ordres d'architecture ; au-deffus eft une urne cinéraire. De-là, s'élève un grand piédeftal qui foutient la ftatue en bronze du pape, affis fur fon trône, & en action de donner la bénédiction. A gauche paroît la Juftice, accompagnée de deux petits enfans : elle a les yeux fixés fur le pape, & femble plongée dans une douleur profonde. A droite eft la Charité, tenant un jeune enfant qu'elle allaite. Il y en a un autre à côté, mais plus grand, qui paroît déplorer la perte d'un auffi bon pape. Au-deffus de l'urne on voit la Mort en bronze ; la honte & l'orgueil font peints fur fon vifage ; elle tient un grand livre, dans lequel elle a coutume d'infcrire avec fa faux, les noms des papes morts.

Elle semble écrire en lettres d'or ces mots : *Urbanus* VIII, *Barberinus pont. max.* & pour augmenter l'illusion, l'artiste a mis sur le feuillet précédent une partie du nom de Grégoire XV, prédécesseur d'Urbain. Tout cet ouvrage est admirable, & d'un goût infini.

Un homme de qualité, ennemi de la maison Barberin, vit un jour le Bernin occupé de ce monument. Il remarqua que des abeilles y faisoient allusion aux armes du pape. *Seigneur Cavalier*, lui dit-il, *ces insectes désignent sans doute la dispersion de la maison Barberin*, (elle étoit alors retirée en France), *il est vrai*, répondit le sculpteur, *mais vous pouvez savoir aussi qu'il ne faut qu'un coup de cloche pour la rassembler*. Il vouloit parler de celle du Campidoglio qu'on sonne à la mort du pape.

La réputation du Bernin, qui devenoit de plus en plus célèbre, passa jusqu'en Angleterre. Charles I, & la reine son épouse, voulurent avoir leurs bustes de sa main. Laurent en fit trois du roi, sous autant d'aspects différens, d'après un magnifique tableau peint par Vandyck, que le roi lui envoya. Le prince les reçut avec beaucoup de joie, & tira de son doigt un diamant de six mille écus, en disant à l'envoyé du Bernin,

nin, *couronnez la main qui a fait un ſi bel ou-vrage.* Les troubles ſurvenus en Angleterre, empêchèrent l'exécution du buſte de la reine. On a remarqué que le Bernin ne faiſoit le portrait que des perſonnes qui lui étoient agréables. Cependant, un ſeigneur Anglois, ayant vu le buſte du roi, partit exprès de Londres pour Rome, afin que Laurent fît le ſien, & il lui donna ſix mille écus de gratification. Le cardinal de Richelieu écrivoit ſouvent au cardinal Barberin d'engager le Bernin à ſculpter ſon buſte. L'artiſte y conſentit, l'envoya à cette éminence, & en reçut un diamant d'une grande valeur.

L'année 1644 fut la dernière du pontificat d'Urbain. Peu de temps avant ſa mort Louis XIII fit offrir au Bernin une penſion de douze mille écus pour l'attirer à Paris. Ces offres étoient bien capables de le tenter; mais il ne voulut pas ſe décider ſans l'avis du pape. Le pontife lui dit à cette occaſion, qu'il étoit fait pour Rome, & Rome pour lui. Soit reconnoiſſance, ſoit attachement pour cette ville, le Bernin y reſta.

Urbain VIII, après avoir fait décorer l'intérieur de S. Pierre, prit la réſolution d'en orner auſſi l'extérieur, en finiſſant les campaniles dont la façade devoit être accompagnée. La foibleſſe

du portique avoit empêché Maderne d'exécuter
entièrement son dessin, & personne depuis lui,
n'avoit osé le reprendre. Le Bernin, chargé de
ce soin, commença par consulter les deux maîtres
maçons qui avoient travaillé aux fondations à la
fin du pontificat de Paul V. D'après les assu-
rances positives qu'ils donnèrent au pape de
leur solidité, notre artiste se mit à l'ouvrage. Le
premier des deux clochers qu'il éleva, fut celui
de la partie droite du côté du saint office ; il
étoit orné de deux ordres de colonnes corinthiennes, & avoit cent soixante-dix-sept pieds
& demi d'élévation. A la réserve de la pyramide qui devoit le couronner, & qu'on n'avoit
exécutée qu'en bois, le clocher étoit fini, lorsque la partie du portique, dont il étoit soutenu,
s'ouvrit en plusieurs endroits. Aussi-tôt, les jaloux du Bernin ne manquèrent pas d'attribuer
ces crevasses à son nouvel édifice. Leurs clameurs parvinrent aux oreilles du pape, qui feignit de ne pas les entendre. Elles n'auroient eu
aucune suite sans la mort du pape, arrivée dans
ces entrefaites.

Sous Innocent X, le Bernin ne trouva pas
la même protection. Des gens aussi ignorans
que mal intentionnés, lui déclarèrent une guerre

O iij

ouverte. Ils perfuadèrent au pontife qu'il y avoit tout lieu de craindre que le clocher de S. Pierre n'entraînât la ruine entière de la façade. Le Bernin, mandé par le pape, fe juftifia très-aifément, & demanda que le terrein fût fondé; il l'obtint, & Innocent X jugea qu'il falloit diminuer le poids du clocher par le retranchement de fon attique, avant que d'examiner les fondations. Mais les ennemis de Laurent avoient réfolu la deftruction de fon ouvrage, & l'obtinrent, ce qui fut promptement exécuté en 1647.

Le Bernin fut très-fenfible à cet affront; il le foutint en grand homme, & il ne répondit au triomphe de fes ennemis, que par des ouvrages fublimes. De ce nombre, fut le plan de la chapelle du cardinal Cornaro à Sainte Marie de la Victoire. On y admire un grouppe de Sainte Thérèfe & de l'Ange; elle eft dans une douce extafe, & l'efprit célefte lui perce le cœur avec une flèche. Le Bernin la regardoit comme le plus bel ouvrage de fon cifeau.

Les mauvaifes impreffions que les difcours de fes ennemis avoient faites fur l'efprit du pape furent telles, qu'il fe porta à fon égard à une injuftice criante. Il projetoit de faire élever au milieu

de la place Navone l'obélifque amené à Rome
du temp. de l'empereur Caracalla , & qui depuis étoit refté enfeveli fous des ruines. Les
plus habiles Architectes de Rome reçurent;des
ordres en conféquence , de lui donner des
plans d'une fuperbe fontaine. Le Bernin ne fut
point confulté ; mais le prince Nicolas Ludovifi
qui avoit epoufé une nièce du pape, & qui étoit
très-attaché à ce fculpteur, lui demanda un modèle. Lorfqu'il fut achevé, ce prince le fit porter fecrétement au palais Pamphile dans une
chambre par laquelle le pape devoit paffer au
fortir de table. La richeffe de l'invention, la
beauté du deffin , la nobleffe des idées , éton-
nèrent le pontife. *Voici*, s'écria-t-il , *un tour du
prince Ludovifi; il faut donc fe fervir du Bernin ,
que je ne veux point mécontenter.* Il le manda fur
le champ, & après mille démonftrations d'amitié, & même d'excufe de ce qu'il n'avoit pas
encore employé fes talens, il lui ordonna d'exécuter fon modèle, qu'il ne pouvoit fe laffer de
confidérer. Depuis cette époque, le Bernin fut
très-bien dans les bonnes graces du faint père,
qui s'entretenoit toutes les femaines familièrement avec lui. Cet artifte, difoit-il, eft né pour
traiter avec des princes.

O iv

Le Bernin travailla donc inceſſamment à cette fontaine, qu'on mettra toujours au rang de ſes chefs-d'œuvres. Innocent X voulut la voir avant qu'on en permît la vue au peuple ; il entra dans l'enceinte, & durant près de deux heures, il s'en occupa avec plaiſir. L'eau n'y avoit point encore été amenée. Le pape demanda au Bernin en quel temps on la verroit couler. *Je ne le ſais pas au juſte*, répondit l'artiſte, *mais je ferai mon poſſible pour procurer au plutôt ce plaiſir à votre ſainteté.* Le pape avoit à peine fait quelques pas vers la porte, qu'à un ſignal convenu, il entend le bruit de l'eau. Il ſe retourne, & la voit ſortir abondamment de tous côtés : *ce plaiſir inattendu*, dit-il au Bernin avec tranſport, *prolongera ma vie de dix ans.*

Le cardinal Chigi, qui lui ſuccéda ſous le nom d'Alexandre VII, fut à peine élevé ſur le trône pontifical, qu'il manda le Bernin, & lui communiqua ſon deſſein pour décorer d'une manière noble & magnifique la baſilique du Vatican. Tous les jours il l'admettoit à ſa table, & après le dîner on tenoit en ſa préſence des conférences ſavantes, dans leſquelles notre artiſte faiſoit briller ſon eſprit. Le pape le déclara ſon Architecte, ainſi que de la chambre apoſto-

lique ; chofe qu'on n'avoit jamais vue , parce
que chaque pontife ayant le fien , lui donnoit
ordinairement cette place : dans la fuite , on
refpecta l'ufage établi par Alexandre VII.

Ce que notre ftatuaire fit de magnifique fous
le règne de ce pontife, dont il obtint une penfion de deux cents foixante écus par mois , fut le
portique de faint Pierre. Il lui donna une forme
ovale , en quoi il s'éloigna du deffin de Michel-
Ange , afin de fe rapprocher davantage du palais apoftolique , & de moins cacher la vue de
la place à la partie du palais bâtie par Sixte V.

Au commencement du pontificat d'Alexandre,
on vit arriver à Rome la reine Chriftine de
Suède. Le Bernin eut l'honneur d'accompagner
la famille de ce pape qui fut au-devant d'elle,
& d'en recevoir l'accueil le plus diftingué.

En 1664, Louis XIV qui avoit la noble ambition de furpaffer les rois fes prédéceffeurs,
voulut que le Louvre fût achevé fur un deffin
plus beau & plus grand que celui qu'ils avoient
adopté, & que fa façade du côté de S. Germain-
l'Auxerrois annonçât avec majefté un édifice de
cette importance. Plufieurs habiles Architectes
avoient donné des plans ; le roi n'en fut pas
fatisfait. Il jugea qu'il exiftoit encore un point

de perfection qui n'avoit pas été aperçu. Le cavalier Bernin vivoit alors; l'élévation de son
génie & la sublimité de ses compositions lui as-
suroient la réputation de premier Architecte de
l'Europe. Colbert en parla à sa majesté, qui le
chargea de lui envoyer les plans faits pour le
Louvre, & de le consulter à cet égard. Cet artiste
après les avoir examinés, les fit remettre au
roi, avec deux desseins de son invention qui lui
plurent fort. Sa majesté lui donna son portrait
enrichi de diamans, de la valeur de trois mille
écus, & lui écrivit une lettre très pressante pour
l'inviter à se rendre en France. Le Bernin, âgé
pour lors de soixante-huit ans, hésita d'entreprendre un aussi long voyage. Il s'y détermina
cependant, & quitta Rome le 25 Avril 1665.
Paul, son second fils, Matthias Rossi, Architecte, & Jules-César, ses élèves, l'accompa-
gnèrent. Dans toutes les villes par lesquelles il
passa, il reçut des honneurs extraordinaires.
Le grand duc Ferdinand Côme de Médicis, le
logea dans son palais, & lui prêta sa litière pour
le mener sur les frontières d'Italie. Le duc de
Savoie le reçut avec beaucoup de distinction, &
lui fit des présens dignes d'un grand prince. Par-
tout on s'empressoit de le voir, ce qui faisoit

dire au Bernin qu'on le prenoit pour un éléphant, objet de la curiosité de tout le monde. Arrivé au pont de Beauvoisin, il reçut de la part de sa majesté, la visite de ceux qui commandoient dans la ville, & il fut complimenté, selon les intentions du Roi. Toutes les villes du royaume lui rendirent les mêmes honneurs. Le nonce du pape alla au-devant de lui à une lieue de Paris, & l'accompagna jusqu'au Louvre, où un magnifique logement lui étoit préparé.

A son arrivée, Colbert vint le saluer de la part du roi, qui l'attendoit à S. Germain-en-Laye avec impatience. Ce prince lui fit l'accueil le plus gracieux, & s'entretint une heure avec lui des arts qu'il entendoit assez bien. Le Bernin proposa en arrivant, de sculpter le buste du roi, & travailla d'abord sur le marbre sans faire de modèle, se contentant de dessiner au pastel deux ou trois profils du visage de sa majesté, moins pour les copier, disoit-il, que pour rafraîchir sa mémoire de temps en temps. Un jour qu'il travailloit à ce buste, (2) il s'approcha du roi, & arrangea les boucles de sa chevelure,

---

(2) Ce buste en marbre se voit à Versailles dans les appartemens du roi.

de manière que le front étoit assez découvert, & il dit en même temps à ce prince, *votre majesté est un roi qui peut se montrer à tout le monde.* Le courtisan ne manqua point d'imiter cet accommodage de cheveux, & on l'appela depuis, frisure à la Bernin.

Pendant qu'il étoit occupé de ce buste, on se disposoit à exécuter son dessin pour la façade du Louvre, dont le modèle avoit été fait en grand, avec beaucoup de dépense. Le roi voulut en poser lui même la première pierre. Lorsque les fondations furent très-avancées, le Bernin ne pouvant se résoudre à passer l'hiver, dans un climat aussi froid que le nôtre, obtint la permission de s'en retourner à Rome La veille de son départ il reçut 10000 écus de gratification, deux mille de pension pour lui, & une de 500 pour son fils. Ses élèves & ses domestiques furent aussi magnifiquement récompensés. Il fut défrayé jusqu'à Rome aux dépens du roi, & reconduit avec les mêmes honneurs.

Avant son départ, le Bernin s'étoit engagé de faire un colosse qui représentât Louis XIV à cheval. Son premier soin, en arrivant à Rome, fut de choisir le plus grand morceau de marbre qui de nos jours ait été tiré de la carrière. Il s'étu-

dia à représenter le monarque dans une attitude pleine de majesté & de grace, paroissant
sortir d'un rocher ; allégorie qui signifie qu'on
ne parvient à la véritable gloire que par le
chemin rude & pénible de la vertu. Lorsque
cet ouvrage fut à sa perfection, le Bernin le
montra aux Académiciens pour les consulter ;
il n'y eut que Carle Maratte qui lui dit en Italien : *cette figure est belle, mais elle ne fera point
d'enfans.*

Arrivée à Versailles par les soins de le Nostre,
& annoncée par son auteur comme la plus belle
chose du monde, elle fut trouvée si médiocre,
que le roi la fit ôter du lieu où on l'avoit posée.
Girardon fut ensuite chargé d'en changer les
traits, & de substituer des flammes à la montagne qui soutient le cheval, de sorte qu'elle représente aujourd'hui Marcus Curtius qui se dé-
voue pour sa patrie. Louis XIV néanmoins,
pour témoigner au sculpteur sa satisfaction, fit
frapper une médaille sur laquelle est le portrait
du Bernin : au revers on voit la peinture, la
sculpture, l'architecture, & les mathématiques
caractérisées par leurs attributs. Autour on lit,
*singularis in singulis, in omnibus unicus. Il est
singulier en chaque chose, & unique en toutes.*

Un Académicien (3) a dit fort ingénieusement de cette statue, que l'antiquité n'avoit
rien vu de pareil, & ne peut rien lui comparer
que la grandeur imaginaire du dessin de ce fameux sculpteur, qui offrit à Alexandre de lui
faire sa statue d'une montagne toute entière.

Je ne puis me défendre de citer encore le
bon mot de l'ingénieur italien qui la conduisit à
Paris. Quelqu'un trouvant à redire que le cheval n'eût point de bride, non plus que celui de
Marc-Aurele, il répondit fort agréablement:
celui qui tient en bride tout le monde, n'a pas
besoin de bride pour tenir son cheval. *Quello
che da freno à tutol mondo, non ha bisogno di
tener freno à questo cavallo.*

Quand il fut question d'élever sur les fondations du Bernin la façade du Louvre d'après son
dessin, Colbert se détermina à n'en pas faire
usage. Perrault lui fit sentir, sans jalousie, les
écarts d'imagination, & le violement des grandes
règles que ses beautés ne pouvoient faire oublier. Il fut cependant décidé qu'on exécuteroit
le monument dont il avoit donné le projet pour
la grande place en face du Louvre. Son enceinte

***

(3) Barbier Daucourt.

auroit été portée jusqu'à l'alignement du pont
neuf, & fermée de grilles de fer interrompues
par des groupes de figures posés sur des piédestaux. Du milieu de cette place s'élevoit une
masse énorme d'un rocher de cent pieds de haut,
décorée de fleuves & de dieux marins. Un immense bassin, de quatre à cinq pieds de hauteur, auroit reçu l'eau de leurs urnes, pour la
distribuer dans la ville. L'ouvrage devoit être
terminé par une figure gigantesque du roi. La
guerre, toujours en contradiction avec les productions des arts, empêcha l'exécution de ce
projet, dont l'idée est vraiment digne de son
auteur.

Il est tems de le rejoindre à Rome où nous
l'avons laissé. Les récompenses d'Alexandre VII
ne furent pas inférieures à la magnificence de
Louis XIV. Il répandit des graces abondantes
sur la famille du Bernin, & lui témoigna toute
sa vie une sincère estime. Clément IX, son successeur, lui donna pareillement des preuves de
l'affection la plus distinguée, l'admettoit souvent à sa table, & ne le renvoyoit jamais sans
lui dire quelque chose de gracieux. Sous ce pontife, notre statuaire orna le pont S. Ange de ba-
lustrades & d'anges qui portent les instrumens

de la paffion. Il y en avoit deux de fa main;
mais le pape ne trouva point à propos que d'auffi
beaux morceaux reftaffent expofés aux injures
de l'air. Il en fit donc faire des copies, & laiffa
les originaux à la difpofition du cardinal neveu.
Le Bernin, de fon côté, crut fon honneur intéreffé à placer fur ce pont un monument de
fon attachement pour le pontife qui l'avoit fait
conftruire. Il y fculpta l'ange entre les mains duquel eft l'infcription de la croix. Le pape qui le
fut, lui dit fort obligeamment, *vous voulez
donc, feigneur cavalier, m'obliger de faire faire
encore une copie.* Le Bernin étoit déjà d'un âge
décrépit lorfqu'il finit, dans l'efpace de deux
ans, ces trois figures un peu plus grandes que
le naturel.

Rome perdit bientôt après, Clément IX,
auquel fuccéda Clément X. Ce pape, âgé de
quatre-vingt-un ans, s'occupa peu des arts.
Ainfi, fous fon pontificat, le Bernin goûta un
doux repos dont il avoit befoin depuis long-
temps. Il ne fut troublé que par le neveu de ce
pape, qui lui commanda le bufte de fa fainteté,
& la figure couchée de la bienheureufe Louife
Albertoni, au moment où elle expire : elle eft
aujourd'hui dans une chapelle de S. François *in
ripa*

ripa. Il peignit encore, pour la chapelle du saint
sacrement à S Pierre, le tableau qui repréſente
les actions de S. Maurice. Ce tableau que quelques-uns attribuent au Pellegrin ſon diſciple,
peut être mis en parallèle avec ſes plus beaux
ouvrages de ſculpture.

Sur la fin du pontificat d'Alexandre VII, le
Bernin avoit fait le plan & le modèle du tombeau de ce pape, qui devoit être placé dans
l'égliſe de S. Pierre ; mais ce ne fut qu'après
la mort de Clément X, & ſous Innocent XI,
qu'il y mit la dernière main. Il occupe une
grande niche au-deſſus d'une porte. Tout autre
en auroit été embarraſſé ; mais il s'en ſervit avec
ſuccès pour faire briller ſon génie. Il imagina
donc que la porte étoit couverte d'un grand rideau qu'il ſculpta en marbre de Sicile ; à côté
il plaça la Mort en bronze doré qui entre par
cette porte & lève le rideau dont elle ſe voile le
viſage. D'une main elle montre la figure du
pape repréſenté à genoux & de grandeur plus
que naturelle. Un ſablier dans ſon autre main
annonce que ſon heure eſt venue. Sur les côtés,
dans l'endroit le plus bas, on voit deux grandes
ſtatues de marbre de la Charité & de la Vérité ;
celle-ci eſt de notre artiſte. La partie ſupérieure

Tome I. P

est ornée des figures à mi-corps de la Justice &
de la Prudence. Les armes du pape sont placées
au-dessus de la niche.

Le Bernin avoit déjà quatre-vingts ans. Occupé des approches de l'éternité, il y rappor-
toit tous ses travaux. Pour donner en même-
temps à Christine, reine de Suède, un témoignage éclatant de sa reconnoissance, il sculpta
un Christ à mi-corps avec des mains. Ce fut le
dernier de ses ouvrages qu'il nommoit son Ben-
jamin. La reine ne pouvant récompenser l'artiste comme elle l'auroit voulu, refusa de l'accepter; il prit le parti de le lui léguer par son
testament.

On aperçut dans ce temps-là de nouvelles
lésardes au dôme de S. Pierre qu'on crut plus
considérables qu'elles ne l'étoient. Cet accident
réveilla l'envie & la jalousie. On disoit hautement qu'elles étoient causées par les excavations
que le Bernin avoit faites sous Urbain VIII,
aux massifs qui le soutiennent, en pratiquant
des niches & des escaliers dans leur intérieur.
Ces propos ne l'affectèrent que légèrement,
parce qu'il en connoissoit la futilité.

Tandis qu'on tenoit ces discours à Rome,
le vieux palais de la chancellerie vint à menacer

mine. Le pape ordonna au Bernin de travailler incessamment à la prévenir. Son grand âge & les fatigues inséparables de ce travail ne l'empêchèrent point de s'y livrer. Près de recueillir la gloire due à ses soins, il tomba dans une si grande foiblesse, qu'on désespéra de ses jours. Elle fut suivie d'une fièvre lente & d'une attaque d'apoplexie qui le conduisirent au tombeau. Pendant les quinze jours que sa maladie dura, les cardinaux, les ambassadeurs, les princes, la reine de Suède, furent très-empressés de s'informer de sa santé. Enfin, le pape lui envoya sa bénédiction, après laquelle il mourut le 28 Novembre 1680; dans la quatre-vingt-deuxième année de son âge. On lui fit des funérailles magnifiques : son corps fut porté à sainte Marie Majeure, accompagné des étrangers & de toute la noblesse de la ville. Les poëtes composèrent à sa louange des sonnets, des stances, & beaucoup de vers latins. La reine Christine qui connoissoit le prix de ses talens, disoit que le siècle avoit perdu son plus bel ornement. Le jour même de sa mort, le pape envoya à la reine un superbe présent par un de ses camériers; elle l'interrogea sur la fortune qu'on donnoit au Bernin. *Elle va*, dit le camérier, à

P ij

près de quatre cents mille écus. J'aurois honte, répliqua la reine, *s'il eût été à mon service, qu'il en eût laissé si peu.*

Extrêmement modeste, le Bernin avoit coutume de dire que plus il travailloit, plus il reconnoissoit son ignorance, & il étoit toujours porté à louer les ouvrages des autres, quelque médiocres qu'ils fussent. Lorsqu'il se mettoit au travail, il lui sembloit, disoit-il, aller dans un beau jardin, tant il étoit passionné pour son art. Il donna une preuve du grand cas qu'il en faisoit, dans une visite que lui rendit la reine de Suède. Il la reçut avec son habit de travail, d'un drap roux & grossier, & qu'il regardoit comme le plus propre à faire honneur à une reine d'un esprit si juste & d'un goût si exquis. Elle pénétra le motif du Bernin, &, afin d'entrer dans ses vues, elle toucha son habit de ses propres mains.

L'esprit de notre artiste brilloit souvent par des propos ingénieux & des réparties charmantes. Il avoit fait pour le roi d'Espagne un crucifix de bronze, & un semblable pour le cardinal Pallavicini, qui, toutes les fois qu'il le rencontroit, lui en parloit avec les plus grands éloges. Le Bernin lui répondit un jour : *je dirai*

*à votre éminence ce que je dis un jour à la reine
de France, au sujet du portrait du roi, qu'elle
aimoit beaucoup : votre majesté loue le portrait
parce qu'elle aime l'original.* On lui demandoit
quelles étoient les plus belles des italiennes
ou des françoises. Il répondit, *elles le sont également, avec cette différence que sous la peau des
italiennes il y a du sang, & sous celle des françoises il y a du lait.*

Depuis la mort de Michel-Ange, Rome
n'avoit point eu d'artiste qui en approchât plus
que le Bernin par la supériorité & la multiplicité des talens. Il eût pu réussir dans la peinture,
s'il s'y fût livré entièrement. Le nombre de ses
tableaux se monte à près de cent cinquante. La
galerie de Florence & les palais Barberin, &
Chigi, les renferment. Les ouvrages d'architecture qu'il a conduits, sont autant de monumens d'un goût sain, tenant de l'antique. On
y admire la beauté de son génie & l'étendue de
son imagination ; mais ses plus belles compositions ne sont pas toujours assujetties aux proportions dont les ouvrages grecs & romains
nous offrent des modèles. Dans la décoration
des mausolées, pompes funèbres & fontaines
publiques, jamais architecte n'égalera peut-être

l'élévation & la magnificence de ses pensées.
A l'égard de la sculpture, c'est à elle qu'il doit
le plus grand éclat de sa réputation Personne
ne tira parti du marbre comme lui, il savoit lui
donner une souplesse surprenante, & le travailler avec un goût & des graces singulières.
Il a excellé dans plusieurs bustes ou portraits
d'après nature. Il faut néanmoins avouer que
son *faire* en général tient peu du vrai, & qu'il
est d'ailleurs très-maniéré. Dans ses draperies,
il prodigue autant l'étoffe que les grecs l'épar-
gnoient; il y met un fracas qui fatigue l'œil,
fait paroître ses figures maigres, & les suppose
agitées par un vent violent. C'est une hardiesse
qui n'est pas à imiter, de faire en sculpture des
draperies volantes & trop repliées. Le Bernin l'a
cependant pratiqué quelquefois avec le plus
grand succès, comme dans le Curtius qui est
à Versailles, ouvrage de sa vieillesse : le goût
& l'art avec lesquels est traité son manteau mérite notre admiration. On dit qu'il regardoit le
défaut que je viens de lui reprocher, comme
une perfection, en ce qu'il avoit surmonté la
difficulté de rendre en quelque sorte le marbre
flexible, & qu'il avoit réuni jusqu'à un certain
point les talens de peintre & de sculpteur, ce

que les artiftes n'avoient pas encore fait. Ce
n'étoit point au refte par orgueil qu'il tenoit ce
difcours, mais pour fe rendre compte à lui-
même de fon travail.

La poftérité aura de la peine à croire qu'un
homme ait pu faire tant d'ouvrages. Et, comme
la fable attribue les travaux d'Hercule à un feul
héros, quoiqu'ils appartiennent à plufieurs qui
avoient le même nom; ainfi, ceux qui liront
l'hiftoire moderne des arts, ne pourront fe perfuader que le nombre prodigieux d'ouvrages qui
nous reftent du Bernin, foient de lui, & feront
tentés de les donner à plufieurs artiftes du même
nom.

La place devant faint Pierre décrit un grand
ovale entouré d'un portique de quatre rangs de
colonnes élevées de trois marches, formant trois
allées circulaires; on en compte 320. L'ordre en
eft dorique, fans triglifes ni métopes, & elles
ont quatre pieds deux pouces de diamètre dans
le rang qui borde la place; celles de derrière grof-
fiffent d'environ fix pouces. Au-deffus eft un attique orné de 138 figures. Cette place a 94
toifes de grand diamètre, & 70 dans le petit.
On compte près de 58 toifes de long jufqu'à la
façade de l'églife. La fuperficie totale eft de dix

P iv

arpens & demi ; & avec l'églife qui eft de fix arpens un tiers , elle a une furface d'environ dix-fept de nos arpens, à neuf cents toifes car-rées.

Au-deffus de la porte de faint Pierre on voit en bas-relief Notre - Seigneur qui dit au prince des apôtres, paiffez mes agneaux.

La figure en bas-relief de Conftantin, placée dans le veftibule de cette églife, eft moins ef-timée pour la fculpture, que pour le deffin & la compofition. On regarde le cheval comme une des plus mauvaifes productions de ce genre.

Le baldaquin de faint Pierre eft haut de 84 pieds, & foutenu de quatre colonnes torfes com-pofites, de quatre pieds de diamètre, canne-lées jufqu'au tiers. Le tout eft de bronze, fur-monté d'une croix, de quatre anges, & autres ornemens. La confeffion de Saint Pierre placée au pied de ce baldaquin, l'efcalier pour y def-cendre, ainfi que les murs, font revêtus de très-beaux marbres & de pierres précieufes. Dans la chaire de faint Pierre on admire le génie qui a fu en faire l'ornement de la première églife du monde. Le Bernin l'a enchaffée dans une chaire de bronze percée à jour, & enrichie d'ornemens de fculpture. Elle eft foutenue par quatre figures

coloſſales & en bronze, de quatre docteurs de
l'égliſe, ſaint Athanaſe, ſaint Grégoire, ſaint
Ambroiſe & ſaint Auguſtin. Ces figures d'un
grand caractère, ſont debout ſur des piédeſtaux,
& accompagnées de rayons de lumière & d'anges
qui forment une gloire dont le deſſin eſt ſuperbe; au milieu, le Saint-Eſprit paroît ſous la
forme d'une colombe.

Le tombeau de la comteſſe Matilde offre une
compoſition auſſi ſimple que belle, exécutée par
différens ſculpteurs, & par Louis Bernin.

Le ſaint Longin, placé ſous le dôme de ſaint
Pierre eſt deux fois grand comme nature, &
déſigné par un ſoldat tenant une lance, & regardant les ſpectateurs avec dévotion. Sandrart aſ-
ſure (*p.* 2, *liv.* 20,) que le Bernin avoit fait
vingt-deux ſtatues en cire de trois palmes chacune, & qu'il les avoit vues.

A ſainte Marie majeure eſt le tombeau en marbre
d'un ambaſſadeur du roi de Bungo au Japon.

A ſainte Marie nouvelle, celui de ſainte Françoiſe romaine en marbre jaſpé, ceint d'une baluſtrade, avec l'image de la ſainte vierge en
demi-relief, & autres figures. Il eſt accompagné
de lampes toujours ardentes.

A ſaint Chriſogone, les ſculptures & buſtes

en marbre au tombeau du cardinal Poli & d'un prélat de sa famille.

Dans l'église du Jésus, le tombeau du cardinal Bellarmin, orné des figures en marbre de la Religion & de la Sapience.

A la Minerve, celui du cardinal Pimentel, avec sa statue & autres figures, du dessin du Bernin, aidé de plusieurs bons sculpteurs. Le tombeau de sœur Marie Raggi peut être regardé comme un beau caprice : c'est une grande pièce de marbre noir, dont le Bernin a fait une nappe étendue & volante qui, nouée par le haut, forme en tombant quantité de plis négligés.

Dans la sacristie de l'église nationale d'Espagne on voit deux têtes, l'une d'une âme bienheureuse, & l'autre d'une âme damnée.

A la Madone du peuple, dans la chapelle Chigi, le prophète Habacuc tiré par l'ange de la fosse aux lions, & Daniel dans cette fosse; deux figures d'un beau *faire*, drapées légèrement.

A sainte *Francesca romana*, dans le *campo vaccino*, la statue de cette sainte, de métal doré, en demi-relief, avec plusieurs ornemens à son tombeau.

Aux capucins à Albano, dans les environs de Rome, une crèche où l'on voit par terre un

enfant Jéſus en marbre, couché ſur une couverture. Au fond, le Bernin a peint à freſque, une
marche de bergers & de bergères qui viennent
à la crèche.

La façade de ſaint André, du noviciat des
ci-devant Jéſuites, préſente une demi-rotonde
ſoutenue de quatre colonnes. L'intérieur de
l'égliſe eſt ovale, & entièrement revêtu de
marbre, avec de grands pilaſtres & des colonnes
corinthiennes.

La ſacriſtie de ſainte Agnès, de la place Navone, mérite d'être vue pour ſa belle architecture.

A ſainte Marie de la victoire, les deux chapelles de la croiſée ſont ouvertes dans le fond,
avec une gloire & de beaux bas-reliefs.

L'égliſe de la Sapience eſt élevée ſur le plan
d'un triangle, ſymbole de la ſainte Trinité,
dont l'intérieur conſerve la forme. Des pilaſtres
compoſites, entre leſquels il y a de grandes &
de petites niches, réglent l'ordonnance de ſon
architecture. La coupole eſt ornée d'une lanterne avec un petit ordre compoſite : on trouve
la décoration grande pour le lieu, & ſes détails
défectueux.

La façade & le veſtibule de ſainte Bibiane

sont d'un dessin fort agréable. La date de leur construction est de 1625 , sous le pontificat d'Urbain VIII.

Au maître autel est la statue de la Sainte ; debout & appuyée sur une colonne ; elle tient une patene , & a une couronne sur la tête : son caractère est admirable. Par dessus sa robe, le Bernin a jeté un manteau serré avec une large ceinture ; pratique inusitée dans tout habillement antique , & contraire à la nature d'un manteau.

La face de la porte du Peuple , du côté de Rome , ne peut être regardée que comme une espèce de ravalement fait en 1655 par ordre d'Alexandre VII, pour l'entrée de la reine Christine. Mais son architecture , quoique simple , est traitée d'une grande manière.

La fontaine des trois mouches , dans un des coins de la place Barberini , n'est composée que d'une coquille ouverte , sur la charnière de laquelle sont posées trois abeilles qui sont les armoiries de la maison Barberin , & qui jettent de l'eau.

La place d'Espagne est décorée d'une belle fontaine nommée en Italien *Barcaccia*, parce qu'elle a la forme d'une barque. Un bateau qui, dans une grande inondation de Rome, vint à échouer en cet endroit, donna cette idée au Bernin.

L'obélifque, dans la place de Minerve, élevé fur le dos d'un éléphant de marbre, exécuté par Ferrata, fait allufion à la prudence égyptienne tranfportée dans cette place. L'éléphant a un caparaçon & une felle qui forme un petit focle à l'obélifque : le tout a pour bafe un piédeftal pofé fur deux degrés; penfée que Bernin a tirée du *fonge de Polyphile*. L'exécution en eft due à l'Algarde.

La fontaine de la place Navone eft fon chef-d'œuvre ; on admire la hardieffe qu'il a eue de pofer un obélifque de cinquante-deux pieds de haut, avec un piédeftal de feize pieds, fur une roche percée à jour en forme de caverne, d'où fortent un lion & un cheval qui viennent s'abreuver. Sur l'extrémité de ce rocher font placées les figures des quatre (4) principaux fleuves du monde, & de différens endroits coulent des tor-

---

(4) Ces fleuves font l'ouvrage de quatre différens artiftes: le Nil eft de Jacques-Antoine Fancelli ; le Danube eft d'Antoine Raggi ; Claude Lorefenfe a fait le Gange, & François Baratta la rivière de la Plata.

rens d'eau. Ces fleuves font variés dans leurs
attitudes, & repréfentent le Nil en Egypte, le
Danube en Europe, le Gange en Afie, & la
rivière de la Plata en Amérique. Le premier,
reconnoiffable à fes crocodiles, a la tête voilée,
pour marquer que fes fources furent inconnues
à l'antiquité. Celui qui eft du côté de Sainte
Agnès, bâtie par le Borromini, eft dans l'attitude d'un homme effrayé d'un danger prochain.
On prétend que c'eft une épigramme du Bernin
fur l'architecture de cette églife, qu'il trouvoit
lourde & bizarre. Le Danube eft d'une taille co-
loffale, eu égard à la longueur de fon cours; le
Gange tient une rame, & la Plata eft figurée
par un Indien couronné de plumes.

A une des deux autres fontaines de la même
place, on voit un grand Neptune en marbre.

La fontaine de cette place, en face du palais
Pamphile, eft compofée de deux grands baffins:
fur les bords du fecond, qui eft plus élevé, il
y a des mafcarons dûs à Michel-Ange. Au milieu, un vieux triton tient un dauphin par la
queue, lequel jette de l'eau en forme d'éventail.

A Caftel-Gandolfe, la coupole de l'églife
eft grande & bien décorée. Les petites croifées
font couronnées de grouppes d'anges & de

guirlandes ingénieufement arrangées. Entre les bandes de cette coupole font des caiffons hexagones, ornement magnifique, & néanmoins fimple & de bon goût.

A Laricci, éloigné de Rome de quatre lieues, la place préfente une églife que fes détails & fon enfemble rendent un des plus beaux édifices d'Italie. Son plan eft circulaire, avec un portique dorique en avant-corps. Des pilaftres cannelés & corinthiens, avec des arcades où font des autels, l'ornent intérieurement. Sur les pilaftres s'élèvent des arcs doubleaux qui fe réuniffent fous la lanterne, & font entremêlés de caiffons.

A la cathédrale de Sienne, on remarque la décoration de la chapelle de la vierge ; fon autel, incrufté de lapis lazuli, eft orné de bas-reliefs & de colonnes compofites de marbre vert de mer. Sous le dôme font placées les figures de faint Jérôme & de la Madeleine, toutes deux belles & pleines d'expreffion, mais incorrectes.

Dans la galerie de Florence eft la maîtreffe du Bernin. Il a fait auffi le matelas de marbre fur lequel l'hermaphrodite eft couché.

A la ville Mattei, maifon de campagne fituée

fur la hauteur du mont Celio, eft une très jolie fontaine que la nature a ornée de broffailles: elle repréfente trois huîtres foutenues fur des queues de dauphin qu'un aigle ouvre, & d'où il fort des nappes d'eau.

Dans la cathédrale de Capoue, l'églife fouterraine renferme une Notre-Dame de pitié en marbre, demi-figure belle & expreffive. Au milieu de l'églife eft un Chrift dans le tombeau, couché fur un linceul, avec la couronne d'épines à fes pieds.

La façade du palais Chigi offre des maffes bien proportionnées, & beaucoup de détails heureux. Un grand ordre, élevé fur un foubaffement, détermine fon ordonnance; il eft couronné d'un entablement, avec une frife ornée de confoles. Deux colonnes qui tiennent des ordres dorique & tofcan en décorent l'entrée, & ont un caractère de grandeur.

L'efcalier du Vatican a deux rampes extrêmement longues : la première, décorée de colonnes ioniques, fe rétrécit à mefure que l'on monte; & la feconde, où font des pilaftres ioniques accouplés, eft encore plus étroite. La voûte eft toute en fculptures de rofes comparties. Une perfpective de relief formant une colonnade

nade en ftuc au palais Spada, en a fourni l'idée
au Bernin.

Dans une des falles du palais des Confervateurs, on remarque les figures en bronze de
Léon X, de Sixte V & d'Urbain VIII.

La ville Ludovifi offre un groupe qui repréfente Proferpine enlevée par Pluton.

Le palais Barberin, du prince de Paleftrine,
eft ifolé, & confifte en deux aîles qui avancent
confidérablement, avec un avant-corps dans le
fond, formant ce que les Italiens appellent loge
à trois rangs de colonnes l'un fur l'autre.

Le palais du duc de Braciano, fur la place
des faints apôtres, eft d'une architecture très-
galante. Le corps du milieu préfente de grands
pilaftres compofites avec un bel entablement en
attique, furmonté d'une baluftrade ornée de
figures. Une bafe ruftiquée qui fait le rez-de-
chauffée, porte tout l'édifice. Les deux arrières-
corps des extrémités font appuyés fur des pierres
refendues, & ont des toits.

Son projet pour la façade du Louvre eft mal
conçu. Un génie auffi vif & auffi prompt n'étoit
pas fufceptible d'étudier les détails ; il ne s'étoit
appliqué qu'à faire de grandes falles de comédie
& de feftin, fans fe mettre en peine des com-

modités & des diſtributions de logemens né-
ceſſaires. Son ordonnance offre pluſieurs défauts;
l'ordre eſt gigantefque , les croiſées ſont petites,
les colonnes ſont inégalement eſpacées , l'entablement eſt peſant , & la baluſtrade a peu de
rapport avec lui. On ne peut approuver les proportions des trois portes en plein cintre , ſervant d'entrée au palais. Quelle monotonie dans
les petits frontons circulaires qui couronnent
les croiſées du premier étage, & les triangulaires qu'on voit ſur celles du ſecond ! Enfin,
une diſtance immenſe ſépare ces deux rangs
d'ouvertures : cette compoſition médiocre eſt
gravée dans le grand Marot qui fait actuellement
partie de l'Architecture de Blondel.

FRANÇOIS BORROMINI(1).

Voici un de ces hommes de génie qui, pour
avoir penſé différemment des autres, donne
lieu d'être en garde contre ſes productions. Né
en 1599, avec une imagination féconde & facile, Borromini en abuſa. L'eſclavage des règles

(1) *Paſcoli. Baldinucci.*

qu'il voulut secouer, lui fit hasarder du nouveau.
Il imagina des plans composés de divers retours,
avec des enfoncemens carrés ou circulaires,
angles saillans, pans coupés, & autres formes
capricieuses. Sans respect pour le bon goût & la
raison, il forgea les chimères les plus extrava-
gantes, jusqu'à faire tourner & serpenter les
entablemens.

Le mauvais trouve souvent plus de partisans
que le beau, surtout lorsqu'il brille du faux
éclat de la nouveauté. Aussi le style de Borromini eut-il bientôt des imitateurs, & ses ouvrages devinrent, pour me servir des termes
du grand Bossuet en parlant de *Grotius*, *un écueil
fameux par le naufrage de ceux à qui l'appas de
la nouveauté & l'envie de se distinguer ont fait
perdre le goût* de la saine architecture.

Les édifices de Rome n'en offrent plus guère
d'exemples depuis ce novateur téméraire. On
n'y voit que cartouches, frontons brisés, colonnes nichées, & autres bizarreries substituées
à ces sages décorations dont les modernes sont
dépositaires, & que le temps n'a épargnées que
pour les instruire. Une pareille affectation a
causé en Italie la triste révolution de l'architecture. Ainsi Borromini a été pour cet art, en cette

Q ij

presqu'île, ce qu'y avoit déjà été pour la poësie,
le cavalier Marin.

Cet esprit original ne dut sa réputation qu'à
lui seul ; il est triste qu'il en ait abusé, & tel
·sera le sort de quiconque, trop avide de gloire,
se laissera séduire par la nouveauté.

Bissone, dans le diocèse de Côme, fut la
patrie de Borromini. Son père qui étoit Architecte, l'envoya à Milan, dès l'âge de neuf ans,
étudier la sculpture à laquelle il le destinoit.
Après sept années de travail, ce jeune homme
vint à Rome, & se mit chez un maître sculpteur son compatriote, occupé aux marbres de
saint Pierre. Associé à ses travaux, la vue de
cette superbe Basilique lui fit naître la pensée
d'en dessiner & d'en mesurer les principales
parties. Ses heures de repos ne suffisoient pas
pour ce nouveau travail ; il retrancha celles du
sommeil.

Maderne, son parent, étoit alors Architecte
de la fabrique de saint Pierre. Charmé du
zèle du jeune Borromini, il lui donna des préceptes de son art, & l'envoya chez un maître
pour apprendre la géométrie. Lorsqu'il y eut
fait quelques progrès, Maderne lui fit copier
ses dessins, & l'employa ensuite aux ouvrages

que lui confia Urbain VIII, après la mort de Grégoire XIII. Au milieu de ces occupations, Borromini ménageoit quelques momens pour la sculpture. Il fit entre autres dans saint Pierre, les Chérubins qui tiennent des festons au-dessus du bas-relief d'Attila, & ceux qu'on voit sur les petites portes de l'église.

La sculpture avoit des charmes pour lui, & il s'y seroit livré de plus en plus, s'il eût été le maître de suivre son inclination. Mais Maderne qui voyoit en lui des talens plus marqués pour l'architecture, ne lui laissoit pas le temps de faire la moindre infidélité à ce bel art. Sa mort étant arrivée en 1629, le Bernin lui succéda dans la charge d'Architecte de saint Pierre. Borromini qui avoit déjà donné des preuves de son génie, n'eut pas de peine à s'introduire auprès de lui. Il sembloit qu'on dût tout espérer de cette union; les différends qui s'élevèrent entre eux la firent bientôt cesser.

Borromini étoit protégé d'Urbain, pour lequel il avoit entrepris l'église de la Sapience. Il continuoit les travaux du palais Barberin, quoique le Bernin en eût la principale direction. Cette subordination lui déplaisoit fort. Etre en quelque sorte l'élève d'un confrère lorsqu'on est à peu près de même âge, & qu'on ne manque ni de préfomption ni d'ambition, eſt un joug bien dur pour un eſprit né libre & indépendant. Il ne tarda donc pas à le ſecouer; il devint l'émule déclaré du Bernin, & parvint même à être plus employé que lui. Le couvent de ſaint Philippe de Neri & la façade de l'oratoire, l'égliſe du collège de la Propagande, une partie du bâtiment de ſainte Agnès dans la place Navone, & les nouveaux ornemens de ſaint Jean de Latran, l'occupèrent ſucceſſivement.

Sa réputation devint ſi brillante, que le roi d'Eſpagne ayant réſolu d'agrandir ſon palais de Rome, lui demanda un deſſin qui, malgré ſon inexécution, valut à ſon auteur l'ordre de ſaint Jacques, & mille piſtoles de gratification. Le pape voulut auſſi l'honorer de l'ordre de chriſt, &, pour lui marquer davantage ſon eſtime, ſa ſainteté en fit elle-même la cérémonie dans ſon palais de *monte cavallo* en 1652. Trois mille écus comptans & une penſion mirent le ſceau à cette faveur.

On lui confia enſuite le bâtiment de ſaint André *alle fratre*, le palais des Falconieri à Rome, celui *della Rufina* à Freſcati, & celui du prince Scavolino à la fontaine de *Trevi*. Le

Bernin qui voyoit dans ces productions les fruits d'un génie capable de gâter l'architecture, les estimoit médiocrement. Il obtint même alors la conduite d'un bâtiment qui avoit été donnée à Borromini, & dont celui-ci avoit fait les desseins. Ce dernier, outré de se voir préférer son rival, résolut de s'en aller en Lombardie. Il y resta peu, & revint à Rome. Son chagrin étoit inexprimable. En vain, pour le dissiper, s'occupa-t-il tout entier à faire des desseins de caprice qui lui coûtoient moins qu'à un autre. Appliqué à les mettre en état d'être gravés, sa situation devint si terrible, qu'il rugissoit comme un lion. On crut que le moyen le plus propre de tranquilliser son esprit étoit de lui soustraire absolument tout ce qui pouvoit l'appliquer à son art. Mais loin de guérir son mal, on ne fit que l'aggraver encore; il dégénéra bientôt en une oppression de poitrine, & en une espèce de frénésie. Dans un accès des plus violens, il se jette sur son lit; après une demi-heure de repos, demande du papier & de la lumière, on les lui refuse, il se calme un peu, on croit même qu'il est rendormi. Mais tout-à-coup il pousse les hauts cris, se saisit d'une épée, & s'en perce.

Q iv

Ainſi périt en 1667, à l'âge de ſoixante-huit ans, un artiſte digne d'un meilleur ſort. La jalouſie dont il fut la victime avoit corrompu ſon goût. Naturellement porté vers le ſingulier & le bizarre, il s'embarraſſa peu de violer les règles du bon ſens & de la ſaine architecture, pourvu qu'il eût la ſatisfaction de ſe diſtinguer du Bernin ſon rival. L'envie qui l'anima contre ce grand homme n'étoit pas celle qu'Héſiode dit être *utile aux mortels*, & qui préſidoit aux jeux de la Grèce, où le vaincu ſatisfait d'avoir diſputé le prix, s'empreſſoit à couronner le vainqueur.

Borromini refuſa toujours de faire des deſſins en concurrence des autres Architectes. Il les mépriſoit trop pour ſe comparer à eux. D'ailleurs, il diſoit qu'il ne lui convenoit pas d'expoſer ſes ouvrages au refus ou à la critique, tandis que ſeuls ils avoient l'eſtime des connoiſſeurs. Craignant, dit on, que ſes confrères ne ſe les attribuaſſent, ou même en profitaſſent, il les fit tous brûler avant ſa mort. Il faut néanmoins lui rendre cette juſtice, qu'il étoit moins avare des tréſors de la fortune que de ceux de l'eſprit, puiſqu'il laiſſa au cardinal Carpegne deux mille écus, ſon argenterie, & ſes deux

chaînes d'or. Peut-être y avoit-il un peu d'amour-
propre dans sa manière de donner, & dans le
refus qu'il fit d'une crédence d'argent qu'un
autre cardinal lui envoya en préfent.

On fait que Saint Jean-de-Latran eft, après
Saint Pierre, la plus belle églife de Rome.
Sa grande nef étoit, comme celle des anciennes
Bafiliques, formée de deux rangs de colonnes de
différens marbres, tirées des ruines des temples
& des palais. Dans un fiècle où la bonne architecture penchoit vers sa décadence, on avoit
conftruit fur l'entablement un mur tout nu qui
portoit immédiatement le plafond. Borromini
enferma dans une épaiffe maçonnerie ces colonnes trop courtes, eu égard à l'élévation de
ce plafond, & la décora de longs pilaftres entre
lefquels des niches faillantes font un effet fur-
prenant. Leur plan eft ovale ; elles font ornées
de colonnes compofites de marbre vert antique ;
mais leur profil eft auffi irrégulier & bizarre, que
leur compofition eft ingénieufe. Clément XI a
fait placer dans ces niches les figures des douze
apôtres exécutées en marbre par le Rufconi, le
Gros, & les plus habiles fculpteurs de Rome.

Au collège de la Sapience, le clocher de la
chapelle eft en fpirale & fi extraordinaire, qu'il

n'y en a peut-être pas un pareil au monde. L'églife, d'une médiocre étendue, n'eft pas moins fingulière par fes corniches que par fon clocher, qu'on dit avoir été fait pour imiter la tour de Pharos. Les volutes y font à l'envers, ainfi qu'à Saint-Jean de-Latran, c'eft-à-dire qu'au fortir de la tigette elles fe contournent en dedans.

La façade de l'oratoire de la *Chiefa nuova* à Rome eft fuperbe. La maifon des pères eft un des meilleurs ouvrages de Borromini. Celle de Saint Philippe de Néri fait un des beaux couvens de Rome. Sa face extérieure eft de notre Architecte, ainfi que l'oratoire dont on eftime la voûte pour la légèreté.

On voit à la façade de Sainte-Agnès un dôme accompagné de deux clochers faits en tours, mais un peu trop élevés par rapport à la largeur de la façade. Ils font chargés d'une grande quantité d'ornemens. Un ordre corinthien règne au-deffus d'un large perron, avec une tour creufe aux extrémités. Il y a une baluftrade fur l'entablement qui couronne cet ordre. La facriftie de cette églife a été élevée par le même Architecte, dans un goût auffi noble que majeftueux.

La façade du palais Pamphyle, aujourd'hui

Doria , fur la place du collège romain , est grande & bien décorée. On reconnoît le Borromini à fes profils bizarres. (2)

Le palais Justiniani a été élevé fur les ruines des thermes de Néron.

L'églife de Saint-Charles aux quatre fontaines offre un modèle de bizarrerie dont il y a peu d'exemples.

Au palais Barberin il a conftruit une des façades derrière le manège, ainfi que les deux efcaliers, dont un carré fort orné d'architecture, & l'autre ovale, foutenu de colonnes accouplées.

Notre Architecte a rendu plus moderne le palais Spada, & l'a enrichi de divers ornemens : Dans un petit jardin il a fait une colonnade qui forme une belle perfpective.

Le meilleur ouvrage de Borromini eft le collège de la Propagande. Il eft de forme triangulaire, & décoré de corridors & de galeries intérieures qui font magnifiques. Derrière ce collège on voit le dôme de l'églife de Saint André

(2) D'autres confidérant la multitude d'ornemens qui font aux fenêtres , prétendent que c'eft Pietre de Cortone qui l'a fait bâtir.

delle fratre d'une compofition fingulière, mais très-agréable.

A Saint Pierre *in montorio*, il a élevé l'églife & le monaftère des religieufes des Sept-Douleurs; la façade eft reftée imparfaite.

CHARLES RAINALDI (1).

CET Architecte naquit à Rome en 1611. Rien de ce qui peut contribuer à une bonne éducation ne fut négligé par fon père Jérôme; il le mit au collège romain avant que de lui montrer l'architecture. Le jeune Rainaldi commença par donner des deffins de jardins, de fontaines, & de feux d'artifices. Bientôt après il fit des plans de bâtimens qui fentoient le grand maître. Son mérite, prouvé par ces derniers ouvrages, lui valut la confiance du pape Innocent X, qui jeta les yeux fur lui pour la réconftruction de l'églife de Sainte Agnès dans la place Navone. Rainaldi ne l'éleva néanmoins que jufqu'à l'entablement; tout le refte eft du Borromini, à l'exception des deux campanilles & de la lanterne du dôme.

(1) *Pafcoli. Baldinucci.*

Sous le pontificat de ce pape, les murmures des rivaux du Bernin, qui s'étoient fait entendre sous Urbain VIII, se renouvelèrent au sujet des clochers élevés sur la façade de Saint Pierre. Ces jaloux présentoient des desseins qui ne pouvoient tout au plus que leur faire tort. Le pape n'en étoit que plus indécis, & paroissoit appréhender la chûte de la façade que ces clochers fatiguoient. Sa sainteté fit donc convoquer une assemblée des plus habiles Architectes présidés par Rainaldi. Plusieurs cardinaux y furent députés, & il fut décidé que chacun feroit un dessin. Celui de notre artiste fut jugé le plus léger & le plus analogue à l'église, mais il resta sans exécution. Le pape lui ordonna ensuite un plan pour la décoration de la grande place, il en imagina quatre différens; Innocent X étant venu à mourir, Alexandre VII, son successeur, n'en voulut suivre aucun.

D'autres ouvrages occupèrent alors Rainaldi, tels que le tombeau du cardinal Bonelli dans l'église de la Minerve; la chapelle de Saint Antoine de Padoue aux Saints Apôtres; le grand autel de Saint Laurent *in lucina*; l'église de Jésus & Marie au cours, que Charles Milannois avoit laissée imparfaite; la grande chapelle des religieuſes de Sainte-Anne ; la façade de Saint-André-de-la-Valle , & les deux chapelles de l'égliſe de la confrairie des ſuffrages.

Lorſque ces travaux furent finis, Alexandre VII ordonna à notre Artiſte de rebâtir l'égliſe de Sainte Marie *in campitelli*. Il s'en acquitta au grand contentement de ſa ſainteté qui , par diſtinction, l'envoya en Toſcane à la ſuite du cardinal Carpegne, du côté de ces marais appelés Chiane , pour examiner le ſujet des différends élevés entre le ſaint ſiège & le grand duc. A ſon retour , la faveur du pape lui procura les deux égliſes parallèles qu'on voit en entrant à Rome par la porte du peuple , & qui décorent cette place de la manière la plus agréable ; l'une eſt Notre-Dame-des-Miracles , l'autre s'appelle *de Campo ſanto*.

Sa patrie ne fut pas la ſeule qu'il remplit de ſes ouvrages. La cathédrale de Ronciglione, la jolie égliſe de Monte-Porzio , la plus grande partie des jardins des villes de Mondragone, & Pinciana , l'occupèrent ſucceſſivement. Charles-Emmanuel, duc de Savoie , l'employa à pluſieurs deſſins de bâtimens pour le Piémont, & le cardinal Maurice n'exerça pas moins ſon génie durant ſon ſéjour à Rome. Ces deux princes

voulurent même lui donner un gage de leur
satisfaction en le gratifiant des ordres de Saint
Maurice & de Saint Lazare, dont le cardinal fit
la cérémonie.

La célébrité que Rainaldi s'acquit par un si
grand nombre d'édifices remarquables, le fit con-
courir avec le Bernin & les plus fameux Architectes d'Italie pour le dessin du Louvre. Louis XIV
lui envoya à cette occasion, son portrait enrichi de diamans, présent qu'il avoit coutume
de faire aux artistes du premier mérite. Les seigneurs de Rome qui l'honoroient de leur amitié,
lui faisoient des dons considérables tant en pierreries qu'en meubles. Les uns lui proposoient
des partis avantageux, d'autres des postes lu-
cratifs ; mais les graces & les pensions qu'il
avoit reçues de différens pontifes l'avoient mis
en état de s'en passer. Sa mort, arrivée en 1691,
fut la fin d'une longue maladie ; il étoit âgé de
quatre-vingts ans.

Rainaldi partageoit avec les pauvres les biens
qu'il tenoit de ses protecteurs, & il vécut toujours dans de grands sentimens de piété. Il avoit
une dévotion si particulière au saint sacrement,
qu'il donna de son vivant, à la confrairie des
Stigmates dont il étoit, toutes ses pierres fines

pour en décorer un soleil. Il lui légua aussi sa croix de chevalier qui fut employée à la même œuvre.

Si l'on joint à une taille des plus avantageuses beaucoup d'affabilité envers ses amis, de gracieuseté avec ses confrères, & de sincérité à l'égard de tout le monde, on aura une idée de son caractère. Il aimoit la musique, & jouoit très-bien de la lyre & de la harpe. Doué de beaucoup de génie & de facilité, il dessinoit en peintre, & plaçoit sagement ses ornemens.

Il me reste à faire connoître les ouvrages de celui dont on vient de lire la vie ; un des principaux, est l'église de Sainte Marie *in Campitelli*. Sa façade offre huit colonnes & six pilastres corinthiens, avec un fronton qui couronne le second ordre composite. L'église, quoique singulière par son plan, conserve cependant une certaine sagesse. L'arrangement de ses colonnes sur des avant-corps, produit un coup d'œil assez semblable à une décoration de théâtre en relief, qui diminue insensiblement jusqu'au maître autel.

On a critiqué dans cet édifice, d'une étendue médiocre, l'emploi des colonnes réservées pour

les

les grandes fabriques. Elles semblent ici diminuer la capacité du lieu.

La façade de Sainte-Marie majeure, du côté de la place où est l'obélisque, fut commencée sous Clément IX. Elle forme une rotonde dans le milieu, avec des pilastres corinthiens qui régnent autour des deux chapelles surmontées chacune d'un petit dôme.

Celle de Saint-André-de-la-Valle (2) est une des plus nobles façades de Rome après celle de Saint Pierre. Huit colonnes corinthiennes, & deux pilastres aux encoignures, avec quatre niches, en règlent l'architecture. L'ordre supérieur est composite, & terminé par un fronton triangulaire à ressauts, suivant les avant-corps des colonnes. L'ordonnance & la belle proportion s'en font admirer. Ne seroit-ce pas un défaut d'avoir évidé l'entre-colonnement pour isoler les colonnes de peur de les engager dans le mur ?

Quoique d'une médiocre grandeur, l'église de Sainte-Agnès est magnifique; son plan présente une croix grecque bien proportionnée, &

---

(1) L'église est du dessin de Pierre-Paul Olivieri, Architecte & sculpteur.

Tome I.   R

son dôme est accompagné de deux clochers. Quantité de colonnes corinthiennes qui ornent son portail, lui donnent la forme d'un théâtre. Un magnifique escalier conduit par trois portes dans le vaisseau, dont la forme est ovale, & qui est parfaitement d'accord avec cette décoration extérieure.

L'église de Jésus & Marie-au-cours est décorée d'un ordre dorique & d'une bonne proportion. Le portique n'a qu'un ordre de pilastres composites, dont les piédestaux surpassent les deux tiers de la hauteur de la porte. On pourroit demander par quelle bizarrerie deux ordres aussi disparates se trouvent réunis dans l'extérieur & dans l'intérieur du même édifice.

Les deux petites églises qui se présentent à Rome, en entrant par la porte du Peuple, doivent à Rainaldi leur décoration : l'une est circulaire & l'autre ovale, mais leurs dômes sont égaux, de même que leurs portiques soutenus par quatre colonnes corinthiennes, sur lesquels règne une balustrade ornée de statues. Le Bernin & le Fontana qui ont achevé ces églises, y ont fait de légers changemens. On trouve que dans l'intérieur, les corniches sont trop saillantes par rapport aux arcs doubleaux,

& que les chapelles sont très-enfoncées & mal éclairées.

Clément VIII avoit commencé à faire bâtir l'autre aîle du capitole semblable à celle du palais des Conservateurs, mais cet ouvrage ayant été interrompu, Innocent X le fit achever par Rainaldi.

Cet Architecte a élevé de plus l'église du Saint-Suaire de N. S.; le maître autel de celle de l'Ange gardien; ceux de Sainte-Marie du suffrage & du Jésus-Maria, dont il a terminé l'église & achevé le portail; il a donné le dessin du tombeau de Clément IX à Sainte-Marie-majeure. Ces morceaux font honneur à son génie. Il avoit beaucoup de facilité, mais peu de correction, surtout dans les façades des églises. Ses plans sont en général ingénieux; il exécutoit parfaitement, & décoroit dans un goût mâle; mais il tomba dans les défauts ordinaires à tous ceux qui s'écartent des vrais principes.

Sainte-Marie-des-Miracles est une petite église qu'il a rebâtie. Après lui, le Bernin & le Fontana suivirent ses dessins dans sa décoration. Le portail qui est de lui, présente quatre entre-colonnemens couronnés d'un fronton, & don-

R ij

nant un porche fous lequel eft la grande porte.
Deux autres colonues, fur un plan circulaire,
forment un arrière-corps, & accompagnent les
petites portes. Un ordre corinthien règne dans
le dôme, de forme circulaire, & l'architecture
de l'églife eft eftimée.

Un de fes ouvrages le plus confidérable eft
le palais de l'Académie de France. Le rez-
de-chauffée feroit plus beau s'il étoit moins
riche; on critique les mezzanines placées au-
deffus. Il ne faut pas oublier le beau palais des
Falconieri qui a vue fur le Tibre.

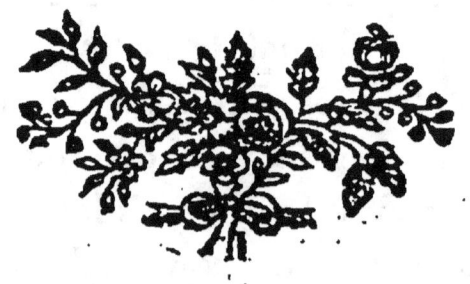

NICOLAS SALVI.

DIFFÉRENTES branches des connoiſſances humaines occupèrent cet artiſte né à Rome en 1699. On dit même que ſes talens pour la poëſie lui méritèrent l'adoption de pluſieurs académies de cette ville. Plein d'ardeur pour l'étude, il fit connoiſſance avec un Architecte, ſon compatriote, nommé Antoine Cannevari. Dès ce moment, ſon goût ſe fixa à l'étude de l'architecture : la lecture des ouvrages de Vitruve, & le deſſin des plus riches monumens anciens & modernes devinrent ſon unique occupation.

Il tarda peu à mettre en pratique les leçons de ces maîtres dans la décoration d'un feu d'artifice tiré ſur la place d'Eſpagne. Le ſujet qu'il choiſit fut le temple de la gloire, dont les quatre faces d'architecture étoient de relief. Cette machine, de deux cents palmes de haut, fut élevée ſans faire de trou en terre.

Cannevari fut, quelques années après, appelé en Portugal pour le ſervice du roi Jean V. Il remit avec confiance, entre les mains de ſon élève, la conduite des entrepriſes dont il étoit

R iij

chargé à Rome, telles que le baptiftère de Saint Paul hors des murs; le grand autel de l'églife de Saint Euftache; la petite églife de la ville Bolognetti, hors de la porte Pie, & quelques autres ouvrages moins importans.

Celui qui affure à Salvi une place, parmi les fameux Architectes, eft la fontaine de *Trevi*, conftruite par ordre de Clément XII. Elle confifte en trois corps d'architecture, & un foubaffement pofé fur une maffe de rochers, d'où l'eau fort en abondance pour tomber dans un vafte baffin. Sa compofition eft formée d'un avant-corps & de deux arrière-corps : le premier offre un arc de triomphe à quatre colonnes. Dans l'arcade du milieu, difpofée en niche, paroît un Neptune porté fur une conque marine, traînée par deux chevaux que conduifent des Tritons; (1) de chaque côté s'élèvent deux colonnes corinthiennes qui embraffent les deux étages du bâtiment, & dont des ftatues (2) oc-

---

(1) Ce morceau de fculpture, modelé par Maini, a été exécuté en marbre par Pierre Bracci.

(2) Ces ftatues faites par Pierre Valle, expriment la Salubrité & la Fécondité. Les quatre autres font l'Abondance des fleurs par Auguftin Corfini, la Fertilité des cam-

cupent les entre-colonnemens avec des bas-reliefs au-deſſus. Quatre autres figures ſont poſées
ſur l'entablement, & le tout eſt couronné d'un
attique décoré de deux Renommées, (3) ſup-
ports des armes de Clément XII. Des pilaſtres
corinthiens ornent les arrière-corps qui renferment chacun deux rangs de trois croiſées
avec leurs frontons. Cette fontaine annonce une
très-grande magnificence, & préſente un coup
d'œil impoſant. On peut douter qu'une architecture corinthienne des plus riches, puiſſe s'accorder avec ce qu'il y a de plus ruſtique, & qu'il
y ait un exact rapport entre les différentes parties de cet ouvrage.

Treize années furent employées à ſa conſtruction, ſouvent interrompue & repriſe. L'envie
déchaînée contre Salvi lui ſuſcita bien des cha-
grins & des diſgraces; il eût pu ſe ſouſtraire à
ſes traits, en acceptant les offres que lui fit la
cour de Turin après la mort de Juvara. Il fut
également ſourd à l'invitation des Milanois,

pagnes par Bernard Ludoviſi, la Richeſſe de l'automne
par le cavalier Queiroli, l'Agrément des prairies par Barthelemi Picellotti. Toute cette ſculpture n'eſt point belle.

(3) Elles ſont de Paul Benaglia.

occupés du portail de leur cathédrale , & aux propofitions des Napolitains , pour élever le palais de Caferte & l'hôpital général. Dans ces différens endroits, de grands avantages auroient été la récompenfe de fes talens ; mais obligé de vifiter fouvent les conduites de l'*aqua vergine*, qui fournissent la fontaine de *Trevi*, fon tempérament délicat s'affoiblit infenfiblement, & il devint paralytique. Il vécut cinq années en cet état de langueur , dont la mort fut le terme en 1751. Il n'étoit âgé que de cinquante-deux ans.

ANGLOIS.

INIGO JONES (1).

Né à Londres en 1572, Jones étoit fils d'un fabricant de draps qui le mit en apprentissage chez un ménuisier. Dans l'éducation que lui donna son père, il ne prétendit rien moins que d'en faire un Architecte. Ce fut l'impulsion du génie qui le tourna vers les arts. Le comte d'Arundel frappé de ses talens pour le paysage, l'envoya étudier en Italie ce genre de peinture. Un tableau de sa composition, conservé dans le cabinet du duc de Devonshire, quoique foible de couleur, fait voir le degré de perfection où il parvint.

Arrivé dans le séjour des arts, Inigo sentit que la nature ne l'avoit pas fait pour orner les cabinets de ses tableaux, mais pour élever des

(1) Anecdotes sur la peinture en Angleterre, recueillies par Georges Vertrue, & mises en ordre par Horace Walpole, trois volumes in-4°.

palais. Le pinceau lui tomba des mains, il prit la règle & le compas, & conçut le projet de bâtir le palais de Whiteall. C'est ainsi, comme l'a dit Gresset, que

Nos goûts font nos destins.

En traversant les états de Venise, il vit les ouvrages de Palladio, & les admira. On ignore les raisons qui le déterminèrent à aller ensevelir ses talens en Danemarck, où les occasions d'en tirer parti devoient lui manquer. Ce qu'il y a de certain, c'est que sur sa grande réputation, Christian IV l'invita à y passer pour être son Architecte. Jacques I, roi d'Angleterre, ne tarda pas à être informé de son arrivée à Copenhague, & la reine Anne l'attira à son service dans le royaume d'Ecosse. Le prince Henri se l'attacha pareillement, le déclara son Architecte, & lui fit obtenir la survivance de l'office d'intendant général de ses bâtimens.

A la mort de ce prince, arrivée en 1612, Jones fit un second voyage en Italie. Il y porta un jugement plus sain, & perfectionna son goût. On présume que dans l'intervalle de ces deux voyages, il éleva des édifices, dont le style est moins pur, & qui approche beaucoup de ce qu'on appelle le goût gothique du roi Jacques. Sa manière est caractérisée par quantité d'ornemens lourds & beaucoup de petites parties, défauts qu'il a évités depuis, dans ses grandes entreprises.

La place d'intendant général des bâtimens du prince étant venue à vaquer, il partit pour l'Angleterre, où il remplit sa nouvelle dignité avec un désintéressement remarquable. Le bureau des ouvrages du roi avoit contracté beaucoup de dettes sous son prédécesseur. Le conseil privé consulta Jones sur le moyen de les acquitter. Il offrit généreusement de céder ses appointemens jusqu'à la libération des dettes, & engagea le contrôleur & le trésorier de suivre son exemple.

Un habile Architecte peut être mauvais connoisseur en antiquités : c'est ce qui arriva à Jones en 1620. Le roi Jacques lui donna la commission de rechercher les auteurs du monument nommé Stone-Henge, c'est-à-dire, pierre pendante. Cette antiquité se trouve dans une plaine du comté de Salisbury, & consiste en une assez longue suite de pierres plantées debout, presque toutes sur un plan circulaire, & qui servent de support à d'autres pierres posées dessus transverfalement. Inigo fe rendit inceffamment fur les lieux, & décida (2) que ce monument étoit les reftes d'un temple bâti par les romains, qu'il compare au Panthéon. Des yeux moins prévenus n'auroient vu dans cet amas de pierres, qu'une maffe auffi informe que barbare. Il eft à remarquer que tous ceux qui en ont parlé, l'ont attribué à la claffe d'antiquité pour laquelle ils avoient plus de goût. On a cru long-temps que le monument de Stone-Henge, & d'autres très-communs en Angleterre étoient des tombeaux; mais on fe réunit aujourd'hui à l'opinion du docteur Stukéli, qui prétend que le Stone - Henge fut un collège & un temple de Druïdes. Les

(2) La differtation qu'il compofa à ce fujet fut publiée en 1655 après fa mort par Jean Webb fon élève. Il n'en fit tirer qu'un petit nombre d'exemplaires , qui périrent prefque tous dans l'incendie de Londres ; de façon que le livre étoit devenu extrêmement rare. Mais en 1725 on en a fait à Londres une nouvelle édition augmentée de l'ouvrage où le docteur Charleton entreprit, en 1662, de renverfer le fyftème de Jones , & de la défenfe de ce fyftème par Jean Webb , qui avoit paru en 1665. Dans tous ces traités écrits en anglois l'érudition n'eft pas épargnée, fans que la matière en foit plus éclaircie. Jean Webb mourut en 1672, âgé de foixante-un ans.

pierres employées à la conftruction de ce groffier édifice, font d'une telle grandeur, qu'on ne
conçoit pas comment elles ont pu être amenées
là de fept lieues au moins, attendu qu'on ne
trouve point de carrière à une moindre diftance.

Dans la même année Inigo fut nommé un des
commiffaires pour les réparations de l'ancienne
cathédrale de faint Paul, qui ne furent néanmoins commencées qu'en 1633. On lui reprocha
d'avoir rebâti les bas-côtés de cette églife dans
un mauvais goût gothique, & d'y avoir ajouté
un portique romain, dont l'élégance & la beauté,
peu analogues avec les anciennes parties confervées, les faifoient paroître beaucoup plus lourdes.
Je ne remarque cette faute que parce qu'elle eft
d'un grand homme, comme on relève les erreurs
des écrivains célèbres pour le progrès des lettres.
Cet ouvrage a été confumé par le feu.

La même faute a été répétée par notre Architecte dans l'intérieur de l'églife cathédrale de
Winchefter. Il a placé au milieu, une tribune
dans le goût grec, qui ne s'accorde nullement
avec le refte. Il faut avouer que toutes les fois
qu'il voulut employer la manière gothique, jamais il ne put faifir fon véritable caractère.

Jones avoit commencé un an auparavant le Banquetting-Houſe, c'eſt-à-dire la ſalle où l'on donne des repas aux princes étrangers. Elle faiſoit partie du palais de Whiteall, interrompu par la mort de Charles I, qui vouloit y faire ſa réſidence. Il n'en reſte qu'un pavillon que le feu épargna en 1693. On le regarde comme un chef-d'œuvre de l'art. Inigo bâtit, quatre ans après, une belle chapelle dans le palais de Sommerſet, pour l'infante d'Eſpagne, que le prince de Galles, depuis Charles I, devoit épouſer, mais qu'il n'épouſa point. La façade ſur la Tamiſe faiſant partie d'un plus grand projet, & la porte du côté de l'eau, ne furent conſtruites que long-temps après ſur les deſſins de Jones, qui a pareillement donné ceux de la porte à Yorck-Stairs.

Lorſque Charles I monta ſur le trône, ce prince lui conſerva ſes emplois. Il avoit une cour très-brillante à Whiteall, où tous les arts agréables étoient réunis. Ben-Johnſon, Georges Chapman, le chevalier Guillaume Davenant, & autres fameux poëtes de ce temps-là, compoſoient les drames qu'on jouoit devant le roi. Jones chargé des décorations, des machines, & de l'ordonnance du ſpectacle, montra dans

tous ces détails autant de jugement que d'imagination. Nous avons des relations de plusieurs
de ces fêtes appelées mascarades ou ballets, dans
les intermèdes desquelles leurs majestés & la
jeune noblesse dansoient. Anne de Danemarck
en avoit apporté le goût en Angleterre. On peut
présumer que les fêtes si vantées de Louis XiV
n'étoient que des copies des spectacles donnés
à Whiteall.

L'accord parfait qui régnoit dans les travaux
de Ben-Johnson & d'Inigo, & qui leur avoit
mérité plus d'un triomphe, fut troublé par une
querelle dont on ignore le sujet. Ce qu'il y a de
certain, c'est que le premier, naturellement
emporté, fit paroître trop d'humeur, & se chargea ainsi de tous les torts. Son adversaire fut accablé d'injures grossières dans de mauvais vers,
étrange abus que les gens de lettres faisoient
alors de l'esprit. Ben-Johnson ne se contenta
pas d'attaquer Jones dans ses mordans écrits,
il eut la témérité de se mesurer avec Shakespeare,
sans considérer auparavant la distance qui les sé-
paroit. En effet Johnson, simple imitateur, traduit en sa langue ce que les anciens ont si bien
dit dans la leur; Shakespeare au contraire n'en
prend que l'esprit, se l'approprie, & devient

créateur. Si quelque chofe peut les rapprocher, ce font les trivialités dont tous deux ont déshonoré leurs ouvrages.

Inigo ne fut pas long-temps fans partager les malheurs de fon maître. Il étoit fon favori & catholique romain ; deux crimes capitaux qui le firent condamner à une amende de 545 livres fterl. qu'il fut obligé de payer. On ignore fi ce fut devant ou après ce jugement qu'il enterra fon argent. Le chagrin & un enchaînement de malheurs empoifonnèrent le refte de fes jours, & le conduifirent au tombeau en 1651. On éleva à fa mémoire un monument honorable dans l'églife de faint Benoît, que le grand incendie de Londres n'épargna point.

Le nombre des ouvrages de Jones eft confidérable, quoique plufieurs de ceux qu'on lui attribue appartiennent à fes élèves. On a imprimé à Londres, en 1727, deux volumes *infolio* ornés de planches, qui contiennent les deffins, plans & élévations de fes bâtimens publics & particuliers. Cet ouvrage a été publié par Guillaume Kent, avec quelques deffins d'autres artiftes. En 1770 il en a paru une nouvelle édition, dans laquelle l'explication dés planches eft traduite en françois. Elle nous guidera pour

les

les détails qui vont terminer la vie d'Inigo.

La salle des banquets, comme on l'a dit plus haut, n'est qu'une petite partie d'un grand palais projeté par notre Architecte. Le *Vitruvius Britannicus* (3 vol. *in-fol.* imprimés à Londres en 1731) en renferme un plan général composé de sept cours. Du côté du parc saint-James est la salle des banquets, avec une chapelle qui lui est paralèlle. Son entrée remarquable par sa noblesse, ressemble à un double arc de triomphe : deux superbes tours carrées, d'une forme élégante, terminent les angles de cette salle, & deux dômes couronnent l'édifice. La face est ornée des ordres rustique, composite & corinthien. Celle sur la Tamise présente les mêmes ordres avec des fenêtres à la vénitienne & des tours semblables à celles des autres faces.

L'hôtel de Lindsey-House à Londres, sur la place de Lincolns-inn-fields, a une façade d'un style très-pur ; mais sa disposition intérieure n'est pas exempte de défauts. Dans cet édifice il a donné un des premiers l'exemple d'observer pour les pilastres la même diminution que pour les colonnes ; c'est à cette singularité que cet hôtel doit un de ses principaux agrémens. Sa façade consiste en un soubassement rustique, surmonté d'un ordre pilaſtre ionique , avec un attique décoré d'une baluſtrade & de vaſes. Le tout eſt conduit avec l'harmonie qui brille dans les ouvrages de ce grand maître.

Le théâtre de chirurgie à Londres eſt une de ſes plus belles productions.

Notre artiſte éleva les degrés d'Yorck ſur les bords de la Tamiſe pour le premier duc de Buckingham qui étoit grand amiral d'Angleterre : on y voit une porte ruſtique où l'ordre toſcan préſide.

La porte de Londres , appelée Temple-Bar près le palais du roi , reſſemble à un arc de triomphe ; elle a une grande arcade accompagnée de deux plus petites. La figure équeſtre de Charles II ſert d'amortiſſement à cet édifice.

Jones conſtruiſit , en 1639 , un palais vers Greenwich , pour ſervir de retraite à la reine-mère. L'ordonnance de ſa façade conſiſte en un ſoubaſſement ruſtique fort élevé , qui porte une belle galerie formée de colonnes ioniques , que couronne un entablement avec une baluſtrade régnante autour de l'édifice. Il mérite la plus grande conſidération.

On admire l'égliſe & le portique de ſaint Paul à Covent-Garden, & la place carrée dont

elle occupe le milieu. Le portique toscan qui
l'entoure, modelé d'après celui de Livourne,
n'a cependant rien de remarquable. Les pilastres
sont traités d'une manière sèche & triviale ; le
toit de l'église ressemble à celui d'une grange.
Les romains ont-ils jamais fait choix de l'ordre
toscan pour la décoration d'un temple ?

L'hôtel de Shaftsbury, situé à l'orient de la
rue d'Aldersgate, présente une très belle façade :
c'est aujourd'hui un hôpital où l'on reçoit les
femmes qui viennent y faire leurs couches.

Le palais de Gunnesburey, proche Brent-
Ford, a été bâti sur les desseins de Jones par
Webb, qui avoit épousé une de ses cousines
germaines. Cette maison est tout-à-fait dans le
goût vénitien, & a une telle conformité avec
les édifices du même genre qu'a construits Palladio, tant pour ce qui concerne la distribution,
que pour ce qui est de la décoration, qu'on le
croiroit bâti par ce célèbre Architecte. Le portique d'ordre corinthien régnant sur toute la
façade, à l'exception d'une fenêtre à chaque extrémité, est trop grand ; l'entre-colonnement est
trop ouvert, la frise & l'architrave continués
des deux côtés du fronton sont un exemple d'une
licence qu'on ne doit guère se permettre.

On cite le palais de milord Pembroke bâti à Wilton comme un des chefs-d'œuvres d'Inigo, & celui de milord Charlton dans le comté de Wilts. Celui-ci est remarquable par sa galerie d'ordre composite, posée sur un soubassement rustique, & ornée d'un fronton avec trois figures à ses extrémités.

Chevening est une maison décorée simplement, mais de bon goût; la manière de Jones y est très-reconnoissable.

Le château de la Grange, dans le comté de Hamps-hire, qui appartenoit au chancelier Heneley, quoique petit, a l'approbation des connoisseurs. La salle précédée d'un vestibule qu'éclaire une coupole, & l'escalier qui vient ensuite, rappelent les beaux monumens de l'antiquité.

Coleshill en Berkshire bâti en 1650, & Cobham-hall dans la province de Kent, sont encore des productions du génie de notre Architecte, qui étoit occupé à rebâtir Castle-Ashby, & qui en avoit déjà élevé une des façades, lorsque la guerre interrompit ses travaux, ainsi que ceux qu'il faisoit faire à Stoke-Park dans la province de Northompton.

On a observé que jusqu'à Jones le goût du

deſſin avoit été inconnu en Angleterre. Cet artiſte y fit auſſi briller la ſaine architecture en ſuivant Palladio, ſur les œuvres duquel il écrivit des notes qui ſe trouvent dans l'édition donnée en Anglois par Jacques Léoni, Architecte de l'électeur Palatin. Sa manière, aſſez conforme à celle de l'artiſte vénitien, manque ſouvent de grace & de légèreté.

CHRISTOPHE WREN (1).

Cet architecte naquit, en 1632, à Eaſt-Knoyle dans le comté de Wilts. Son père, doyen de Windſor, étoit d'une ancienne famille originaire de Danemarck, qui vint s'établir en Angleterre dans le dioceſe de Durham. Dès l'âge le plus tendre, le jeune Wren parut avoir un génie propre aux ſciences, & ſurtout aux mathématiques, & on l'admit comme gentilhomme-penſionnaire au collège de Wadham à

___

(1) La vie & les Ouvrages de Chriſtophe Wren, compilés par ſon fils Chriſtophe, & publiés par ſon petit-fils Etienne Wren, écuyer, à Londres 1750 in-fol. Le livre eſt en Anglois.

Oxford. A treize ans il avoit déjà imaginé plusieurs instrumens d'astronomie mieux divisés, ou plus commodément suspendus, que ceux connus des savans, & un scénographe dont la description & la figure se trouvent dans ses œuvres. En 1653 le collège d'All'fous (de toutes les ames) l'adopta parmi ses membres, & la même année il parvint au grade de maître ès-arts. Admis dans cette savante assemblée qui donna naissance à la société royale, il fut nommé à la chaire de professeur en astronomie au collège de Gresham, n'ayant pas encore vingt-cinq ans accomplis. On lui donna celle d'Oxon en 1660, & un an après il devint docteur en droit civil dans la même université. La société royale qui venoit d'être établie, le mit à portée, par son adoption, de remplir l'objet de ses travaux en approfondissant les différentes parties de la philosophie.

Son voyage à Paris est de 1665. Il avoit pour but d'examiner les arts que le cardinal Mazarin faisoit fleurir en France. Mais malheureusement il n'alla pas plus loin. Ses observations furent envoyées à un de ses amis, qui auroit sans doute fait un présent aux gens de lettres en les publiant. L'année suivante notre artiste traça le plan d'une nouvelle ville de Londres, dont le feu, un des plus confidérables dont parle l'hiftoire, avoir confumé la très-grande partie. La préfentation de ce projet qui fut faite au parlement fit naître trois opinions différentes. Les uns vouloient qu'on fuivît en tout le plan propofé. Les autres prétendoient qu'il falloit fe conformer à l'ancien, mais rebâtir la ville en briques, dont les maifons, jufqu'alors couvertes de chaume, n'étoient que de bois. Quelques-uns prenoient un parti mitoyen, & fouhaitoient qu'on fît un quai le long de la rivière, & qu'on élargît certaines rues, en confervant néanmoins les anciens fondemens & les voûtes qui n'étoient pas ruinées. Cette dernière opinion fut en partie adoptée, à l'exception du quai.

Si l'on eût fuivi le plan de Wren, que M. H. Hulsberg a gravé en 1724, Londres auroit été une ville fuperbe ; fes rues larges, & tirées au cordeau, fe feroient croifées à angles droits, tous les édifices publics auroient été placés de manière à ne les point embarraffer, & les maifons des principales rues auroient été foutenues par des portiques.

» Cependant, (1) à l'étonnement de l'Europe,

---

(1) Volt. Effai fur les mœurs & l'efprit des nations.

S 12

Londres fut rebâtie en trois années beaucoup
plus belle, plus régulière, plus commode
qu'elle n'étoit auparavant. Un seul impôt sur
le charbon, & l'ardeur des citoyens suffirent à
ce travail immense. Ce fut un grand exemple
de ce que peuvent les hommes, & qui rend
croyable ce qu'on rapporte des anciennes villes
de l'Asie & de l'Egypte, construites avec tant de
célérité ».

Jean Denham, Architecte du roi, étant mort
en 1668, Wren lui succéda, fut fait chevalier,
& eut dès-lors la direction d'un grand nombre
d'édifices publics qui lui ont acquis une réputation immortelle. On cite entre autres, comme
un chef - d'œuvre, l'église de saint Etienne de
Walbrook à Londres ; mais elle est tellement
environnée de maisons, qu'on ne la voit presque
point.

L'église de saint Paul passe, avec raison, pour
le plus beau & le plus vaste temple de l'Europe,
après saint Pierre de Rome. Enveloppée dans le
terrible incendie de 1666, Wren qui la recons-
truisit, en a fait un édifice plein de grandeur
& de majesté. On voulut d'abord qu'il s'assu-
jettît aux anciennes fondations, & ce ne fut
qu'au bout de deux ans qu'il obtint la permission

de les démolir, & de fuivre un projet digne
de fes talens & du choix de la nation. Alors il
propofa un feul ordre d'architecture pour le frontifpice de faint Paul ; mais la difficulté de trouver
des pierres affez groffes & affez dures, l'obligea
de diminuer les proportions de fon ordre, &
d'en admettre deux. Cet édifice fut commencé
en 1675, & conftruit de pierre de Portland,
la plus belle du pays, & qui conferveroit fa blan-
cheur & fon poli, fans la fumée corrofive du
charbon qui ronge les autres pierres & noircit
celle-là. La médiocrité des fonds affignés pour
fon érection, & l'impatience des Anglois, lui
causèrent beaucoup de défagrémens. Il eut néanmoins la fatisfaction d'y voir pofer la dernière
pierre par fon fils, & de finir ce monument en
1710, dans l'efpace de trente-cinq ans, avec le
fecours d'un feul entrepreneur, & fous le même
évêque de Londres, tandis que S. Pierre de Rome
a été cent quarante-cinq ans à bâtir par douze
Architectes & fous dix-neuf papes. L'impreffion
que fit fur fon efprit cette grande entreprife heureufement conduite à fa fin, fut telle, que dans
les dernières années de fa vie il s'y faifoit tranfporter tous les ans une fois. Sa mémoire qui,
pour tout autre objet, étoit prefque entière-

ment éteinte , fembloit alors renaître & reprendre une nouvelle vigueur.

Vers l'an 167; Wren avoit époufé Foy , fille
du chevalier Thomas Coghill de Bleckington,
dans le comté d'Oxford , dont il eut un fils
nommé Chriſtophe comme lui. Devenu veuf
peu de temps après , il époufa en fecondes nôces
Jeanne , fille de milord Fitz - Williams. Il ne
faut pas oublier de dire qu'il eut l'honneur, en
1680 , d'être nommé préſident de la fociété
royale , Architecte, & un des commiſſaires de
l'hôpital des invalides à Chelfea , que quatre
ans après on lui donna la place de contrôleur du
château de Windfor, & qu'il fut trois fois dé-
puté au parlement. On ignore les raifons qui
lui firent ôter, en 1718 , la charge de directeur
général des bâtimens du roi à l'âge de quatre-
vingt-cinq ans.

Il paroît qu'après avoir paſſé plus de cinquante
années de fa vie dans les travaux les plus labo-
rieux, on oublia fon mérite & fes ouvrages. Il
prit le parti de fe retirer à la campagne , & de
ne s'occuper que de la lecture. Dans ce fiècle,
nous avons vu de beaux efprits employer cette
reſſource , que le défaut feul de philofophie peut
infpirer à peu près comme le romain malheureux

qui ne fe tuoit que parce qu'il n'avoit pas le courage de fupporter la vie.

Malgré un tempérament délicat dans fa jeuneffe, & difpofé à la confomption, une vie réglée & fage conduifit Wren jufqu'à l'âge de 91 ans. Son humeur égale, & la tranquillité de fon efprit ne furent jamais altérées par aucun événement; c'étoit un ftoïcien, tel que l'homme parfait dont Séneque nous a tracé le portrait. On l'enterra fous le dôme de faint Paul, privilège exclufif que la nation lui accorda, ainfi qu'à fa famille, pour honorer fa mémoire. Voici l'épitaphe qu'on y lit.

Subtùs conditur
Hujus ecclefia & urbis conditor
Chriftophorus Wren,
Qui vixit annos ultra nonaginta,
Non fibi, fed bono publico.
Lector, fi monumentum requiris,
Circumfpice.
Obiit 25 Feb. anno 1723, ætatis 91.

Notre favant Architecte décoroit avec autant de magnificence que de nobleffe. Il entendoit fupérieurement la mécanique, & l'appliquoit avec un grand fuccès à la conftruction des édifices. Une timidité singulière voiloit en lui un mérite distingué, & sa modestie portée à l'excès, nuisit beaucoup à sa fortune. Tandis qu'il travailloit au bâtiment de saint Paul, un acte du parlement, daté de la neuvième année du règne du roi Guillaume, ordonna de suspendre par moitié ses honoraires, jusqu'à ce que l'église fût achevée. Ce qui obligea d'y insérer cette clause fut le bruit qui s'étoit répandu, que Wren avoit de gros appointemens, & qu'il traînoit exprès l'ouvrage en longueur. Ils ne se montoient néanmoins qu'à deux cents livres sterling par an, à commencer depuis le temps où l'on creusa les fondemens de l'église, jusqu'à son entier achevement. Comme il préféra toujours le service du public à son intérêt personnel, il se contenta de ces modiques appointemens. Occupé de la construction des cinquante-une paroisses de Londres, ses honoraires n'étoient que de cent livres sterling par an, & il en avoit autant pour celle de Westminster.

On le comptoit parmi les premiers géomètres du royaume, dans le temps que les Newton, les Léibnitz, & les Huyghens fleurissoient. Il n'a jamais rien fait imprimer, & si nous avons quel-

ques-uns de ſes (3) ouvrages dans les mémoires
de la ſociété royale, nous ne les devons pas à ſes
ſoins. Charles II, qui connoiſſoit ſon mérite,
l'aſſocia aux commiſſaires nommés, pour chercher un lieu propre à la conſtruction d'un obſer-
vatoire, & ſes conſeils ne furent pas inutiles
au chevalier Jonas Moore, directeur général de
ce bâtiment, qui fut commencé en 1675.

Dans la province d'Oxford, on voit le théâtre
de Sheldon deſtiné aux actes publics & à des
concerts, quand les princes y viennent. Ce fameux monument, commencé en 1664, & achevé
en 1669, paſſe pour un des plus beaux morceaux d'architecture d'Angleterre. Gilbert Sheldon, archevêque de Cantorberi, & chancelier
de l'univerſité d'Oxford, en fit la dépenſe. C'eſt
un bâtiment à deux étages qui peut contenir,
tant ſur ſes degrés que dans ſes tribunes, quatre
mille perſonnes. Il formeroit un ovale régulier,
ſi le côté qui regarde la bibliothèque Bodleienne
n'avoit été fait en ligne droite. Il préſente ſur
cette face un frontiſpice magnifique, dont le

----

(3) Il eſt auteur d'une pièce de vers inſérée dans un
Recueil de Poëſies publié à Oxford, & qui a pour objet le
rétabliſſement de la ſanté d'Anne Green.

premier étage eſt embelli d'un ordre de colonnes & de pilaſtres corinthiens. Quatre pilaſtres, ſurmontés d'un fronton, décorent l'étage ſupérieur. Le côté oppoſé eſt fermé d'une muraille élevée à hauteur d'appui en demi-lune, chargée de baluſtres à jour & de conſoles, qui ſoutiennent des buſtes à l'antique.

Le monument de Londres eſt une belle colonne de pierre de Portland érigée en 1671, en mémoire de la réduction de la ville en cendres & de ſa réconſtruction. Cette colonne eſt cannelée, d'ordre dorique, & a depuis le pavé, deux cents deux pieds anglois; ſon diamètre en a quinze, & le piédeſtal quarante de haut. Elle excède en élévation la colonne trajane, qui n'a guère que cent cinquante pieds, compris la ſtatue de ſaint Pierre dont elle eſt couronnée. A l'imitation des colonnes romaines qui portent les ſtatues des Céſars, Wren ſe propoſoit de mettre ſur la ſienne, la figure coloſſale de Charles II, fondateur de la nouvelle ville, ou celle d'une femme couronnée de tours, tenant une épée & une corne d'abondance. On a préféré d'y placer un vaſe de bronze, d'où ſortent des flammes. Son intérieur renferme un eſcalier de marbre noir compoſé de 345 marches de dix pouces & demi de large, fur fix pouces de haut.

La douane du port de Londres, fituée au fud de la Tamife, eft ornée de deux ordres d'architecture. L'inférieur eft formé de colonnes tofcanes, & le fupérieur, de pilaftres & de cinq frontons ioniques. La face, du côté du couchant, a des galeries en arcades portées par des colonnes, & a 60 pieds de long. Le bâtiment en a 189 de longueur, & fa largeur dans le milieu eft de 27.

Le frontifpice du temple du milieu, vers Fleel-Street, a une bafe d'arcades ruftiques en pierre, qui foutiennent quatre pilaftres avec un fronton triangulaire d'ordre ionique. Le refte de cet édifice eft de briques polies, & unies comme du marbre.

Le palais royal à Winchefter eft bâti fur la croupe d'une montagne extrêmement efcarpée, & n'a point de jardin. Sa fituation, pour les amufemens de la campagne, charma Charles II, qui preffa notre Architecte de l'achever dans l'efpace d'une année. Le projet étoit de faire paffer au travers du parc une rivière qui auroit formé une cafcade de trente pieds. Si ce palais étoit fini, il égaleroit ceux des autres princes de l'Europe. Du côté de la ville il préfente deux aîles de bâtiment féparées par une vafte cour. Un grand efcalier conduit à une falle des gardes, accompagnée de feize pièces à droite & à gauche. L'incommodité de l'emplacement, & la célérité de l'exécution, peuvent fervir d'excufe aux défauts fans nombre qui fe rencontrent dans cet édifice.

Le palais épifcopal de Winchefter eft regardé comme un des plus beaux morceaux d'architecture moderne.

La façade de l'appartement du roi à Hamptoncourt, qui donne fur le parterre & fur la Tamife, a trois cents vingt-huit pieds, & celle de la reine, du côté du parc, s'étend à trois cents trente pieds. L'entrée du grand efcalier, qui conduit à l'appartement du roi, eft fous un beau portique d'environ 90 pieds de long, formé d'une colonnade ionique, peu d'accord avec le refte de l'édifice bâti par le cardinal Wolfey. Le palais & le parc font environnés de trois côtés par la Tamife, pofition agréable qui a fait choifir fon emplacement.

Le maufolée érigé à Weftminfter, pour la reine Marie II, eft du deffin de Wren.

Il a fait auffi les plans & élévations du collège de Chelfea, fuperbe hôpital fondé, &

presque

presque achevé par Charles II. Ses talens, pour la distribution de son intérieur, méritent de passer à la postérité.

L'hôpital royal de Greenwich fut élevé, en 1699, pour les invalides de la marine. Ce vaste édifice peut contenir 1352 soldats, sans y comprendre les officiers & les domestiques. Wren y consacra ses talens sans aucun émolument, & donna en cette occasion, ainsi que dans bien d'autres qui regardoient le service public, des preuves de son désintéressement.

Sans parler de la bibliothèque du collège de la Trinité à Cambridge, de la chapelle du collège d'Emmanuel, & de plusieurs fabriques & châteaux particuliers moins considérables, je remarquerai qu'il a rebâti & décoré une ville entière, & reconstruit ou réparé cinquante-une paroisses, en sorte que ses travaux paroissent être l'ouvrage plutôt d'un siècle, que d'un seul homme.

Dans le nombre de ces églises, je choisirai seulement saint Etienne de Wallbrook, & sainte Marie-le-Bow. La nef de la première est voûtée, & a dans son centre une coupole spacieuse avec une lanterne : le reste de l'église a un toit plat, soutenu par des colonnes & des pilastres corin-

thiens, & confiste en trois aîles, avec une croifée. La hauteur de la coupole & de fa lanterne
eft de 58 pieds, & celle de la tour, compris la
baluftrade, eft de 70 pieds. Ce monument connu
dans toute l'Europe, paffe pour le chef-d'œuvre
de notre Architecte ; il réunit tous les embelliffemens dont le plan a été fufceptible, & peut-
être n'y a-t-il pas en Italie un édifice moderne
qu'on puiffe lui comparer pour le goût & les
belles proportions.

Le principal ornement de fainte Marie-le-
Bow eft fa tour carrée, furmontée d'une flèche :
les artiftes la regardent comme un morceau admirable qui n'a point fon pareil dans aucune
églife de l'Europe. Elle a 225 pieds d'élévation,
& c'eft la plus haute tour de Londres. Du côté
du nord, fa porte cintrée eft ornée de pilaftres
tofcans, avec deux colonnes & un entablement
dorique, & différens ornemens de fculpture.
Au-deffus, il y a quatre arcades décorées de pilaftres ioniques. L'entablement eft furmonté
d'une baluftrade, & de quatre cartouches dans
fes angles : le refte eft de forme circulaire. Douze
colonnes corinthiennes ifolées forment le cam-
panille couronné d'une baluftrade & de confoles
en arcs-boutans, qui foutiennent une feconde

colonnade plus petite fur un plan carré. Au-deſſus
eſt une flèche très-élevée avec une groſſe boule ,
portant un dragon de cuivre doré, d'environ dix
pieds de long.

Nous terminerons cet article par la deſcription de ſaint Paul. Son portail , plus orné que
celui de ſaint Pierre de Rome, a deux ordres
de colonnes & de pilaſtres , dont l'inférieur eſt
corinthien , & le ſupérieur compoſite. Les colonnes ſont cannelées & accouplées , au nombre
de douze en bas, & de huit en haut ; mais ces
deux ordres réunis ne ſont pas plus élevés que
celui de ſaint Pierre. Un grand bas - relief de
marbre , repréſentant la chûte de ſaint Paul ,
occupe tout le fronton de l'avant-corps du ſecond ordre , & les douze apôtres ſont en pied
ſur des ſocles, à l'aplomb des colonnes. Quatre
grouppes des docteurs de l'égliſe décorent les
extrémités du périſtile inférieur. Les mêmes
ordres règnent en pilaſtres accouplés , les uns
ſur les autres , dans le pourtour des deux campanilles, dont l'un ſert d'horloge, & l'autre d'eſcalier pour monter à la bibliothèque des chanoines. Ils ſont continués pareillement en dehors autour de l'égliſe , avec un attique décoré
de vaſes. Les deux portes latérales préſentent

de petites rotondes ornées de colonnes. Le chevet de l'église est en tour ronde, quoique ses bas-côtés ne tournent pas autour du chœur & se terminent à deux culs-de-sac.

Le dôme a extérieurement la forme d'une grande tour ronde, avec un ordre de colonnes corinthiennes, & quatre niches dans le massif. On tourne autour, sous des arcades liées avec les colonnes, & qui retombent sur un petit ordre corinthien dont le mur du fond est décoré. Ces colonnes portent un grand entablement, avec un attique en balustrade, & des vases à leur aplomb. Le mur est percé de croisées, entre-mêlées de pilastres qui soutiennent la calotte. La lanterne a une balustrade dorée, & douze colonnes accouplées, élevées sur six avant-corps surmontés d'un attique : une boule & une croix lui servent d'amortissement.

L'intérieur de l'église, moins estimé que le dehors, présente une croix latine, & a 80 toises de long sur 48 de largeur. Les orgues placées sur le jubé, qui sépare la nef du chœur, sont fort élevées, partagent l'église en deux, & cachent entièrement le chœur. Les bas-côtés sont beaux, & les croisées sont en voussure, avec des compartimens de roses & de mosaïque sculptés en relief. La voûte est désagréablement coupée en différens cintres, & en petits cercles qui ne s'accordent nullement avec la coupole. Le dôme ne paroît pas assez élevé en-dedans pour la largeur de son diamètre. Le massif des pendentifs & des gros piliers, est ouvert en arcades, traversées par un mur, à la hauteur de l'imposte, pour former une tribune, & au-dessous est une seconde arcade surmontée d'un fronton circulaire, au travers de laquelle on voit dans le fond le petit ordre des pilastres des bas-côtés. Cette disposition est certainement un trait de génie ; mais il en résulte que les nefs sont trop petites par rapport à l'étendue immense du dôme ; le chœur semble aussi très-étroit. En général, les parties de ce vaste édifice ont beaucoup de grace, c'est une grande fabrique, d'une bonne architecture, mais trop lourde dans ses détails. Avec plus de goût Wren n'auroit pas associé de petits pilastres avec des grands, auroit donné plus d'élévation à ses voûtes, & un moindre diamètre à son dôme, relativement à la grandeur de l'édifice.

Indépendamment de ses ouvrages d'architecture dont je viens de parler, le talent que Wren avoit pour le dessin suffit pour lui assurer une

place dans cet ouvrage. Il a deſſiné une vue de
Windſor qui a été gravée-par Hollart. Il a fait,
en 1664 , les deſſins de huit ou dix planches,
qui ſe trouvent dans le livre de l'anatomie du
cerveau du docteur Willis ; que Vertrue croit
être gravées par Loggan. On lui doit une manière plus expéditive de graver à l'eau forte, &
une ſorte de lunette utile aux peintres qui font
des portraits.

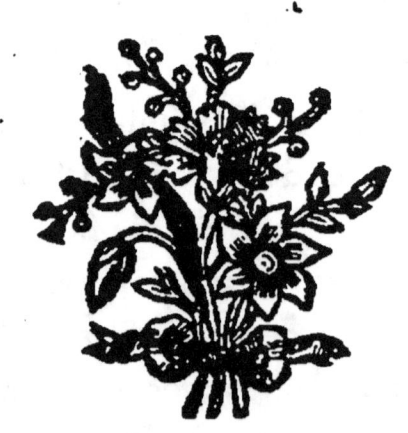

ALLEMAND.

ELIE HOL.

SES talens pour l'architecture lui ont mérité cet éloge, d'avoir modéré par la simplicité allemande la trop grande magnificence des Italiens. Ausbourg fut sa patrie dans le seizième siècle. Cette ville, dont on ne connoissoit avant lui que le nom, devint bientôt par ses soins une espèce d'académie. Ceux qui aspiroient à une parfaite connoissance de l'architecture, se mirent sous sa conduite; mais presque tous les artistes sortis de son école moururent jeunes, à l'exception du neveu de son frère Jean qui, de retour dans sa patrie après un voyage de plusieurs années, y resta plus long-temps.

L'hôtel de ville d'Ausbourg a suffi pour immortaliser Hol. Il l'a disposé avec tant d'élégance & de goût, sa solidité & sa commodité sont telles, qu'il ne le cède pour la magnificence, à aucun édifice d'Allemagne. On peut le re-

T iv

garder comme un bâtiment italien & du meilleur goût. Il n'a point d'autre ordre d'architecture, que deux colonnes doriques & deux pilaftres du même ordre à fa principale entrée.
Cet édifice feroit beaucoup plus beau fi, au lieu
d'être placé fur le penchant d'une colline & au
bout d'une fort belle rue, on avoit formé une
place au-devant (1). Il eft à préfumer qu'un aufli
habile Architecte que Hol n'auroit pas négligé
cette décoration, s'il n'eût été retenu par l'ex-
ceflive dépenfe qu'elle auroit entraînée.

On dit que les magiftrats d'Ausbourg firent
voir un jour leur hôtel de ville au roi Guftave
Adolphe, & qu'ils le prièrent de leur en dire

---

(1) A un des bouts de cette rue qui eft la plus belle
d'Ausbourg, paroît une fontaine décorée d'une grande
figure de Mercure en bronze, auquel l'Amour attache
des brodequins aîles ; & à l'autre bout, proche la douane
du vin, qui eft un bâtiment à l'italienne, on voit un
Hercule tuant l'hydre, plus bas font les ftatues des trois
Graces : le tout eft de bronze & plus grand que nature.
Adrien de Vriez eft l'auteur de l'architecture & de la
fculpture de ces fontaines. Il y en a encore une dans une
petite place proche l'Hôtel de Ville ; on y voit un Céfar
de bronze élevé fur un piédeftal, avec d'autres figures
qui l'entourent dans le milieu de la rue.

fon fentiment. *Je le trouve magnifique*, répondit le prince, *mais c'eft dommage de n'avoir pas employé, à fortifier votre ville, l'argent qu'il a coûté.*

Hol fit auffi briller fes talens dans l'édifice de l'hôpital d'Ausbourg, qui eft d'une fuperbe architecture. Il éleva enfuite une maifon très-élégante à la place du Saint-Sépulcre & une femblable à Perlegio. Il conftruifit en partie la tour perlegienne qui renferme les cloches de la première horloge de la ville. Elles font préfentement entendues par-tout, au lieu quelles ne l'étoient point dans plufieurs endroits des fauxbourgs.

Notre Architecte étoit expéditif, & avoit beaucoup de génie pour la mécanique. On rapporte de lui un trait, qui prouve que nuit & jour fon art l'occupoit. Sa coutume étoit de faire fufpendre au chevet de fon lit une table de pierre avec une lumière, & le lendemain cette table fe trouvoit entièrement couverte de remarques fur l'architecture. Apparemment qu'il ne dormoit guère. Il mourut au commencement de l'année 1646.

Un de fes élèves, nommé Jérôme Thoman, a élevé les quatre angles cardinaux de l'hôtel de ville d'Ausbourg. Sa grande expérience dans l'Architecture lui mérita la place d'économe des biens publics de la religion chrétienne.

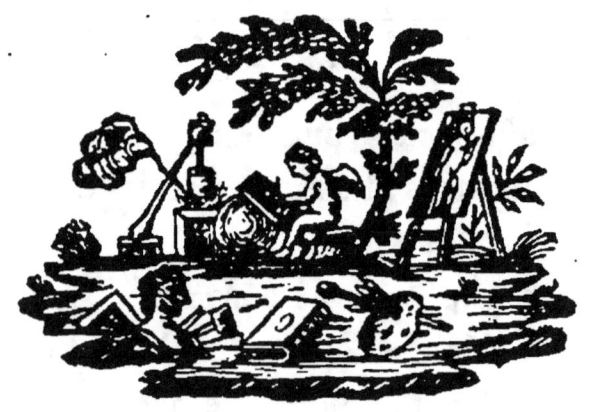

FRANÇOIS.

PIERRE LESCOT.

C'est le premier qui ait ofé bannir le goût gothique de notre architecture, & y fubftituer les belles proportions de l'antique. C'eft par lui qu'on a vu renaître ce goût exquis qui s'étoit perdu. Lefcot reçut de la nature l'inclination qui le porta vers l'art de Vitruve. Il la mit fi heureufement en œuvre, qu'il entra en lice avec les plus fameux maîtres, tant d'Italie que de France, & qu'il eut fur eux l'avantage de la victoire. Sa naiffance eft marquée en 1510. Il étoit de la famille d'Aliffy, abbé commendataire de l'abbaye de Clugny, confeiller des rois François I, Henri II, Charles IX, & Henri III, fous le règne defquels il a vécu, & chanoine de l'églife de Paris. C'eft à quoi fe réduifent les détails qu'on a pu raffembler de la vie de cet habile homme.

Il paroît que fon début fut le deffin du Louvre. Plufieurs auteurs ont écrit que François I le fit commencer en 1528. Lefcot n'avoit

alors que dix-huit ans. Eft-il probable qu'on eût
confié une auffi grande entreprife à un jeune
homme de cet âge ? Il l'eft encore moins, qu'il
eût été capable de l'imaginer. Nous avons dit
dans la vie de Serlio, que François I le fit venir
d'Italie en 1541 pour donner les deffins du
Louvre. Le moyen de concilier ces faits eft,
ce me femble, de dire que le roi commença,
en 1528, à faire démolir le vieux château de
Philippe Augufte, que Charles V avoit fait réparer avec la groffe tour ronde placée au milieu
de la cour, & que ce ne fut qu'en 1541 que le
nouveau Louvre fut commencé. Lefcot avoit
pour lors trente ans, & cette belle production
du génie n'eft point au-deffus de cet âge. Une
infcription placée fur la porte de la falle des
cent-fuiffes, nous apprend que Henri II fit
continuer le Louvre en 1548, un an après la
mort de fon père. L'ouvrage de ces deux princes
forme l'angle de face en entrant par le côté de
faint Germain l'Auxerrois.

Cette première façade, à laquelle fut ajouté
fous Louis XIII l'avant-corps orné de cariatides,
eft un chef-d'œuvre ; je ne dis pas feulement
pour le temps où elle a été conftruite, mais pour
le nôtre. Son ordonnance confifte en un ordre

corinthien , furmonté de deux compofites, dont
un eft en attique. On admirera toujours la pureté de fon architecture & la perfection de fes
profils , fans parler des ornemens qui font de la
plus grande beauté. S'il étoit permis d'y trouver
des défauts , on critiqueroit la grandeur des ouvertures, la multiplicité des frontons , des tables,
des modillons , des niches , le petit module des
ordres; en un mot, la divifion de l'enfemble en
trop peu de grandes parties. Quand on les examine féparément , on ne peut leur refufer des
éloges. Lefcot a eu le bonheur ineftimable de
trouver des artiftes excellens qui ont embelli
fon ouvrage de tout ce que l'art de la fculpture
peut offrir de plus exquis. Leurs productions
font aifément oublier ce que l'Architecte a laiffé
à defirer.

La falle des cent-fuiffes au Louvre eft décorée d'un ordre dorique , dont les colonnes
font accouplées & élevées fur un focle. Le deffin
de la tribune fi eftimée pour fa fculpture , ne
doit pas être paffé fous filence.

On connoît encore de Lefcot , la fontaine
des Nymphes dite des Innocens, & on la regarde
avec raifon , comme un des premiers modèles
de la belle architecture en France. Elle fut com-

mencée fous le règne de François I, & achevée
fous Henri II, en 1550. Malgré tous les éloges
qu'elle mérite, il faut convenir que l'emploi de
l'ordre corinthien eft peu convenable à une fontaine, que les frontons fans reffauts, vers leur
extrémité, ne font pas à imiter, & que l'idée
d'une tour creufe, avec des croifées dans les
entre-pilaftres, n'eft point heureufe. La perfection de la fculpture de cette fontaine peut
feule en faire difparoître les défauts.

Lefcot mourut, en 1578, âgé de foixante-
huit ans.

PHILIBERT DE LORME (1).

C E T artifte n'a pas peu contribué à établir en
France le bon goût de l'architecture ; auffi a-t-on
dit de lui, qu'il avoit totalement dépouillé ce
bel art de fes habillemens gothiques, pour le
revêtir de ceux de l'ancienne grèce. Il naquit
à Lyon vers le commencement du feizième

(1) Dupeyrat, Antiquités de la chapelle du roi. Hiftoire
littéraire de Lyon par le P. de Colonia.

siècle , & dès l'âge de quatorze ans, il s'empreſſa d'aller étudier en Italie les beautés de l'antiquité. Marcel Cervin, amateur des arts, qui devint pape ſous le nom de Marcel II, fut pluſieurs fois témoin à Rome du zèle de ce jeune homme pour s'inſtruire. Il le prit en affection, le reçut dans ſon palais, & contribua à perfectionner ſes talens. Ce pontife lui conſeilla de ne plus meſurer les antiquités ſuivant le pied de France, mais de ſe ſervir du palme romain, (2) ſelon lequel la plupart des édifices de l'antiquité ont été conſtruits, ou du pied antique dont il lui donna les meſures ; il lui indiqua même un marbre fort ancien ſur lequel elles étoient marquées. Depuis ce temps-là de Lorme ne fit plus d'uſage que du palme romain, dont les ouvriers à Rome ſe ſervent beaucoup plus que du pied antique.

Enrichi des dépouilles de l'antiquité , notre artiſte revint dans ſa patrie en 1536. Il y conſtruiſit le portail de S. Nizier , & pluſieurs maiſons ornées de voûtes & d'eſcaliers en trompe,

---

(2) Le palme romain antique étoit de huit pouces ſix lignes & demie. Le moderne contient environ huit pouces trois lignes. Le pied antique romain avoit onze pouces.

dont on n'admire pas moins la faillie que l'exécution. Les ouvriers, avant lui, n'avoient jamais entendu parler de femblables ouvrages. Le
cardinal du Belley l'empêcha de finir le portail
de S. Nizier, l'attira à Paris, & le fit connoître
à la cour de Henri II & de fes fils. Le fer à cheval
de Fontainebleau fut fa première entreprife, &
il donna enfuite les plans des châteaux d'Anet
& de Meudon; il travailloit à celui-ci conjointement avec le Primatice fon contemporain.
Après la mort du roi, Catherine de Médicis
lui confia l'intendance de fes bâtimens. Sans
parler des réparations confidérables qu'il fit à
Villers-Coterêts, & à la Muette, près Saint-
Germain, je dirai qu'on continua fur fes deffins le château de Saint-Maur qu'il avoit commencé pour le cardinal du Belley, de qui la reine
l'avoit acquis, & qu'on éleva la tour des Valois
à S. Denis, ainfi que le palais des Tuileries.

Une place au fauxbourg faint Honoré, du
côté du Louvre, occupée par une tuilerie & par
quelques beaux jardins, parut à la reine, qui
vouloit avoir un palais féparé du Louvre, qu'occupoit Charles IX, un lieu commode pour la
conftruction d'un bâtiment agréable. Ce fut là
qu'elle fit commencer le palais des Tuileries,

monument

monument dans lequel de Lorme déploya les richesses de son génie. Il en attribue néanmoins tout l'honneur à Catherine de Médicis, qui en fut, dit il, le principal Architecte, & ne lui laissa que la partie de la décoration. L'ordre ionique y préside; peu d'artistes, avant de Lorme, l'avoient employé en colonnes : d'ailleurs, dans un bâtiment fait pour une reine, un ordre pris sur les proportions & habillemens des femmes, méritoit la préférence.

Ce palais devoit avoir plus d'étendue qu'il n'en a aujourd'hui. D'anciens plans gravés, nous le représentent, accompagné de cours latérales, de basses-cours, & de vastes écuries. La reine ne les commença point, elle n'acheva que le gros pavillon du milieu, les deux corps de logis contigus, & les pavillons qui les terminent ; elle ne leur donna pas même toute la magnificence & l'exhaussement qu'ils ont actuellement.

Une prédiction chimérique de son astrologue Luc Gauric, la dégoûta des Tuileries, & elle fit élever en 1573, par Jean Bullant, un autre palais connu de nos jours, sous le nom d'hôtel de Soissons, sur l'emplacement duquel on a construit la halle au blé. Il n'en reste que la colonne

Tome I. V

érigée par la reine, pour ses observations astro-
·nomiques.

Catherine de Médicis récompensa, en 1555,
les travaux de notre Architecte, par le don des
abbayes (3) de S. Eloy de Noyon, & de S. Serge
d'Anvers; quoiqu'il ne fût que tonsuré, elle y
joignit la qualité de conseiller & d'aumônier ordinaire du roi. On prétend que ces graces le rendirent insolent, que le poëte Ronsard en fut
jaloux, & qu'il publia contre lui une (4) satyre
intitulée *la Truelle crossée*. De Lorme étoit gouverneur des Tuileries : sa vengeance se borna à
faire refuser l'entrée du jardin à Ronsard, qui
suivoit la reine. Celui-ci crayonna ces mots sur
la porte, en lettres capitales, *fort. reverent. habe.*
L'artiste qui vit cette inscription au retour de

<hr>

(3) Vie de Ronsard par Claude Binet ; Antiquités de la
chapelle & oratoire du roi par Guillaume du Peyrat, 1645.

(4) Cette pièce ne se trouve point dans les œuvres de
Ronsard ; un critique, *Remarques sur le Dictionnaire de
Bayle*, en a conclu qu'elle n'avoit point existé. Mais
n'est-il pas possible qu'elle ait couru comme pièce fugi-
tive, & qu'après un raccommodement exigé par la reine,
le poëte l'ait supprimée, ou même désavouée ? Cette con-
jecture me paroît plus vraisemblable que de traiter le fait
de chimérique.

la promenade, la prit pour du françois, se crut offensé, & s'en plaignit à la reine. Mais Ronsard répondit que ces trois mots étoient latins, & le commencement d'un distique d'Ausonne, qui conseille la modestie à l'homme que la fortune vient d'elever.

Fortunam reverenter habe, quicumque repentè
   Dives ab exili progrediére loco.

La reine fit quelques réprimandes à l'orgueil-leux abbé, & dit tout haut, que *les Tuileries étoient dédiées aux muses.*

De Lorme mourut en 1570 (5). Il a laissé un traité *in-folio* intitulé : *Nouvelles inventions pour bien bâtir, & à petits frais,* divisé en deux livres, & imprimé à Paris en 1576, quoique l'épître dédicatoire soit de 1561. Il dit dans la préface de cet ouvrage, qu'en réfléchissant sur la difficulté présente & à venir, de trouver des arbres d'une grandeur convenable pour les bâ-timens des princes & des seigneurs, il avoit ima-giné une manière de suppléer des planches de

_____

(5) *Gallia christiana*, Tom. IX, colon. 1073. Dans le même ouvrage (T. VII, col. 847) il est dit que de Lorme fut aussi chanoine de l'église de Paris.

V ij

sapin au bois de charpente, (6) ce qui réunit l'économie à la plus grande légèreté & à la plus grande solidité. Il en parla un jour à Henri II lorsqu'il étoit à table. Cette assertion fut, comme elle devoit l'être, traitée de chimère par des courtisans pour qui elle étoit nouvelle. Elle reprit cependant faveur quelque temps après, à l'occasion d'un jeu de paume que la reine-mère vouloit faire construire à Monceaux. Les sommes considérables demandées pour la charpente de cet édifice, rappelèrent à de Lorme ses idées, il en parla une seconde fois; la reine en fit faire l'épreuve à la Muette, petit château situé à deux lieues de S. Germain-en-Laye. Le succès en fut si heureux, que ceux même qui s'en étoient moqués se virent forcés d'y applaudir. Dans ces

---

(6) Au mois de Septembre 1782 on a commencé les travaux de la coupole de la halle au blé. On doit à MM. le Grand & Molinos, Architectes, l'application du moyen ingénieux, employé par de Lorme en 1540. La coupole de cent vingt pieds de diamètre, n'en a que treize de moins que le Panthéon de Rome, la plus grande voûte connue : sa hauteur est de cent pieds sous la lanterne. Dans l'endroit le plus apparent de cette nouvelle halle, on voit le médaillon de l'inventeur de cette charpente en planches.

circonftances, le roi ordonna à de Lorme de faire imprimer fon ouvrage, pour que tous fes fujets puffent en profiter. Il s'y plaint des défagrémens & des calomnies qu'il éprouva conftamment depuis la mort de Henri II, & des contre-temps qui s'opposèrent à la révifion de cet ouvrage.

Nous avons encore de cet Architecte neuf livres fur fon art, imprimés en 1567 *in-folio*, & ornés de figures en bois. Dans l'épître dédicatoire à la reine, il annonce un fecond volume qui n'a point paru, où il devoit traiter *des divines proportions & mefures de l'ancienne & première architecture des pères du vieil teftament, accommodées à l'architecture moderne.* (7) Il règne peu d'ordre dans ce qu'il a écrit fur la coupe des pierres; on ne peut lui ôter la gloire d'avoir travaillé le premier fur cette matière, de l'avoir réduite en règles, d'avoir frayé une route inconnue aux anciens, & d'avoir fur-

---

(7) Il y a une autre édition de cet ouvrage, datée de 1626 & dédiée à Charles IX, où les deux livres des nouvelles inventions pour bien bâtir font réunis. Au commencement du premier livre, de Lorme fe qualifie d'abbé de Saint Eloy, de Saint Serge, & en dernier lieu d'Ivry.

passé tous ses contemporains dans la construction des voûtes. (8) Cette partie est celle où il a le plus excellé ; il entendoit moins la composition des ordres, que la conduite d'un bâtiment.

De Lorme nous dit (liv. 7, ch. 12) qu'avant l'invention des ordres on faisoit porter sur des piles & des troncs d'arbres les charges des édifices. Il propose en conséquence, de construire des colonnes de pierre semblables à des arbres, suivant les proportions des colonnes ordinaires, en leur donnant, six, sept, huit ou neuf fois leur diamètre pour hauteur, relativement à l'ordre qu'on veut imiter. Un portique, un péristile, une façade décorée de colonnes faites en forme d'arbres, dont les branches coupées formeroient les chapiteaux, ressembleroient presque à une petite forêt. Au lieu de piédestaux, on imite-

---

(8) Mathurin Jousse en 1642 ajouta quelques découvertes à l'ouvrage de de Lorme, qu'il intitula le *secret de l'Architecture*. Le P. Derrand fit en 1643 un ouvrage plus profond. La même année Abraham Bosse donna le système de des Argues. La Rue, en 1728, fit quelques additions au livre du P. Derrand. Enfin Frezier, directeur en chef des fortifications de la Bretagne, publia en 1737 un ouvrage sur la théorie & la pratique de la coupe des pierres, qui est ce que nous avons de mieux.

roit des troncs d'arbres coupés, dénués de corniches & de bafes, dont les proportions feules
feroient confervées. L'architrave feroit fuppléé
par une forme d'arbre porté fur les autres ; la
frife par des branches de lierre imitées & conduites avec grace. Des rameaux nés en différens
fens, & diverfement unis, tiendroient lieu de
corniche, de denticules, de cymaife, d'aftra-
gales, & de filets carrés. Enfin, les ornemens
feroient parfemés de petites feuilles & de nœuds
d'arbres. Cette architecture fingulière, dans la
figure que de Lorme en donne, a un piédeftal
& un entablement à l'ordinaire. Elle n'a point
été imitée, & mérite peu de l'être.

L'entablement dorique de notre artifte préfente une corniche dénuée de mutules & de denticules. Sa trop grande fimplicité doit le faire
réferver pour les bâtimens où la feule expreffion de l'ordre eft employée. Dans le profil de
fon entablement corinthien on peut avec raifon
critiquer la maigreur de fa cymaife & le larmier
fupérieur affecté à fa corniche. Il réfulte une
difparité choquante de la comparaifon de ces
membres avec la longueur de la cymaife inter-
médiaire & du larmier inférieur. De Lorme
donne trois tores à la bafe du piédeftal de cet

ordre, d'après celui de la rotonde, à ce qu'il prétend sans aucun fondement.

Parmi ses ouvrages, ceux qu'il a faits à Lyon doivent, à titre d'aînés, tenir le premier rang. Dans la rue de la Juirie on admire deux trompes d'une grande saillie, eu égard à la place qu'elles occupent. L'une est biaise, rampante, surbaissée & ronde pardevant, les trois quarts environ de sa rondeur sont en saillie. L'autre qui occupe l'angle opposé, est également ronde par devant, & très - saillante. Toutes deux, décorées des ordres dorique & ionique, portent un cabinet accompagné d'une galerie suspendue en l'air, & qui sert à la communication d'une maison à l'autre.

Le portail de saint Nizier consiste dans un renfoncement en cul-de four, orné de colonnes & de pilastres d'ordre dorique, avec des niches entre deux. On estime la voûte sous laquelle est la principale porte de l'église. Il est probable que ce portail ne sera jamais achevé, à moins qu'on ne se détermine à abattre le clocher élevé sur une des portes latérales, & qui porte une aiguille en pierre d'une grande hauteur.

Le château d'Anet, situé dans le pays chartrain, fut bâti sous le règne de Henri II, pour

Diane de Poitiers, duchesse de Valentinois. Son portail est d'une architecture singulière, ainsi que son horloge ornée de quatre chiens de bronze qui japent à chaque heure, & d'un cerf qui la frappe avec le pied droit de devant. Les appartemens & la chapelle du château, que la duchesse choisit pour sa sépulture, sont dignes de la magnificence de ce roi. On y remarque une trompe hardie qui soutient seule le cabinet qu'il occupoit. De Lorme fut aussi employé à la construction de l'Hôtel-Dieu élevé au bout du parc, sur la rivière d'Eure.

La chapelle de Villers-Coterêts a un portique d'ordre corinthien, aussi remarquable pour sa grace, que pour sa construction. De Lorme n'ayant pas trouvé promptement, & sans frais considérables, des pierres assez grandes pour des colonnes d'une seule pièce, les fit de quatre ou cinq morceaux, dont les joints sont cachés par des ornemens & des moulures.

L'ancien château de Meudon, construit par ordre du cardinal Charles de Lorraine, a été depuis considérablement augmenté sous le règne de Louis XIV. M. le dauphin, son fils, qui en fit l'acquisition, jugea à propos de faire élever le château neuf à la place de la fameuse grotte bâtie par de Lorme, dont il ne reſte plus que la grande terraſſe conſtruite de briques.

Le tombeau des Valois n'étant plus connu que par les eſtampes qu'en a gravées Marot, je vais en donner une deſcription un peu étendue. Les ordres dorique & ionique en régloient l'architecture extérieure; chaque ordre avoit vingt colonnes, & un plus grand nombre de pilaſtres entremêlés de niches & de croiſées. Un troiſième ordre devoit ſoutenir une coupole terminée par une lanterne décorée de membres d'architecture.

L'intérieur de ce monument auroit été encore plus orné que l'extérieur. On y entroit de l'égliſe de S. Denis, par l'extrémité de la croiſée ſeptentrionale. Le tombeau de Henri II & de Catherine de Médicis occupoit le centre de la coupole. Des douze faces du dôme, ſix offroient autant de maſſifs décorés d'un avant-corps de deux colonnes corinthiennes, ſurmontées de deux compoſites, également iſolées & accompagnées de leurs pilaſtres. Entre les premières étoient des niches avec des tables au-deſſous, pour des bas-reliefs. On avoit ſculpté des couronnes, des palmes, & les chiffres du roi & de la reine, dans les chapiteaux des pilaſtres angulaires. Des ouvertures couronnées de frontons paroissoient entre les avant corps du second ordre. On remarquoit dans les six autres faces du rez-de chaussée, autant d'arcades accompagnées de colonnes corinthiennes isolées, dont l'entablement servoit d'imposte aux arcades. Celles du second ordre étoient pareillement soutenues par de petites colonnes composites. Les six arcades du rez-de-chaussée donnoient entrée dans autant de chapelles voûtées & faites en forme de croix. Huit colonnes accouplées, avec seize pilastres distribués entre leurs niches au nombre de six, soutenoient l'entablement de ces chapelles qui avoient chacune leur autel en face de l'entrée. De semblables chapelles qui se communiquoient par des arcades en forme de galeries, se voyoient dans le second ordre. Il est triste pour les arts, que le mauvais état de ce monument ait obligé le roi d'en ordonner la démolition par un arrêt de son conseil du 24 Mars 1719.

Le palais des Tuileries, quoique la plus belle production de de Lorme, se ressent du caractère de gothicité qui régnoit encore sous Catherine de Médicis. Du côté du Carousel, ainsi appelé de ceux donnés par Louis XIV à la naissance de

feu monseigneur le Dauphin , le pavillon du
milieu de ce palais eft compofé de deux ordres
d'architecture, dont les colonnes font de marbre
brun & rouge : favoir, l'ionique & le corinthien. Les anneaux ou bandes placées d'efpace en
efpace fur ces colonnes , ne les font - elles pas
paroître foibles , puifqu'elles ont eu befoin d'être
reliées en tant d'endroits ? Les corps - de - logis
des côtés font ornés des mêmes ordres qui règlent
pareillement l'architecture des pavillons fuivans.
Le refte a été ajouté fous Louis XIV. La face du
gros pavillon fur le jardin eft ornée de colonnes
ioniques & corinthiennes , & accompagnée de
deux galeries couvertes, furmontées de deux
découvertes. Les pilaftres ioniques de ces portiques font coupés par un impofte] qui fait un
mauvais effet. Les colonnes préfentent de riches
fculptures le long de leur fût , & tout l'ordre eft
regardé avec raifon comme un chef-d'œuvre ;
fes chapiteaux font très-eftimés.

Notre Architecte avoit placé un fort bel efcalier dans le veftibule des Tuileries : on l'a détruit en 1664 , parce qu'il mafquoit la vue du
jardin. Cet efcalier, conftruit avec un art infini,
pouvoit fervir de modèle du trait de la coupe
des pierres. Il étoit rond, à vis, fans noyau ; fa

rampe étoit suspendue en l'air, il avoit 27 pieds de diamètre qui, partagés en trois, en donnent neuf pour la longueur des marches de chaque côté, & autant pour la largeur du vide du milieu.

JACQUES
ANDROUET DU CERCEAU.

CET artiste du seizième siècle étoit natif d'Orléans. (1) Il fut du nombre des Architectes françois qui, à la faveur du cardinal d'Armagnac, allèrent en Italie pour se perfectionner par l'étude des beaux restes de l'antiquité. Dans la recherche qu'il en fit, rien ne le charma tant que l'architecture de l'arc de triomphe, dont on voit encore des vestiges considérables à Pole en Istrie ou Dalmatie. De chaque côté de l'ouverture de cet arc sont deux colonnes accouplées, qui ont

(1) D'autres prétendent qu'il naquit à Paris d'un marchand de vin qui avoit pour enseigne un cerceau d'or, dont ses fils se firent une espèce de seigneurie.

servi de modèle à celles qu'offrent ses desseins, ses écrits & ses ouvrages.

Henri III, dont du Cerceau étoit Architecte, lui confia, en 1578, la conduite du pont neuf à Paris, qui facilite la communication du fauxbourg Saint - Germain avec les quartiers du Louvre & de Saint-Honoré. Ce pont, un des mieux décorés de l'Europe, est formé de douze arcades construites sur les deux bras de la Seine, qui forment l'île du Palais. Sa longueur est de cent soixante dix toises, & sa largeur de douze est partagée en trois parties; celle du milieu a cinq toises, & est destinée aux voitures; les deux autres sont des trotoirs élevés de chaque côté, pour la commodité des gens de pied. On trouve sur chaque pile une espèce de tour ronde (2) destinée à recevoir les figures de nos rois. Les guerres civiles, fléau des sciences & des arts, furent cause que cet ouvrage important fut discontinué jusqu'au règne de Henri IV. Guillaume Marchand, Architecte & colonel de la ville, l'acheva en 1604.

_____

(2) En 1774 le roi a permis à l'Académie royale de peinture d'établir à son profit de petites boutiques dans ces demi-lunes, lesquelles ont été construites par les bâtimens de sa majesté.

Du Cerceau bâtit aussi une partie de l'hôtel de Carnavalet, celui des Fermes qui a appartenu au chancelier Séguier, & plusieurs autres édifices de conséquence, tels que l'hôtel de Bretonvilliers, celui de Sully, & l'hôtel de Mayenne pour Charles de Lorraine, duc de Mayenne. Les deux derniers sont situés dans la rue saint Antoine; le premier est aujourd'hui l'hôtel de Boisgelin, & le second l'hôtel d'Ormesson.

Henri IV ayant fait agrandir le château du Louvre, & continuer en 1596 sa galerie, entreprise par Charles IX, notre artiste fut chargé de ces augmentations. Cette galerie commence au gros pavillon des Tuileries, qui est de son dessin; mais il n'eut pas la gloire de conduire cette entreprise à sa perfection. La tranquillité dont les protestans jouissoient en France fut troublée; il laissa à Etienne du Perac, peintre & Architecte du roi, la galerie du Louvre à achever, & il se retira hors du royaume, où il mourut; on ignore en quelle année. L'ouvrage de cet artiste, qui finit au premier avant-corps, présente une décoration formée de grands pilastres composites accouplés, qui soutiennent des frontons alternativement triangulaires & circulaires, dont les croisées sont couronnées.

Du Cerceau a été, ainsi que ses fils, (3) un des meilleurs Architectes de son temps. Nul n'a tant dessiné de bâtimens anciens & modernes. Il a fait de grands morceaux d'Architecture, des termes, des jeux de perspective, des vases & des buffets d'eau. Depuis lui cet art a bien changé de face en France.

Nous avons de cet habile homme plusieurs ouvrages imprimés, tels que *leçons de perspective positive in-folio* 1576 : ces leçons, au nombre de soixante, sont fort courtes, & accompagnées chacune d'une planche qui la démontre ; *les plus excellens bâtimens de France* auxquels il ajouta d'autres maisons particulières. Ce livre imprimé à Paris en 1576 & 1607, en deux volumes *in-folio*, contient la description sommaire de trente maisons royales & châteaux particuliers ; il est dédié à la reine Catherine de Médicis. Il se plaint dans l'Epître dédicatoire du second volume, que la vieillesse ne lui permet plus de faire telle diligence qu'il eût faite autrefois. On connoît aussi de lui *les édifices romains*, c'est-à-dire des dessins gravés des antiquités de Rome,

_____

(3) Un d'eux nommé Jacques, surpassa de beaucoup son frère, auquel il survécut.

&

& levés sur les lieux; un *second livre d'Architecture*, contenant plusieurs & diverses ordonnances de cheminées, lucarnes, portes . . . . avec les desseins de dix sépultures toutes différentes, 1561, in-folio, avec figures; un *Livre d'Architecture auquel sont contenues diverses ordonnances de plans & d'élévations de bâtimens pour seigneurs, gentilshommes, & autres qui voudront bâtir aux champs*, 1582, in-folio, & un *Livre d'Architecture contenant les plans & desseins de cinquante bâtimens tout différens*, in-folio, 1611, avec figures.

CLEMENT METEZEAU.

L A ville de Dreux fut la patrie de cet artiste sur la fin du seizième siècle. Son père & son grand-père exercèrent l'Architecture; le premier fut Architecte de Henri IV; le second éleva le grand portail de l'église de Dreux. Celui dont je vais parler fut ingénieur de Louis XIII. Il acheva la partie de la galerie du Louvre depuis ce palais, jusqu'au premier guichet sur le quai; son Architecture est assez régulière : on y voit de petits pilastres toscans accouplés, chargés de sculptures & de boffages vermiculés, dont la plus grande partie n'a pas été achevée.

Metezeau jeta en 1612 les fondemens de l'églife de l'Oratoire, rue faint Honoré ; mais des raifons particulières l'empêchèrent d'élever ce bâtiment. L'hôtel de Longueville, le château de la Meilleraye en Poitou , celui de Chilly fur le chemin d'Orléans , & la porte faint-Antoine récemment démolie, peuvent faire juger de fes talens pour l'Architecture.

Lorfque Marie de Médicis fit conftruire le Luxembourg, il donna pour ce palais des deffins que d'habiles artiftes m'ont affuré être au moins auffi beaux que ceux qui furent préférés par la reine. Mais l'ouvrage qui l'immortalifera à jamais eft la fameufe digue de la Rochelle , lorfqu'elle foutint un fiège contre Louis XIII en 1627 & 1628.

Pompée Targon , ingénieur italien, avoit exécuté avec peu de fuccès divers projets , afin d'ôter aux Rochelois toute communication avec les flottes d'Angleterre. Durant ce blocus, Metezeau avoit dit plufieurs fois que pour emporter la Rochelle il falloit faire ce qu'avoit fait Alexandre pour fe rendre maître de Tyr, jeter une digue dans la mer. Il étoit dans l'ufage d'avoir la nuit une lampe allumée, à la lueur de laquelle il deſſinoit lorſqu'il ne pouvoit dormir. Un jour que ſon projet l'avoit occupé plus qu'à l'ordinaire, il ſe réveille au milieu de la nuit, ſe lève, & le trace ſur le papier. Les plus grands événemens naiſſent ſouvent des plus petites cauſes. Nous liſons dans l'hiſtoire ancienne que les Thébains durent le gain de la fameuſe bataille de Leuctres au ſonge de Pelopidas, la veille de l'action.

Les préparatifs du voyage de notre artiſte ſont bientôt faits. Il part, arrive à la Rochelle, & fait agréer ſon plan au conſeil. Le 27 Novembre 1627 « il arriva, dit Baſſompiere, de Paris à la Rochelle, avec un maître maçon(1), & propoſèrent tous deux de faire une digue à pierres perdues dans le canal de la Rochelle, pour le boucher. M. le cardinal me les envoya, & j'approuvai leur deſſein, qui avoit » déjà été propoſé au roi. »

Le 30 Novembre ſuivant fut commencée cette digue fameuſe ; elle avoit 740 toiſes de long, portoit d'un côté de l'avant port au bas d'une

_____

(1) Jean Thiriot, maître maçon de Paris, mort en 1647 au village d'Yères près Paris.

X ij

pente dominée par le Fort-Louis, & se termi-
noit à l'autre côté dans l'anse des Meuilles. « Ainsi
Richelieu, pour fermer aux Anglois le port de
la Rochelle, dit un écrivain moderne (2), ferma
presque aux Rochelois le chemin de la mer. Des
vaisseaux auroient mieux valu qu'une digue,
mais la marine n'entra pour rien dans son plan,
de subjuguer la France pour dominer dans l'Europe». Quoi qu'il en soit, le roi tarda peu à se
rendre maître de la place qui lui résista un an
deux mois & seize jours, à compter du 14 Août
1627, auquel jour le duc d'Angoulême vint
établir son quartier à Aitré jusqu'au 30 Octobre
1628.

Quelques années après cet événement N. Fou-
cault, avocat au conseil, fit les quatre vers sui-
vans qu'on grava au bas du portrait de Metezeau
son beau-père; il l'y compare à Archimède.

Hæretico palmam retulit Metezeus ab hoste,
Cum Rupellanas aggere cinxit aquas.
Dicitur Archimedes terram potuisse movere,
Æquora qui potuit sistere non minor est.

Nous avons dit que cet artiste avoit élevé

l'hôtel de Longueville & le château de Chilly. Le premier eft imparfait ; quoiqu'il ait de l'apparence, les détails n'en font pas heureux. Les bafes des pilaftres font mutilées, c'eft-à-dire qu'elles ne font qu'une face par devant, & qu'elles ne font profilées que par les côtés.

Le château de Chilly fut conftruit pour le maréchal d'Effiat, alors furintendant des finances. Du côté de la cour il préfente un corps de logis avec deux pavillons en retour, & deux aîles fur un plan plus reculé. Au rez-de-chauffée l'ordre dorique règne en pilaftres accouplés, & en colonnes feulement dans l'avant-corps du milieu, ainfi que dans ceux des aîles. Par une bizarrerie dont on voit peu d'exemples, Metezeau n'a placé des triglifes qu'au-deffus des trumeaux, à l'aplomb des pilaftres, & il les a fupprimés dans tout le refte de la frife, à la différence de celle du côté du parc qui n'eft liffe qu'au-deffus des trumeaux des croifées. C'eft un moyen abufif qu'il a employé pour rendre régulier fon ordre dorique.

L'arrière-vouffure de la porte Saint-Antoine que la gravure a confervée, étoit bombée par fon profil, & en plein cintre par derrière, du côté de la ville. Sa beauté a donné le nom à

toutes celles qui se sont faites depuis dans le
même goût; les Architectes l'appellent voûte
ou arrière-voussure Saint-Antoine.

JACQUES DE BROSSE.

Plutarque, dans ses vies des hommes
illustres, insiste moins sur leurs exploits, que
sur leur caractère personnel. *Je fais*, dit-il,
*comme les peintres qui s'attachent surtout à bien
rendre le visage des personnes, parce que c'est ce
qui fait le mieux connoître leur caractère.* Cette
partie si intéressante dans la vie des grands ca-
pitaines, le seroit peu dans celle des artistes,
dont les ouvrages sont le principal objet de nos
recherches & de nos études. De Brosse qui m'a
fait naître cette réfléxion vivoit sous Marie de
Médicis dans le seizième siècle. Cette princesse,
après la mort de Henri IV, forma le projet de
construire un palais où elle fût logée plus commodément qu'au Louvre. Elle acheta donc, en
1611, avec d'autres maisons voisines, l'hôtel
de Luxembourg qui tomboit en ruine. Marie
de Médicis étoit magnifique; elle avoit pris
dans sa patrie des idées de la grande Architec-

ture ; le palais Pitti , féjour du grand duc de
Tofcane à Florence , fut le modèle , dit - on ,
qu'elle voulut qu'on imitât au moins pour la
décoration tofcane qui y règne.

Les deux palais ont cependant bien peu de
rapport entre eux. Si le premier a plus d'appartemens , le fecond eft plus commode & plus
agréable ; le plan du premier s'étend principalement en longueur ; la hauteur de fes bâtimens
rend fa cour obfcure : le fecond au contraire
offre un plan prefque carré ; fa cour bâtie des
quatre côtés , a plus d'étendue & de clarté ; en
un mot , il eft beaucoup plus orné & plus dégagé.
Les boffages & les refends font l'unique décoration qui leur foit commune.

De Broffe , fur qui tomba le choix de la reine ,
ne négligea rien pour la fatisfaire. Il fit plufieurs
plans. Celui qu'elle préféra fut envoyé par fes
ordres en Italie & dans plufieurs autres royaumes
d'Europe , aux Architectes célèbres , dont la princeffe fouhaitoit avoir les avis. Il ne faut donc
plus s'étonner fi le Luxembourg furpaffe en grandeur & en magnificence tous les bâtimens du
royaume , à l'exception du Louvre. Le cavalier
Bernin avouoit fincèrement qu'il n'y en avoit
point de mieux bâti ni de plus régulier.

X iv

Il fut commencé en 1615, & achevé en 1620. Sa face, du côté de la rue de Tournon, présente une terrasse en galerie découverte, au milieu de laquelle s'élève un avant-corps orné des ordres toscan & dorique, & couronné d'un dôme, terminé par une lanterne. La forme pyramidale, & le mouvement que l'Architecte a donné à son plan, décèlent les plus grands talens. A chaque extrémité de cette terrasse sont deux pavillons carrés, unis au grand corps de logis qui est entre la cour & le jardin, par deux galeries plus basses que le reste du bâtiment, & portées sur des arcades.

Ce corps de logis est élevé sur une terrasse où l'on monte par un perron ; il a quatre pavillons à ses extrémités, & un corps avancé au milieu, dont l'Architecture est composée des ordres toscan & dorique surmontés d'un attique. L'ionique est ajouté aux pavillons, qui sont plus exhaussés que le reste.

Le palais du Luxembourg, si recommandable par son étendue, sa solidité & sa noblesse, ne l'est pas également du côté de la légèreté & des proportions. L'ordre toscan, consacré aux grottes, aux campagnes, & aux ouvrages militaires, est peu digne d'un édifice magnifique élevé dans une ville. Les boffages alternatifs affectés à cet ordre, au dorique & à l'attique, donnent à toute cette compofition un air de pefanteur. Les arcades des portiques font trop hautes pour leur largeur, & les métopes de l'ordre dorique, au lieu d'être carrés, font rectangulaires. Je ne parle point de l'entrée du jardin qui eft ridicule, ni du veftibule beaucoup trop étroit pour un auffi grand édifice. On prétend que le grand efcalier fi maffif & fi fombre eft du deffin de Marie de la Vallée. Quoi qu'il en foit, il eft indigne de la magnificence d'une maifon royale.

Le portail de faint Gervais fut bâti dans le même temps en 1616. De Broffe qui travailloit à faire du Luxembourg un palais digne d'être occupé par une reine, s'étudia à annoncer par la magnificence de ce portail, la majefté de l'être fuprême adoré dans nos temples. Les trois ordres grecs y font employés; les deux premiers, favoir le dorique & l'ionique, font de huit colonnes chacun, & le corinthien de quatre. Celles de l'ordre dorique font engagées d'un tiers dans le vif du bâtiment, & unies jufqu'à la troifième partie de leur fût, le refte eft orné de cannelures à côtes. Les colonnes des autres ordres font ifolées & hors d'œuvre.

L'élévation de ce portail, sa noble construction, & surtout sa forme pyramidale, font regretter que l'œil du spectateur ne puisse en embrasser l'ensemble. Feu M. Turgot, prevôt des marchands, avoit fort à cœur de faire jouir de ce monument les amateurs des beaux arts. Il fit dessiner des plans d'une place convenable à son aspect. Mais toute l'activité de son zèle ne put persuader aux propriétaires des maisons voisines de les vendre à la ville pour être abattues.

Ce portail a de la célébrité dans son ensemble. Si l'on en examine les détails on les trouvera peu heureux : les métopes dont la forme carrée fait la principale beauté, y sont inégaux ; ceux qui sont entre les colonnes accouplées, sont plus larges que hauts ; chaque étage de bâtiment offre un fronton ; le circulaire couronne l'ordre corinthien, des figures gigantesques semblent écraser toute cette ordonnance. On y remarque de plus des défauts de proportion dans les membres d'Architecture, peu de régularité dans les entre-colonnemens, & d'exactitude dans les rapports réciproques des ordres.

La grande salle du palais ayant été consumée par le feu en 1618, notre Architecte la rétablit, & en 1622 cette salle fut achevée dans l'état où nous la voyons. Elle eſt voûtée en pierre de taille, avec un rang d'arcades au milieu, foutenues par des piliers, & eſt très-mal éclairée. L'ordre dorique y préſide, la diſtribution de ſa friſe n'eſt pas plus régulière qu'au Luxembourg & à ſaint Gervais. Les deux arcades du fond font inégales, & on remarque qu'il y a un demi-pilaſtre de moins du côté de la plus petite. Cette production reſſemble à toutes celles que nous a laiſſées de Broſſe : les grands traits de l'Architecture y brillent, mais ils manquent de ſévérité.

Vers le même temps cet Architecte donna les deſſins du temple de Charenton que les proteſtans firent rebâtir en 1623. On dit qu'il pouvoit contenir quatorze mille perſonnes. Le plan de cet édifice étoit un carré long, percé de trois portes, & éclairé par quatre-vingt une croiſées en trois étages, élevés de vingt-ſept pieds juſqu'à l'entablement. Sa longueur étoit de 104 pieds dans œuvre, fur 66 pieds de large. Le plafond de la nef offroit les Tables du vieux & du nouveau teſtament écrites en lettres d'or fur un fond bleu. Cette nef étoit ornée dans ſon pourtour de vingt colonnes doriques de vingt-un pieds de haut, & qui formoient trois étages de

galerie où conduifoient quatre efcaliers angulaires. Le 21 Octobre 1685, jour de l'enre-
giftrement de la révocation de l'édit de Nantes,
on commença à démolir ce temple; cinq jours
après on n'en reconnoiffoit pas les traces, & dans
la quinzaine on bâtit fur ce terrein un couvent
de filles confacrées à l'adoration perpétuelle du
faint Sacrement.

Le dernier ouvrage connu de notre Architecte eft l'aqueduc d'Arcueil, il fut entièrement
achevé en 1624. Sa longueur (1) eft d'environ
deux cents toifes fur douze de| haut dans l'en-
droit le plus bas. Les arcades ont près de quatre
toifes de diamètre, & celles murées en ont cinq.
Il y en a en tout vingt; mais neuf feulement
font à jour. Tout le bâtiment eft foutenu par des
piliers & des contreforts qui montent jufqu'à la
corniche ornée de modillons, qui font un bel
effet. La conduite de l'eau eft au-deffus de cette
corniche. Une voûte couverte de grandes pierres

(1) Il ne s'agit ici que de l'aqueduc hors terre qui
traverfe le valon arrofé par la rivière de Bièvre à Arcueil.
La totalité de l'aqueduc, depuis Rungis où eft la prife de
l'eau, jufqu'au château-d'eau, près l'obfervatoire, eft
de 6609 toifes.

de taille couronne cet aqueduc, comparable aux ouvrages des Romains en ce genre.

ETIENNE ANGE MARTEL(1).

ETIENNE Ange Martel, nommé communément Martel-Ange, naquit à Lyon en 1569, où il fit d'assez bonnes études. Un goût naturel pour la peinture & pour l'Architecture le conduisit à Rome avec François Stella, dont le fils est connu dans les fastes de la peinture. Martel y cultiva ces deux arts, & y fit de grands progrès. Ce fut à l'âge de 21 ans qu'on l'admit, suivant ses desirs, dans la compagnie de Jésus. Il y a vécu cinquante-un ans. Sa profonde humilité lui fit choisir le degré de coadjuteur temporel, & refuser l'honneur du sacerdoce auquel ses supérieurs voulurent l'élever.

Un des premiers essais de ses talens pour l'Architecture fut l'église du collège de la Trinité de Lyon. Plusieurs maisons de sa compagnie les exercèrent successivement. Il travailla avec le père

(1) Mém. fournis par le P. Berthier.

François Derrand, au plan de leur église de la rue saint Antoine à Paris. La dignité de ce dernier fit sans doute trouver dans son dessin des beautés qui n'existoient que dans celui de son concurrent, & lui mérita la préférence.

On lui rendit plus de justice en 1630, lorsque M. du Noyers fit bâtir l'église du Noviciat des Jésuites à Paris, qu'il destinoit pour sa sépulture. Martel-Ange fut choisi pour donner le plan de cette église très-estimée à bien des égards. Le portail est orné d'un ordre dorique en pilastres, surmonté de l'ionique, dont les proportions sont fort justes. Les connoisseurs desireroient que les parties de sa décoration eussent plus (2) de saillie, & fussent moins subdivisées. Ils trouvent aussi que les pilastres doriques pliés, rendent irrégulière la distribution du plafond de la corniche. Le même ordre règne dans l'église, & les métopes présentent des instrumens employés dans les cérémonies du service divin.

Le caractère de Martel-Ange étoit fort obligeant. Tous ceux qui le consultoient pour la cons-

____

(2) C'est une règle générale, régulièrement observée par les anciens, de ne jamais faire saillir les pilastres plus du quart de leur largeur.

truction de leurs édifices l'éprouvoient journellement. Des communautés religieuses, & plusieurs personnes de la première distinction, l'honoroient de leur confiance & de leur estime. Il en reçut des témoignages bien flatteurs en 1633. Les douleurs de la pierre qui l'incommodoit depuis quelques années le déterminèrent à se faire tailler. On fit alors pour lui des prières dans beaucoup de communautés, & nombre de personnes s'intéressèrent à sa conservation. Après cette douloureuse opération il ne s'occupa plus que de petits ouvrages de peinture jusqu'à sa mort arrivée en 1641, à l'âge de soixante-douze ans. On a long-temps conservé dans la maison du noviciat quelques dessins de sa composition. Le cardinal de la Rochefoucault les admiroit, & disoit que les peintres de Paris devroient les prendre pour modèles.

PIERRE LE MUET.

CET Architecte naquit à Dijon en 1591. Son père étoit garde-provincial de l'artillerie de Bourgogne, & sa mère se nommoit Anne de

Cirey. Employé en Picardie par le cardinal de Richelieu, le jeune le Muet donna des preuves de son habileté dans les fortifications, & fut un des plus savans Architectes de son temps.

Parmi les bâtimens particuliers qu'il a élevés à Paris, on remarque l'hôtel de Laigle, fauxbourg saint Germain, qu'a occupé M. Bonier, l'hôtel de Luynes, & celui de Beauvilliers. Celui-ci est d'une grande apparence, qui est peut-être trop magnifique pour son peu d'étendue. Ses quatre faces sont décorées de pilastres corinthiens qui s'élèvent depuis le rez-de-chaussée jusqu'à l'entablement. La cour est vaste, & l'escalier d'une coupe hardie. Ce bâtiment n'a qu'une aîle, dont la décoration est feinte sur le mur mitoyen qui lui est parallèle, pour conserver la symmétrie de son ordonnance.

On peut citer aussi le château de Chavigny en Touraine, & celui de Pont en Champagne: le premier, élevé pour M. de Chavigny, secrétaire d'état, & le second pour M. Bouthillier, surintendant des finances.

Mais ce qui fait le plus d'honneur à le Muet est le choix que fit de lui Anne d'Autriche pour achever l'église du Val-de-grace à Paris, lorsque les travaux en furent repris en 1654. Il dirigea

en

en chef ce bâtiment, depuis la première corniche où Manfart l'avoit laiffé, jufqu'à l'entier
couronnement, fuivant les premiers deffins de
ce fameux artifte. On prétend cependant qu'il
les altéra & les chargea de fculptures un peu
lourdes, furtout dans la voûte. La reine lui
donna le Duc & Broutel, habiles dans leur art,
pour infpecteurs généraux fous lui. Au fond
d'une belle cour s'élève fur feize marches le
grand portail du Val-de-grace, orné d'un portique foutenu fur quatre colonnes corinthiennes
ifolées. Au-deffus de ce premier ordre eft placé
le compofite raccordé avec lui par de grands enroulemens. Le dôme eft percé de feize croifées,
entre lefquelles font autant de pilaftres compofites. Quatre lanternes s'élèvent fur le maffif quadrangulaire qui le porte. Cet ordre compofite a
pour amortiffement une efpèce d'attique orné de
confoles. Des candélabres décorent le pied de
ce dôme, & une lanterne furmontée d'une pyramide terminée par une croix, fait le couronnement de l'ouvrage.

En 1656 le Muet commença l'églife des Au-
guftins de la place des Victoires. Il mourut à
Paris, en 1669, âgé de 78 ans. Il a commenté
& compofé plufieurs ouvrages qui ont été reçus

Tome I.   Y

avec beaucoup de plaisir, tant en France que
dans les pays étrangers. Le premier , dédié au
roi , est la *Manière de bâtir pour toutes sortes de
personnes , in-folio*. Il contient plusieurs p'ans &
élévations d'édifices de son invention , convenables à des particuliers : sa date est de 162;.
Leur inspection fait juger que son goût fut bon,
sage , réglé , & fondé sur celui de l'antique : il
ne lui a manqué que d'avoir mieux traité l'ornement , & de s'être moins livré au goût dominant. Son ouvrage pourroit être mieux fait; mais
il a le mérite d'être venu le premier , & d'avoir
ouvert les yeux sur la façon de distribuer les appartemens ; partie de l'Architecture dans laquelle les françois ont fait depuis de si grands
progrès. L'auteur y annonçoit un autre ouvrage
où il promettoit de donner ses desseins des bâtimens royaux , en même temps qu'il traiteroit
de la décoration des palais , des églises, & de
tout ce qui est nécessaire à la construction des
grands bâtimens. Ce projet n'a point eu d'exécution. Le second livre de le Muet , imprimé
en 1632, est intitulé : *Regles des cinq ordres
d'Architecture de Vignole , revues , augmentées ,
& réduites du grand au petit , in-octavo* , avec
figures. Le troisième vit le jour en 1645 , & a

pour titre : *Traité des cinq ordres d'Architecture dont se sont servis les anciens, traduit du Palladio, augmenté de nouvelles inventions pour l'art de bien bâtir,* avec 76 figures en taille-douce. On a reproché à le Muet d'avoir souvent substitué dans cette traduction sa pensée à celle de son auteur. Il en convient de bonne foi, & avoue qu'il a plusieurs fois préféré aux mesures données par Palladio, celles qui sont reçues en France.

JACQUES LE MERCIER.

LE défaut de mémoires sur la plûpart des fameux Architectes me réduit à ne parler que de leurs ouvrages. A peine connoît-on la patrie de Vitruve, & celui qui construisit le temple d'Ephèse est inconnu, tandis que tout le monde sait le nom de son destructeur. Celui de le Mercier est distingué dans les arts. On ignore l'histoire de sa vie, les rapports qu'il entretint avec d'autres artistes, & l'année de sa naissance ; on sait seulement qu'il naquit à Pontoise sur la fin du seizième siècle, & qu'il mourut pauvre à Paris en 1660.

Y ij

Un long féjour en Italie le mit à portée d'y puifer le goût de l'antique. Il étoit à Rome en 1607, ainfi qu'on le voit par une eftampe qu'il a gravée, & qui repréfente le modèle de l'églife de faint Jean des Florentins, dû à Michel-Ange. En 1620, durant fon féjour en cette ville, il grava le catafalque de Henri III, dont il avoit donné le deffin ; fon ordonnance eft formée de colonnes doriques fans bafe. A fon retour il fut protégé par le cardinal de Richelieu, qui lui confia plufieurs entreprifes importantes. Jufqu'à cette éminence, le collège de Sorbonne n'étoit diftingué que par fon ancienneté ; fous elle il devint recommandable par la magnificence de fes bâtimens. La première pierre en fut pofée en 1629. Ce collège eft formé de quatre grands pavillons unis par des corps de logis où font de vaftes falles. Six ans après le cardinal fit conftruire l'églife ; elle peut paffer dans fon genre pour un chef-d'œuvre du dernier fiècle ; Un ordre corinthien la décore. Il eft fâcheux de voir un fi bel édifice déparé par des niches placées dans le berceau de fa voûte, au-deffus de l'entablement. Les figures qu'elles renferment portent à faux, & femblent menacer la tête des fpectateurs.

Le portail sur la place auquel les ordres corinthien & composite président, auroit exigé que
le Mercier eût donné plus d'action à son ordonnance, & que ses détails, ainsi que sa sculpture,
eussent été plus soignés. Le dôme, traité d'une
grande manière, est accompagné de quatre lanternes, imitées de celles de saint Pierre de Rome,
qui le font pyramider. Le portail de la cour,
beaucoup plus estimé que celui sur la place, est
décoré de dix colonnes isolées, portant un fronton. Les connoisseurs en admirent le genre, &
y reconnoissent le goût qui éleva le Panthéon,
avec cette différence que dans celui-ci il y a
plus de colonnes & moins de figures. Ils sou-
haiteroient que l'inscription de ce portail eût
été placée dans la frise, rien n'obligeoit à mu-
tiler l'architrave pour la recevoir.

La même année que le Mercier commença
le collège de Sorbonne, il construisit pour le
cardinal de Richelieu un morceau d'Architecture d'un goût bien différent; je veux parler de
l'hôtel de cette éminence, nommé présentement le palais royal depuis le don qu'elle en fit
au roi. Une partie de ses défauts vient de disparoître sous le crayon de Contant. Il ne reste
plus de cet ancien palais que les aîles de la se-

conde cour, difpofées en portique pour le rez-de-chauffée, & très-écrafées, n'étant compofées que d'un feul ordre d'Architecture avec un attique. Elles font d'un mauvais goût, & rappellent les temps de barbarie heureufement éclipfés. Comment l'abbé de Marolles a-t-il pu qualifier d'*ouvrage exquis en beaucoup d'étendue*, un bâtiment fi lourd & fi mal proportionné dans toutes fes parties ?

Vers ce même temps l'églife des prêtres de l'Oratoire, rue faint Honoré, fut achevée fur les deffins de le Mercier. Il fuccéda dans cette entreprife à Metezeau, & imagina une rotonde qui en corrige un peu le défaut. Elle eft pratiquée au fond de l'églife, à laquelle elle fert de chœur. Le Mercier a efpacé ici les métopes irrégulièrement, lui qui en avoit fi fcrupuleufement obfervé la diftribution dans l'édifice de la Sorbonne.

Ce fut fans doute pour récompenfer les travaux de notre artifte, que le cardinal lui procura la place de premier Architecte du roi. Sous un miniftre tel que Richelieu, cette diftinction annonçoit des fervices. En cette qualité il continua le corps de logis au vieux Louvre, occupé par l'Académie françoife, & éleva la partie fu-

périeure du gros pavillon de ce palais. Les cariatides gigantefques, placées au troisième étage,
les trois frontons enclavés les uns dans les autres,
la prodigalité des ornemens, font autant d'abus
en Architecture, fans parler du dôme quadrangulaire qui couronne pefamment cette ordonnance. Avouons cependant que le Mercier a fait
paroître beaucoup d'art dans la fubdivifion des
membres d'Architecture ajoutés à cet avant-
corps. La totalité forme une maffe impofante
& d'une vraie beauté. Il n'y en a pas moins
dans la décoration du veftibule de ce pavillon
formée de colonnes ioniques pofées au rez-de-
chauffée & fans focle. Ce veftibule rappelle celui
du palais Farnèfe à Rome, conftruit par Michel-
Ange, & le chapiteau ionique eft précifément
le même. Le Mercier exécuta depuis une pareille ordonnance dans l'édifice, qui porte la
châffe de fainte Genevieve ; édifice élevé par
les ordres du cardinal de la Rochefoucault,
abbé commendataire de cette Abbaye.

Le portail de l'églife de Ruel, celui de Ba-
gnolet, l'églife paroiffiale, & le château de Richelieu, annoncent la capacité de notre Architecte. Ce dernier édifice eft peut-être l'unique
en France dont toutes les parties foient totale-

Y iv

ment achevées. L'aspect non moins pyramidal que régulier de ses dépendances, mérite une singulière attention.

Nous avons dit que le Mercier étoit premier Architecte du roi. Cette qualité lui donnoit le droit d'inspection sur les ouvrages commandés par sa majesté. Il commença donc à faire travailler à la grande galerie du Louvre, qui n'avoit point encore été décorée, & à disposer dans la voûte différens compartimens pour y placer des tableaux que le Poussin devoit faire. Celui-ci qui avoit formé un projet tout différent de celui de l'Architecte, fit détruire son ouvrage. Le Mercier s'en plaignit; Vouet & Fouquieres, que le mérite de Poussin obscurcissoit, se joignirent à lui, & leur jalousie réciproque suspendit cette entreprise.

Le dernier ouvrage de notre Architecte fut l'église de saint Roch; il la commença en 1653, & y employa un ordre dorique fort régulier. Le chœur & une partie de la nef étoient élevés, lorsqu'il fut prévenu par la mort, tant de fois ennemie des entreprises des artistes.

On a trouvé les piédestaux des piliers trop élevés. Ceux qui les ont critiqués, n'ont pas fait attention qu'ils ne paroissent tels, que depuis la fuppreffion des bancs dont ils étoient entourés.

Le Mercier eft un de ceux qui ont le mieux entendu la manière de décorer nos édifices facrés; gloire qu'il partage avec François Manfart. L'églife de la Sorbonne eft le fecond chef-d'œuvre de notre Architecture après celle du Val-de-grace. Que fa difpofition eft belle ! Il femble que fon génie l'ait abandonné dans le plan des édifices d'habitation , & dans leur décoration intérieure. Ses ordonnances font lourdes , fes compofitions froides , l'afpect de leurs différentes parties eft pauvre & fec , on y remarque des parties trop grandes oppofées à de trop petites , & de trop groffes en oppofition avec des parties trop foibles.

On attribue à le Mercier l'églife de l'Annonciade à Tours, difpofée en rotonde, & qui paffe pour un chœf-d'œuvre.

FRANÇOIS MANSART (1).

LA ville de Paris fut fa patrie en 1593. Son père (Abfalon) charpentier du roi, n'étoit pas

(1) Les Hommes illuftres de Perrault.

en état de lui donner des leçons d'Architecture ;
mais celles de son beau-frère (2) y suppléerent.
Ce fut moins elles qui l'élevèrent au premier
rang parmi les Architectes , que les rares dispositions dont la nature l'avoit doué ; un goût
exquis , un esprit juste & solide qui tend toujours à la perfection , & une imagination noble
& féconde. Dans la disposition générale de ses
plans , il égale les plus grands maîtres ; il ne
leur est pas inférieur dans le choix de ses profils ; la précision , la correction & l'élégance ,
y sont portées au plus haut degré.

Les essais des premières années de Mansart
furent la restauration de l'hôtel de Toulouse
vers l'an 1620 ; le portail de l'église des Feuillans ; le château de Berni ; ceux de Baleroy en
Normandie , de Blerancourt & de Choisy-sur-
Seine en partie. Ces essais furent accueillis ,
comme ils le méritoient. Le commandeur de
Sillery contribua en 1632 à faire élever l'église
des Filles de sainte Marie rue saint Antoine , &
choisit Mansart pour en donner les dessins. Jean-
Baptiste Gaston de France , duc d'Orléans , l'occupa , en 1635 , à bâtir son château de Blois.

(2) Germain Gautier , Architecte du roi.

Des affaires importantes obligèrent ce prince, trois ans après, à laisser l'ouvrage imparfait, tel qu'on le voit aujourd'hui.

Les dehors du château de Gèvres en Brie, ses jardins, & une grande partie de celui de Fresnes sont dus à notre Architecte. L'hôtel de Carnavalet ne fait pas moins d'honneur à son cœur qu'à son goût. Dans sa restauration, qui prouve sa capacité & son expérience, il a su plier son génie aux ouvrages de ses prédécesseurs qu'il a conservés avec soin.

Personne n'ignore que l'abbaye du Val-de-grace est un monument de la piété d'Anne d'Autriche. Cette princesse confia l'exécution de ce projet à Mansart, comme à l'Architecte le plus capable de le conduire à sa perfection. Il le commença en 1645 ; mais il n'éleva le bâtiment que jusqu'au-dessus de la grande corniche du dedans. On fit entendre à la reine que les sommes par elle destinées à la construction de ce monument ne suffiroient pas à exécuter le dessin de Mansart, que d'ailleurs ses premières idées avoient peu de stabilité, & que pour changer le plan d'un bâtiment, il n'hésitoit pas à l'abatre quoiqu'élevé jusqu'au premier étage. Ces raisons firent impression sur l'esprit de la

reine ; elle ôta à Manfart la conduite du Val-
de-grace, & la donna à d'autres Architectes.
Manfart, piqué de cette préférence, en appela
au jugement de la poftérité. Vers ce temps-là,
M. de Guénégaud, fecrétaire d'état, lui fit conftruire une chapelle dans fon château de Frénes.
Notre artifte exécuta en petit le modèle qu'il
devoit fuivre au Val-de grace, en le réduifant
environ à la troifième partie de fon diamètre.
Ces pièces de comparaifon ont décidé le jugement de la poftérité, fur le choix des artiftes qui
remplacèrent Manfart dans une entreprife auffi
importante.

Pour fuivre, autant qu'il eft poffible, l'ordre
des dates, nous placerons vers ce temps l'érection de l'églife des dames de fainte Marie à
Chaillot, & en 1657, celle du château de Maifons, près faint Germain, chef-d'œuvre d'élégance qui mit le fceau à la réputation de Manfart.
Il le bâtit pour le préfident René de Longueil,
furintendant des finances, qui le laiffa le maître
de la difpofition de ce vafte édifice, & de la dépenfe qu'il exigeoit. L'habile homme eft difficilement content de lui-même. Les plus belles
idées que fon imagination puiffe créer font inceffamment détruites par de plus heureufes aux-

quelles il a encore de la peine à s'arrêter. Tel
étoit Manfart. A peine une partie du château de
Maifons fut-elle conftruite, qu'il la fit abattre
fans en avertir le maître. Cette inftabilité néanmoins eft difficile à excufer en un homme auffi
confommé qu'il l'étoit dans fon art. Elle fut caufe
que la principale façade du Louvre ne fut pas
élevée fur fes deffins. Colbert, avant que d'envoyer en Italie recueillir les penfées des plus fameux Architectes, confulta Manfart, & lui demanda des projets. Manfart lui en montra, & le
miniftre ne fut pas moins frappé de la beauté,
que de la variété de fes deffins, qui n'étoient
qu'efquiffés, & le plus fouvent qu'indiqués. Il
lui témoigna qu'il falloit s'arrêter à un plan fixe
& ftable pour le montrer au roi, & n'y plus
rien changer. Cette condition parut dure à un
génie accoutumé à l'indépendance; auffi aima-
t-il mieux perdre une occafion auffi avantageufe de développer fes talens, que de renoncer
à la liberté de changer d'idées lorfqu'il en auroit
eu de meilleures. Il paroît que le dernier ouvrage de Manfart, & celui qu'il préféroit à tous
les autres, eft le portail des Minimes de la Place
royale. Il fut achevé peu d'années avant fa mort,
arrivée en 1666 à l'âge de 69 ans.

Cet habile homme conserva, jusqu'à la fin de
sa vie, ce tourment de génie qui porte toujours
à chercher le mieux ; semblable à Platon, dont
un historien (3) rapporte que sa dernière heure
ne fut pas exempte de l'agitation de l'étude.

Les nouvelles dispositions que Mansart a
données à nos bâtimens ont rendu son nom célèbre. On lui doit le rétablissement de la saine
Architecture. Il a inventé cette sorte de couverture qui porte son nom ; en brisant les toits,
leur espace se trouve augmenté, & permet d'y
pratiquer des logemens aussi agréables que commodes.

Ses ouvrages, tant à Paris que dans ses environs, sont en très-grand nombre ; quelque
détail des principaux ne sera pas ici déplacé.

La porte de l'hôtel de Toulouse, où il a employé l'ordre dorique, offre plusieurs exemples
de licence que l'heureux effet de la composition
rend excusables, tels que des figures assises
sur des piédestaux ; la distribution assez irrégulière dans le soffite des mutules & de leurs in-
tervalles ; un ressaut à l'aplomb de l'angle intérieur du pilastre pour en conserver la base. Cet

(3) Val. Max. Liv. VIII, chap. 7.

hôtel que Manfart a feulement reftauré , eft remarquable par fon efcalier orné de pilaftres ioniques , & par la belle & élégante Architecture de fa galerie.

Dans la porte qui fert d'entrée au monaftère des Feuillans , on eftime la fimplicité & la régularité de fon ordonnance. Le portail de leur églife , quoique déparé par quelques parties de détail peu heureufes , annonce le mérite fupérieur de fon immortel auteur.

Le germe de fes talens eft encore plus fenfiblement aperçu dans le ftyle de l'Architecture que préfente le plan de l'églife de la Vifitation rue faint Antoine. Renfermé dans un affez petit efpace , fa difpofition n'en eft pas moins ingénieufe. L'ordonnance du frontifpice a un air de pefanteur peu analogue au ftyle de l'intérieur & à l'aménité qui doit régner dans la décoration extérieure d'un monument de cette nature. Le renflement des colonnes y eft trop reffenti.

Le Val-de-grace eft l'ouvrage d'un artifte confommé dans les préceptes de fon art. Que fes arcades font belles ! chacune eft renfermée dans une niche carrée bien proportionnée.

L'efcalier de l'hôtel d'Aumont s'annonce noblement par un veftibule d'ordre dorique d'une

élégante proportion. Ce même ordre qui règne
dans un périftile dont il eft précédé, le fait paroître plus grand. Je ne dirai rien du grand
autel des Filles-Dieu, de celui de faint Martin-
des-Champs, ni de l'hôtel de Coiflin, rue de
Richelieu, pour paffer à un ouvrage plus confidérable ; je veux dire le portail des Minimes.
Le dorique y eft furmonté par le compofite,
exemple qui peut fervir de règle dans la réunion
de deux ordres fi diffemblables pour le caractère
& l'expreffion. Ces défauts de parité font ici
voilés en quelque forte par l'art avec lequel
Manfart a fu enrichir le premier, & fimplifier
le fecond. Pour affujettir à toute l'exactitude
des règles la diftribution des métopes & des
triglifes dans les retours de la frife, & dans
les endroits où les pilaftres font grouppés avec
les colonnes, il a confondu les bafes & les chapiteaux dont la nature eft d'être féparés ; licence
qui n'eft pas plus excufable que l'inégalité des
métopes. C'en eft encore une que d'avoir placé,
à l'exemple de Palladio, des demi-triglifes dans
des angles rentrans.

L'églife des dames de fainte Marie à Chaillot
mérite d'être obfervée. Son portail eft d'ordre
ionique-colonne, avec un pilaftre attique.

Le

Le château de Maiſons, près ſaint Germain-
en-Laye, eſt un des plus beaux monumens qui
ſoient en France. Les iſſues en ſont majeſtueuſes.
Du côté de la cour la façade du château préſente les ordres dorique & ionique ſurmontés
d'un attique. Les pavillons carrés qui en occupent les extrémités, forment des corps avancés,
au milieu deſquels s'élèvent à la hauteur de l'entablement dorique, deux autres corps de bâtimens ſervant de terraſſes. La façade régnante
ſur les jardins, ne diffère de la première, qu'en
ce que le milieu forme un double avant-corps,
& que par les deux pavillons on paſſe ſur une
terraſſe ſoutenue de colonnes doriques. Les cui-
ſines & offices placés dans la ſeconde avant-
cour, & dont il n'y a d'élevé que le portique
du milieu, offrent une riche décoration, dont
le caractère paroît peu décidé. Au premier aſpect
on la prendroit pour celle d'une chapelle. Ce bâtiment étoit deſtiné à figurer avec les écuries,
ce qui a pu engager Manſart à donner une parfaite ſymmétrie à ces deux genres d'édifices.
Quoi qu'il en ſoit, la forme pyramidale du plan
de ce château, ſon deſſin, le choix le plus exquis de ſes profils, la pureté de ſes moulures,
l'accord le plus heureux de ſon Architecture

Tome I.   **Z**

avec ſa ſculpture, décèlent également l'homme de goût & l'artiſte ſublime.

L'avant-corps du château de Blois, du côté de la cour, eſt un autre chef d'œuvre de notre Architecte. Les ordres dorique, ionique & corinthien, en règlent l'ordonnance. Si elle diffère de celle de Maiſons parce qu'elle eſt plus riche, qu'elle a plus de mouvement, qu'elle eſt plus compliquée, elle l'égale par la préciſion des ordres, la perfection des profils, le choix des ornemens, la main-d'œuvre. Ce grand avant-corps qui comprend trois étages, en renferme un autre compoſé ſeulement des ordres dorique & ionique; celui-ci a pour amortiſſement un fronton triangulaire peu analogue à l'unité eſſentielle dans toute ordonnance. La corniche circulaire qui couronne le troiſième ordre, offre un écuſſon d'un deſſin très-lourd. Les imperfections qui échappent aux grands hommes ceſſent en quelque ſorte de l'être par les beautés dont ils ſavent les racheter.

L'hôtel de ville de Troyes, & celui d'Arles, ſont dus à Manſart. Ce dernier eſt un aſſez beau morceau, orné de trois ordres d'Architecture. La voûte du veſtibule, ſoutenue de vingt colonnes accouplées, eſt très-hardie.

JULES-HARDOUIN

MANSART (1).

SON père fut Jules-Hardouin Manfart, premier peintre du cabinet du roi, & fa mère
une fœur de François Manfart, un des plus
habiles Architectes de France. Il naquit en 1645,
& fut élevé dans la profeffion de fon oncle, dont
il prit le nom. Il le foutint par fes ouvrages qui,
fans avoir le même mérite, furent beaucoup
mieux récompenfés. Auffi fit-il une fortune immenfe fous Louis XIV : ce prince lui donna le
cordon de faint (2) Michel, la place de fon
premier Architecte, & celle de furintendant
& ordonnateur général de fes bâtimens, arts
& manufactures. Les plus fuperbes édifices de
fon temps furent élevés fur fes deffins, & il décora Verfailles de tous les ouvrages exécutés
dans ce château durant quarante ans.

Louis XIV aimoit les artiftes, & s'entrete-

---

(1) Les Hommes illuftres de Perrault.
(2) Manfart & le Noftre furent les premiers artiftes
décorés de l'ordre de Saint-Michel en 1693.

Z ij

noît familièrement avec eux. On dit que le
Noftre ayant trouvé ce prince dans les jardins
de Marly , Louis XIV monta dans fa chaife
couverte , traînée par des fuiffes , & voulut qu'il
prît place dans une autre à peu près femblable.
Ce vieillard placé à côté du roi , remarqua que
Manfart qu'il avoit produit à la cour , marchoit
à pied. *En vérité , fire , s'écria - t - il , mon bon
homme de père ouvriroit de grands yeux , s'il me
voyoit dans un char auprès du plus grand roi de
la terre : il faut avouer que votre majefté traite
bien fon maçon & fon jardinier.* Ce trait humilia
un peu Manfart trop plein de lui-même : il rappelle celui de Laurent de Médicis , qui faifoit
affeoir Michel-Ange en fa préfence.

On peut affurer que le château de Clagny,
un des plus régulièrement beaux qu'il y ait eu
en Europe , eft le premier ouvrage de réputation
de notre artifte. Un petit bois de haute-futaie
proche de Verfailles invita Louis XIV à le faire
élever pour madame de Montefpan. Manfart
n'avoit alors que trente-un ans. La jufteffe des
proportions & la précifion qui régnoit dans
toutes les parties de fa décoration , font des
preuves de l'excellence de fon goût.

On remarque dans les écuries de Verfailles ,

commencées en 1679, beaucoup de fageffe &
de régularité ; leur conftruction, leur forme &
leur étendue, ne font pas moins admirables.
Des grilles de fer, les ferments, ainfi que deux
pavillons couronnés de frontons. Ils font fuivis
de deux longues aîles unies au principal corps,
& qui terminent la cour en demi-lune. Cet avant-
corps eft pareillement furmonté d'un grand fronton où font les armes du roi tenues par des renommées, & un grouppe de trois chevaux en
pierre en fait l'amortiffement.

Ces ouvrages, malgré leur importance,
n'étoient qu'un prélude pour une entreprife beaucoup plus étendue ; je veux parler du château
de Verfailles. Manfart eut le bonheur très-rare
pour les Architectes, de déployer fes taléns
dans un édifice auffi vafte. En tira-t-il tout le
parti qu'il auroit pu en tirer ? Convenons d'abord
qu'il a choifi le genre d'ordonnance le plus
propre à la décoration d'une maifon royale ; un
foubaffement qui porte un bel étage furmonté
d'un attique. Mais les rapports ne font pas également eftimables. Le bel étage n'eft point affez
élevé pour le foubaffement qui a trop de hauteur, & fon attique continu eft extrêmement
monotone. Il eft probable que ces défauts n'ont

pas échappé à Manfart ; ils ne peuvent être ex-
cufés que par les entraves auxquelles il s'eft trouvé
affujetti.

L'orangerie de Verfailles eft un des chefs-
d'œuvres de notre Architecture, qui n'eft pas
moins confidérable par fon étendue, fa difpofition & fa conftruction, que par fa décoration
tofcane, dont les proportions font affez conformes à celles données par Vignole. Tout y eft
noble, grand & mâle, quoiqu'extrêmement
fimple, & c'eft fans doute cette fimplicité qui
en fait le mérite. Louis XIV, peu fatisfait des
idées qu'avoient données fes Architectes pour ce
monument, dit plufieurs fois à le Noftre d'y travailler. Celui-ci s'en excufa toujours fur ce que
fes talens étoient bornés à la décoration des jardins. Mais le roi le preffant de nouveau d'y
penfer, il en traça une idée qui plut à fa majefté, & qu'elle ordonna à Manfart de perfectionner. Cette préférence eût offenfé un médiocre Architecte ; mais l'habile homme faifit le
beau de quelque part qu'il vienne. Ainfi, quoique
l'invention de ce morceau d'Architecture ait toujours été attribuée à Manfart, il paroît certain
qu'elle eft de le Noftre.

Tandis qu'on y travailloit, le roi chargea le

marquis de Louvois de chercher avec notre Architecte un lieu commode pour l'établissement que projetoit madame de Maintenon en faveur de 250 demoiselles nobles. Celui de saint Cyr leur parut le plus propre à ce dessein. Sur leur rapport Louis XIV s'y arrêta, & tarda peu à approuver le plan que Mansart fit de la maison. Les plus habiles ouvriers, & une partie des troupes formant environ 2500 hommes, commencèrent à y travailler le premier Mai 1685 avec tant d'assiduité, qu'une maison aussi vaste fut en état d'être meublée le 15. Mai de l'année suivante, & entièrement achevée au mois de Juillet. Elle consiste en un corps de bâtiment de cent huit toises de long, qui forme trois cours de front séparées par deux aîles.

Le grand commun de Versailles, l'ancienne paroisse & la maison des missionnaires qui la desservent, les palais de Marly, de la Ménagerie & de Trianon, sont du dessin de Mansart. Ce dernier ne consistoit autrefois qu'en trois pavillons que le roi avoit fait construire à la place d'un hameau nommé Trianon. Mais cet édifice ayant été démoli, notre Architecte le réduisit à un étage décoré d'un ordre ionique en marbre, & le couronna d'une balustrade ornée de figures &

de vafes. A l'égard de Marly, c'eft l'habitation la plus riante qu'on puiffe voir après le palais enchanté d'Armide.

Hardouin étoit l'Architecte le plus propre à mettre à exécution les vaftes projets de Louis XIV. Son imagination vive & brillante fe plioit également aux différens genres, le fimple, le galant, le magnifique, le majeftueux ou fublime. Prefque toutes fes productions en offrent des modèles. Verfailles & les Invalides feront toujours cités pour l'air de majefté que fon génie a fu leur imprimer. Ce dernier ouvrage eft furtout admirable par fa belle ftructure, la diftribution intéreffante de fes formes, & la beauté de fes détails. Le fameux Wren élevoit faint Paul de Londres, dans le temps que Louis XIV chargea Manfart de faire une rotonde aux Invalides. Borné à terminer par un dôme une nef très-étroite, il penfa à embellir la partie des pendentifs trop négligée avant lui; il ouvrit donc leurs maffifs dans le milieu, & les fit percer dans quatre chapelles très-décorées; il les orna chacun de deux colonnes, rappela par quelques marches la forme circulaire de fa coupole, & étendit même fes recherches jufqu'à donner aux peintures du plafond tout l'éclat

qu'elles pouvoient recevoir. Avant lui, des croifées percées dans le tour du dôme les éclairoient
feules. Manfart fit ici, comme à faint Pierre de
Rome, une double calotte; mais au lieu de la
terminer à la lanterne, il ouvrit la plus baffe,
& l'éclaira par des croifées ouvertes dans un
attique, & dont le jour, pénétrant entre les
deux calottes, frappe fur la voûte fupérieure,
fans que le fpectateur puiffe les apercevoir &
découvrir la caufe de l'éclat que reçoivent les
peintures du dôme. Quoique fort inférieur en
grandeur aux dômes de fainte Sophie & de faint
Pierre, puifqu'il n'a que douze toifes & demi
dans œuvre; celui des Invalides les égale néanmoins en magnificence. Rien n'eft mieux traité
que fa décoration, tant intérieure qu'extérieure.
La première préfente une Architecture en colonnes & pilaftres d'ordre corinthien, diftribués
avec un goût infini. Toutes les parties qui portent
la coupole font par retraites & empatemens, &
tendent par gradation à la figure pyramidale,
d'où naiffent la grace & la légèreté.

· Le dôme des Invalides eft formé extérieurement d'un corps d'Architecture d'ordre compofite, accompagné de quarante colonnes du même
ordre, lefquelles foutiennent un attique. La fa-

çade sur la campagne offre cette élégance que Mansart savoit donner à ses ouvrages. Un ordre dorique supporte un corinthien couronné d'un attique ; il projetoit d'accompagner cette belle façade d'une colonnade avec quatre pavillons plus élevés, dans le goût de celle de saint Pierre de Rome ; décoration qui n'auroit point eu son égale en France pour la noblesse & la majesté.

L'année 1699 fut remarquable par la construction de la place de Louis le grand, dans le même endroit où étoit celle de Vendôme. Ses bâtimens, élevés à la hauteur du premier étage, furent démolis, & on diminua sa grandeur d'un tiers. Cette place est une forme presque octogone, & son Architecture est corinthienne en pilastres, avec des corps avancés, soit dans les pans coupés, soit au milieu des faces latérales. Sous ce grand ordre règne un stylobate décoré de refends, dans lesquels on a pratiqué une porte en plein cintre pour chaque maison. On critique les frontons placés sur les pans coupés de cette place, & les colonnes jumelles qui sont dans les angles des avant-corps ; mais son plus grand défaut est de n'avoir que deux issues, sans aucune enfilade de rue, ce qui lui donne plutôt l'air d'une vaste cour que d'une place royale.

Celle des Victoires, que Manfart avoit élevée en 1685, quoiqu'un peu petite, est exempte de ce défaut. Sa situation, ses percés, ses issues, sont analogues à l'idée qu'on doit avoir d'une place. Ses bâtimens qui décrivent un ovale, offrent une décoration en pilastres ioniques & de même symmétrie.

S'il est intéressant dans la vie d'un artiste de parcourir le vaste cercle de ses travaux, il ne l'est pas moins de s'arrêter à ce qu'il a fait pour le progrès des arts. Ayant été nommé par le roi à la charge de surintendant, après la démission de M. de Villacerf en 1699, Manfart alla prendre séance à l'académie royale de peinture comme protecteur. Il représenta ensuite au roi, que ce corps desiroit renouveler l'ancien usage interrompu depuis quelque temps, d'exposer ses ouvrages à la vue du public. Sa majesté approuva ce dessin, elle voulut même que l'exposition s'en fît dans la grande galerie du Louvre, & donna ordre au garde-meuble de la couronne de fournir les tapisseries nécessaires pour orner cette vaste galerie, & faire un fond aux tableaux qu'on y placeroit. Trois mois après sa nomination, Hardouin écrivit à l'académie qu'il avoit obtenu du roi le rétablissement en entier de sa

penſion réduite à moitié à cauſe de la guerre,
& il fit fournir toutes les figures moulées ſur
l'antique, pour la décoration de ſes ſalles & l'inſtruction des élèves.

· Le bonheur qui avoit toujours accompagné
Manſart dans ſes grandes entrepriſes, ſembla
l'abandonner dans une moins importante; la
conſtruction du pont de Moulins ſur l'Allier.
Deux Architectes avant lui avoient aſſis ſur le
lit de cette rivière un pont, renverſé peu de
temps après. La raiſon en eſt bien ſimple. Il
étoit conſtruit dans un endroit formé d'un ſable
mouvant d'environ 50 pieds d'épaiſſeur. On dit
qu'un entrepreneur repréſenta à Manſart l'im-
poſſibilité d'y aſſeoir des fondemens. Malgré ſon
obſervation judicieuſe il fonda, en 1706, ſur
cette matière, comme s'il eût atteint le tuf, &
il ne proportionna pas l'ouverture des arches
au volume d'eau qu'elles devoient contenir dans
le temps des crues. Auſſi ſon édifice, à peine
achevé, fut-il entraîné par l'impétuoſité des eaux
de l'Allier, en ſorte qu'il n'en reſta qu'une
arche qui, ſe trouvant fendue, fut démolie pour
la commodité de la navigation.

· Il y a quelques années que M. de Regemorté
a reconſtruit ce pont ſans pilotis, au moyen d'un

radier, ainſi que l'avoit pratiqué Blondel au pont de la Charente à Saintes.

Le dernier ouvrage de Manſart fut la chapelle de Verſailles qu'il laiſſa imparfaite. Sa partie inférieure préſente, il eſt vrai, une décoration froide de portiques, dont les égliſes modernes offrent des modèles ; mais avec quel art, quelle magnificence n'a-t-il pas adopté l'Architecture grecque dans ſa partie ſupérieure ! Plus hardi que l'auteur du périſtile du Louvre, il oſa faire porter à ſes colonnes la retombée des voûtes de ſa chapelle & les combles qui les couvrent.

Manſart mourut preſque ſubitement à Marly en 1708, à l'âge de ſoixante-trois ans. Son corps fut tranſporté à Paris, & inhumé à ſaint Paul ſa paroiſſe, où l'on voit ſon tombeau ſculpté par Coyzevox. Il profiloit dans la dernière perfection, & deſſinoit groſſièrement avec du charbon ou une groſſe plume : il employoit, pour faire les figures de ſes deſſins, Daviler Architecte, le Pautre graveur, & Cocheri. On compte parmi ſes élèves, Laſſurance le père, & Boffrand ; nous parlerons de celui-ci à ſon rang. Hardouin, avec autant de génie que ſon oncle, y joignit plus d'élégance. Ses ſucceſſeurs

considérant l'emploi peu judicieux qu'il en fit
souvent dans ses ouvrages , lui ont décerné le
nom d'homme de génie , & refusé celui de
grand Architecte. On ne peut lui disputer la
gloire d'avoir donné le premier à ses édifices le
caractère convenable. L'enthousiasme , né des
connoissances acquises, aidées du goût naturel,
lui a fait souvent franchir les limites des préceptes. Plus qu'un autre, il s'est permis des licences ; mais elles sont tellement rachetées par
les traits de génie, & les graces séduisantes,
qu'il est réservé aux yeux très-sévères de les dé-
mêler. Ses productions n'en sont pas moins des
chefs-d'œuvres, malgré ces écarts qu'on peut
nommer d'heureuses fautes. Dans le bâtiment
des Invalides, par exemple, où le goût brille
de toutes parts, il a passé subitement du solide
au délicat, en plaçant l'ordre corinthien sur le
dorique. Il en résulte une dissonance entre les
membres de ces ordres, délicats dans le premier, & virils dans le second. Un intermé-
diaire placé entre ces deux extrêmes auroit sauvé
cette dissonnance, & conservé les loix de l'unité.
Telle est dans le style oratoire la transition qui
lie un sujet avec un autre , & dont l'effet est
si heureux quand elle est bien ménagée.

Il ne me reste plus qu'un mot à dire des autres ouvrages de Manfart, dont la notice n'a pu trouver place dans sa vie.

Le château de Clagny étoit regardé comme une des maisons royales des plus régulières, à cause de la décoration extérieure accommodée aux usages du dedans. Commencé en 1676, il fut achevé en 1680. Manfart y avoit employé un ordre dorique portant un attique, avec des combles d'une belle proportion. En face d'une cour de trente toises de large, on voyoit un corps de bâtiment, au milieu duquel étoit un grand pavillon. Ce bâtiment avoit deux aîles doubles en retour, au bas desquelles étoient aussi en retour, & sur la face de devant, deux autres aîles. On montoit à l'étage du rez-de-chaussée, par cinq perrons carrés qui l'élevoient de quatre à cinq pieds. Au milieu de la façade étoit celui qui donnoit entrée au salon carré du grand pavillon. On y entroit par trois arcades égales ; la voûte, plus élevée que les autres, portoit sur quatre trompes ornées de huit figures d'esclaves. Les combles du reste du bâtiment étoient brisés. Les deux aîles, placées sur la face du devant, ne s'élevoient qu'à la hauteur du rez-de-chaussée ; sept arcades en plein cintre les ornoient, & deux avant-corps dans chacun desquels étoit une porte les terminoient. Entre chaque arcade on voyoit dans les pieds droits une table saillante, & au milieu des impostes paroissoit un buste porté sur une console.

Ce bel édifice ne subsiste plus que dans un livre intitulé : *Les plans, profils & élévations du château de Clagny.... du dessin de M. Mansart, premier Architecte du roi, mis en lumière par M. Michel Hardouin, contrôleur des bâtimens de sa majesté, qui les a gravés lui-même.*

L'ancienne paroisse de Versailles, dite Notre-Dame, décorée d'un ordre dorique denticulaire, fut, ainsi que la maison des Lazaristes, achevée en 1686. Son portail offre un ordre dorique surmonté de l'ionique. Les campanilles placés aux angles ont ce dernier ordre, & sont moins élevés que le dôme qui répond au milieu de la croisée.

À Meudon Mansart a fait, par ordre du marquis de Louvois, les fossés, les terrasses, la grille d'entrée, & la décoration de l'avant-corps de l'ancien château, tant du côté de la cour, que du côté des jardins.

On connoît à saint Germain-en-Laye les pavillons

pavillons qui flanquent les encoignures de l'ancien château & l'hôtel de Noailles.

Le grand escalier de Saint-Cloud lui doit ses ornemens. Son intérieur est décoré d'un ordre de pilastres ioniques de marbre, avec des arcades feintes. Ses différentes sujétions, surtout par rapport à la différence des niveaux de la cour & du parc, n'occasionnoient pas peu de difficultés dans sa disposition.

La partie inférieure de la cascade de ce château est élevée en fer à cheval arrondi, & se termine par un canal de 270 pieds de long sur 96 dans sa plus grande largeur. En raccordant cette partie avec l'ancienne, Mansart a si bien ménagé le peu d'espace qui lui restoit, qu'elles paroissent liées, quoiqu'une allée les sépare.

Le château de Venvres, bâti en 1698, est élevé sur la croupe d'une montagne, dont la pente escarpée a été adoucie par de superbes terrasses. Il est isolé, & forme un corps de logis double, de quatorze toises de face sur huit de côté. Sa structure, aussi belle que simple, supplée seule aux ordres d'Architecture & aux ornemens dont il auroit pu être décoré.

Au château de Dampierre près Chevreuse, Hardouin a élevé sur les côtés de la seconde

cour deux galeries détachées du corps du château, & ornées de portiques, à la faveur desquels on se promene à couvert.

Le grand autel de saint Paul, celui du Noviciat des ci-devant Jésuites, élevé l'année d'après
sa mort, l'église des dames de l'Annonciade à
saint Denis, l'hôtel de Fieubet sur le quai des
Célestins, une maison rue du Grand-Chantier,
au coin de celle des Quatre-Fils, ont été construits sur les deffins de Manfart.

PIERRE BULLET.

CET Architecte qui vivoit au milieu du dernier siècle a mérité un rang distingué dans son
art. On ne sait aucun détail de sa vie, si ce n'est
qu'il fut deffinateur & appareilleur de François
Blondel, qu'il acquit ensuite une grande expérience, que ses progrès dans l'Architecture lui
ouvrirent les portes de l'Académie, & lui méritèrent la place d'Architecte de la ville.

Il paroît qu'un de ses premiers ouvrages a
été la porte d'ordre ionique qui sert d'entrée
à la pompe Notre-Dame. La porte saint Martin,
élevée en 1674, est une entreprise plus impor-

tante. Cette belle production du génie de Bullet, a, de même que la porte saint Denis, la forme d'un arc de triomphe, avec trois ouvertures, dont celle du milieu est beaucoup plus exhaussée. Son Architecture est en bossages rustiques vermiculés, & couronnée d'un grand entablement avec un attique. Bullet a imité ici, avec le plus grand succès, d'après Vignole, cet entablement qui est du genre dorique. Sa composition & sa richesse exigent qu'il ne serve de couronnement qu'à des monumens décorés de membres d'Architecture & d'ornemens de sculpture, placés dans un certain point de distance, d'où ils doivent être aperçus.

L'année suivante, notre Architecte éleva, sur les ruines de quelques maisons de tanneurs, un morceau d'Architecture d'une grande hardiesse. Je veux parler du quai Pelletier. Quoiqu'il ne porte en partie que sur une voussure coupée dans son cintre en quart de cercle, il retient un trotoir d'une toise, & une rue de vingt-quatre pieds de large. Une aussi hardie entreprise excita la jalousie qui ne dort jamais ; la sûreté publique lui servit de prétexte pour la décrier. Colbert leva ce voile odieux, & s'empressa d'employer les talens de Bullet. Le quai fut élargi,

on n'abattit point de maisons , & on laissa toute
sa largeur au lit de la rivière.

On voit à la place saint Michel une fontaine
sous un arc fort élevé & orné de deux colonnes
doriques ; & dans les bras de la croisée , à l'abbaye de saint Germain-des Prés , deux chapelles
richement décorées.

L'hôtel de Vauvray , rue de Seine , près saint
Victor , & l'hôtel de Tallard , rue des Enfans
rouges , furent bâtis par Bullet ; celui ci pour
Amelot de Chaillou , maître des requêtes , père
du ministre d'état. Son escalier est beau. On convient que notre Architecte a tiré habilement
parti d'un terrein peu avantageux , sur lequel est
bâtie cette maison.

Un ouvrage plus distingué , qu'il éleva en
1683 , fut l'église du Noviciat des Dominicains.
Elle doit avoir vingt-deux toises depuis le portail jusqu'au fond du chœur. Sa décoration intérieure consiste en de grands pilastres corinthiens qui soutiennent une corniche enrichie de
moulures. Cette église est restée imparfaite jusqu'en 1768 , qu'on y a construit un portail d'une
invention assez commune.

Quelques années après , Crozat , receveur-
général des finances de Bordeaux , fit bâtir sur

les deſſins de Bullet, un grand hôtel pour le comte d'Evreux ſon gendre, à la place de Vendôme. Il eſt à côté de ſa maiſon, qui fut la première achevée, & que notre Architecte avoit auſſi élevée. On les appelle aujourd'hui les hôtels de Tunis & de Thiers. La décoration de celui-ci, formée des ordres dorique & ionique, porte le véritable caractère d'un hôtel.

Les religieux de ſaint Martin lui confièrent, en 1712, la conſtruction des belles maiſons placées ſur la rue ſaint Martin, le long des murs, qui ſervoient de clôture à leur monaſtère. Ils eurent auſſi de lui des plans, tant de ces emplacemens, que des bâtimens qu'on pourroit y faire. Bullet avoit auparavant pris des alignemens par ordre du roi, & levé des plans de la ville de Paris, ſuivant leſquels il convenoit d'élargir la rue ſaint Martin le long des murs du prieuré, en faiſant rentrer les façades.

Le château d'Iſſy, du côté de la cour, préſente un avant-corps dorique que ſurmonte un attique couronné d'un fronton. Sa décoration ſur le jardin eſt la même, à la différence de l'ordre toſcan qui y eſt employé. Ces ordres diſparoiſſent dans les arrière-corps & dans les faces latérales; l'entablement ſupérieur s'y trouve ſeul

Aa iij

continué. L'ordonnance du falon, auquel on defi-
reroit plus d'exhauffement, eft du meilleur ftyle.

L'avant-corps du palais archiépifcopal de
Bourges, du côté de la cour, eft formé d'un
étage en forme de foubaffement. Sur cet étage
s'élève un ordre ionique en pilaftres. A l'exemple
des anciens, Bullet a placé des figures fur le
fommet & aux extrémités du fronton.

Nous avons de cet habile artifte, trop peu connu
des jeunes Architectes, un ouvrage imprimé
en 1691, & dont on a fait depuis plufieurs éditions. Il eft intitulé : *Architecture pratique, qui
comprend la conftruction générale & particulière
des bâtimens ; le détail, les toifés & devis de
chaque partie... avec une explication & une conférence des trente-fix articles de la coutume de
Paris fur le titre des fervitudes & rapports qui concernent les bâtimens, & de l'ordonnance de 1673,
in-octavo.* Les éditions multipliées de cet ouvrage en prouvent l'utilité. La manière de conftruire les bâtimens y eft jointe à celle de les
toifer. Il traite auffi des matériaux néceffaires
à leur conftruction, ainfi que des moyens de
réunir dans les ouvrages la folidité avec l'agrément.

Les talens font quelquefois héréditaires. Ceux

de Bullet passèrent à son fils, connu sous le nom
de Chamblin. Il nous en a laissé des preuves dans
le dessin du château de Champ, aussi régulier
que bien bâti.

LOUIS LE VEAU.

CET Architecte, né en 1612, n'est connu que
par ses ouvrages. On ignore absolument les détails de sa vie privée ; je la commence donc où
a commencé sa réputation. Une de ses premières entreprises, dignes d'être remarquées,
fut le château de Vaux, en 1653. Nicolas
Fouquet n'épargna rien pour lui donner toute la
perfection possible. Celui de Livry, aujourd'hui
le Rincy, fut élevé à peu près dans le même
temps pour M. Bordier, intendant des finances.
Le Veau conçut, en 1655, un projet plus vaste ;
celui de rebâtir l'église de saint Sulpice, qui se
trouvoit beaucoup trop petite pour le grand
nombre des habitans du fauxbourg Saint-Germain. La reine Anne d'Autriche en posa la première pierre ; le Veau en jeta les fondemens,
& éleva la chapelle de la Vierge jusqu'à la cor-

niche feulement. En examinant cet édifice, on ne peut s'empêcher de regretter que l'Architecte n'en ait pas fait un projet général pour fervir de guide à ceux qui , après lui , auroient entrepris d'en continuer l'exécution.

On voit, dans l'île Saint-Louis, un des principaux ouvrages de le Veau, l'hôtel Lambert, & fur le quai Dauphin, une maifon bâtie pour Heffelin, maître de la chambre aux deniers, qui avoit du goût pour les arts.

Les hôtels de Pons, rue faint Dominique, de Pontchartrain , Colbert où font préfentement les domaines du roi, furent élevés fous fa conduite, & d'après fes deffins.

Vers ce temps-là , le cardinal Mazarin entreprit de changer l'ancien bâtiment de Vincennes , dont il ne refte plus que les huit tours & le donjon. Ce fut en 1660 que furent conf-truites les deux aîles de bâtimens occupés par les appartemens du roi & de la reine-mère, ainfi que le portique de ce château, du côté de la campagne.

Quatre ans après, Louis XIV ordonna plu-fieurs ouvrages pour l'embelliffement de fon palais des Tuileries. Le pavillon du milieu n'avoit été jufqu'alors décoré que des ordres ionique &

corinthien. Le Veau y ajouta le compofite & un
artique, furmonté d'un dôme quadrangulaire
par fon plan. Les colonnes de ces ordres font
de marbre, & fur l'entablement règne un fronton accompagné de figures. Le fecond ordre des
pavillons des côtés eft corinthien ; un attique
terminé par une baluftrade & des vafes de pierre
fait fon couronnement. Les deux autres corps
de logis, & les gros pavillons qui terminent
cette façade, font décorés de pilaftres cannelés
d'ordre compofite. Dans ces derniers, cet ordre
eft furmonté d'un attique, & fur l'entablement
font pofés des vafes de pierre.

La face du palais des Tuileries a préfentement 170 toifes de long. La maffe du gros pavillon, placé au centre, figure très-bien avec fon
étendue, & on ne peut qu'applaudir à la manière ingénieufe employée par l'Architecte à la
reftauration de cet édifice. Ne diffimulons pas
néanmoins que les augmentations qu'il y a faites
ont un caractère gigantefque. Les ordres de
l'avant corps, & ceux des aîles qui l'accompagnent, ne femblent-ils pas d'un module trop
petit, en comparaifon du grand ordre compofite
des deux pavillons qui y ont été ajoutés de
chaque côté ?

Notre Artiste fut premier Architecte de Louis XIV, & eut la direction des bâtimens du roi dès l'an 1653, jusqu'en 1670 que les travaux cessèrent. Il mourut cette même année, âgé de cinquante-huit ans, tandis qu'on élevoit la façade du Louvre.

. Ses principaux élèves furent Lambert & François d'Orbay. Celui - ci qui a joui d'une plus grande réputation, a bâti plusieurs édifices remarquables, tels que l'église des Prémontrés (1) de la Croix-rouge en 1661, le Chenil neuf de Fontainebleau en 1679, le couvent des Capucines en 1686, deux ans après l'ancien hôtel des Comédiens françois, le collège & l'église des Quatre-Nations, & différens ouvrages aux Tuileries sur les desseins de son maître. A Lyon, d'Orbay a bâti le portail des Carmelites en 1682. La porte du Pérou à Montpellier, construite en 1692, est de son invention : c'est un grand arc de triomphe percé d'une seule arcade, sans colonnes ni pilastres. Un entablement dorique en fait le couronnement ; on y voit quatre bas-reliefs en forme de médaillons, exécutés par

_____

(1) Cette église s'étant trouvée trop petite, fut abattue en 1719, & on en a rebâti une autre.

Bertrand. Ils repréſentent du côté de la ville, la deſtruction de l'héréſie & la jonction des deux mers par le canal du Languedoc. Du côté de la campagne, les bas-reliefs font alluſion aux victoires de la France, par des villes qui ſe ſoumettent à ſa majeſté ſous la figure d'Hercule terraſſant un lion, en même temps qu'il épouvante un aigle.

D'Orbay mourut en 1698. Son fils, nommé Nicolas, étoit chevalier de l'ordre de Saint-Michel, contrôleur des bâtimens du roi, & membre de l'académie d'Architecture. Il eſt mort à Paris en 1742, à l'âge de ſoixante-trois ans.

Deux ordres d'Architecture, de différens diamètres, règlent l'ordonnance du château de Vaux. Le corps du milieu préſente les ordres dorique & ionique, un pour chaque étage; & de grands pilaſtres ioniques les embraſſent tous deux aux extrémités. C'eſt un défaut d'unité que l'Architecte a depuis évité au château neuf de Vincennes, dont les faces ſont ornées de pilaſtres doriques qui comprennent les deux étages. Il s'eſt exactement conformé aux loix de la convenance, en continuant, dans la grande porte qui ſert d'entrée au parc, le même genre que les aîles avoient déterminé. Je remarquerai feulement que dans cette porte élevée en manière d'arc de triomphe les colonnes font grêles, & que l'ordre dorique a perdu fon caractère de virilité, parce que fa hauteur eft augmentée d'un module; licence qui a entraîné celle de fa frife & l'écartement de fes triglifes, & que la forme carrée, obfervée dans les métopes, ne peut juftifier.

Le château du Rincy confifte en un grand corps de logis compofé de trois pavillons; celui du milieu a un attique de plus, & eft arrondi par les extrémités. Le comble eft orné de vafes, ainfi que les faces latérales des pavillons, décorées de pilaftres ioniques. Deux autres d'ordre dorique en pilaftres s'uniffent à ceux-ci par deux galeries.

Le bâtiment des Quatre-Nations eft un des plus beaux édifices élevés fous le règne de Louis XIV, & un des plus avantageufement fitués en face du Louvre & de la Seine, fur un quai dont les murs de revêtement font d'un bon genre. Le frontifpice de l'églife forme un avant-corps corinthien, accompagné de deux aîles de bâtimens difpofées en tour creufe, & où l'ordre ionique préfide. Elles font terminées par deux gros pavillons décorés de pilaſtres corinthiens, avec des vaſes ſur l'entablement. La chapelle eſt renfermée dans un rectangle, au centre duquel eſt une coupole, dont des pilaſtres compoſites accouplés règlent l'Architecture. Sa forme, preſque ſphérique en dehors, eſt elliptique en dedans ; reſſource ingénieuſe pour ménager dans l'épaiſſeur des murs, des eſcaliers à vis qui conduiſent aux tribunes & au comble de l'édifice. En approuvant le genre de ſa décoration, tant intérieure qu'extérieure, on ne peut louer la manière dont les détails ſont traités, la peſanteur du dôme qui lui donne l'air d'une tour, & la variété d'ordres de différens diamètres.

M. Patte, Architecte de S. A. S. Mgr. le prince Palatin, duc régnant de Deux-Ponts, a mis au jour l'élévation du principal portail de ſaint Euſtache, projeté par le Veau, ſous le miniſtère & par les ordres de Colbert.

CLAUDE PERRAULT(1).

Né à Paris en 1613, Perrault étoit fils d'un avocat au parlement, & originaire de Tours ; sa jeunesse fut consacrée à l'étude de la médecine, de l'anatomie & des mathématiques. Il fut même reçu docteur de la faculté de Paris : il ignoroit que la nature l'eût fait Architecte. Un heureux hasard dévoila son génie. La traduction de Vitruve, qu'il entreprit par ordre d'un grand ministre, lui inspira pour l'Architecture la passion la plus forte. Sans maître & sans avoir vu l'Italie, il s'éleva au sublime de cet art, *omnia sibi incrementa debuit*, ce qui prouve que le génie peut se passer de modèle.

Nous allons bientôt le voir occupé des travaux les plus importans. L'Académie des sciences est établie, en 1666, par les soins de Colbert. Ce ministre juge qu'un observatoire est néces-

(1) Les Hommes illustres de Perrault. Mémoires de Charles Perrault, de l'Académie françoise, & premier commis des bâtimens du roi, 1759. Eloges des Académiciens de l'Académie des sciences depuis 1666 jusqu'en 1699 par M. le marquis de Condorcet.

faire pour les travaux aftronomiques, auxquels cette compagnie doit fe livrer ; il lui ordonne d'examiner le lieu le plus propre à fa conftruction. On le choifit, Perrault nouvellement reçu à l'Académie, fait les deffins de cet obfervatoire, & ce (2) *monument, plutôt de grandeur que d'utilité*, s'élève l'année fuivante.

Il y avoit déjà du temps qu'on travailloit au Louvre ; une partie de fa façade avoit huit ou dix pieds de haut. Colbert devenu furintendant des bâtimens , trouva peu propres à annoncer le palais d'un puiffant monarque fur deffins de le Veau qu'on exécutoit. Tous les Architectes furent donc invités à donner l'effor à leur génie , Perrault travailla comme les autres, fon deffin fut jugé le plus beau. Néanmoins, avant que de procéder à l'exécution d'un monument de cette importance, le furintendant réfolut de confulter les artiftes italiens. On leur envoya des copies du projet de le Veau , mais on n'en reçut que des idées défavouées par le bon goût. Le Bernin vivoit alors, il étoit regardé comme le plus beau génie de fon pays. On projeta de le faire venir en France, il y vint ; les honneurs incroyables

---

(2) Aftronomie moderne par M. Bailly.

qui lui furent rendus , font consignés dans l'hiftoire. Cependant cet illuftre artifte fut peu goûté, & repartit fans être regretté.

Le mérite fupérieur de Perrault reçut un nouveau luftre par la comparaifon de fes deffins avec ceux de l'Architecte italien. Il reftoit néanmoins encore une difficulté à réfoudre. Les idées d'un médecin , en fait d'Architecture , devoientelles contrebalancer celles des plus habiles maîtres en cet art ? Pour la lever, on forma un confeil des bâtimens, compofé du premier Architecte, de le Brun & de Perrault. Son frère Charles fut le fecrétaire de ce confeil, préfidé par Colbert , & qui fe tenoit deux fois la femaine. Toutes les difficultés ne roulèrent que fur la poffibilité de l'exécution. Il fut donc réfolu de conftruire un petit modèle du périftile , avec autant de pierres de taille qu'il devoit en entrer dans l'ouvrage en grand , & de le retenir avec des barres de fer proportionnées à la grandeur qu'elles auroient dans l'édifice. L'exécution de ce modèle fit difparoître l'ombre même des difficultés. On convint unanimement que le fer, retenant la pouffée des architraves, procuroit à un bâtiment une folidité bien plus grande , que lorfqu'il y étoit employé comme foutien.

Tels

Tels furent les préliminaires de l'érection d'un monument regardé avec raison comme le chef-d'œuvre de Perrault & de l'Architecture françoise. Fait pour annoncer le palais d'un roi, il surpasse infiniment l'idée qu'on peut se former d'un pareil édifice. Quelle majesté dans sa colonnade, dont la grande décoration, par un heureux effort de génie, se trouve réduite à un seul ordre ! quelle hardiesse dans la portée des plate-bandes des architraves, qui ont douze pieds comme les entre-colonnemens ! Elle paroissoit si téméraire aux yeux des Architectes de Louis XIV, qu'ils avoient assuré la ruine de l'édifice avant son élévation jusqu'au comble.

Perrault entreprit ensuite de continuer le Louvre qui, à l'exception de son gros pavillon, avoit été comme abandonné depuis Henri II. La plupart des Architectes qui achèvent des bâtimens commencés, ressemblent aux continuateurs des ouvrages de littérature. Ceux-ci, aveuglés par leur amour-propre, s'annoncent ordinairement pour avoir perfectionné les idées du premier auteur qu'ils gâtent réellement. Perrault regarda au contraire, comme un chef-d'œuvre, l'ouvrage de son prédécesseur, & jugea ne pouvoir suivre de route plus sûre, que celle qu'il lui avoit tracée. Pour rendre égales les quatre faces de la cour, il imagina un troisième ordre, afin de remplacer les attiques dont le côté achevé est couronné, & il l'assujettit à leur hauteur. La nécessité d'accorder la nouvelle Architecture avec l'ancienne, le força de rappeler dans celle-là de petits tableaux, des niches mesquines, & autres décorations d'un goût médiocre, que le temps seul de leur construction doit faire excuser. Malgré toutes ces attentions, les nouvelles faces du Louvre ne sont qu'une imitation imparfaite des anciennes.

Après la conquête de la Flandre & de la Franche-Comté, Colbert proposa de construire un arc de triomphe à la gloire du roi, de même que Rome en avoit élevé pour recevoir dans ses murs ses empereurs & ses généraux d'armée. Le Brun, le Veau & Perrault firent des dessins; on préféra celui de ce dernier, & on l'exécuta au bout de la grande rue saint Antoine. Cet édifice, commencé le 6 Août 1670, ne fut construit en pierre que jusqu'à la hauteur des piédestaux des colonnes, & le reste fut élevé en plâtre. Ce fut la ville de Paris qui fit faire ce modèle, suivant les proportions que le monument devoit avoir, dans l'intention de lui donner enfuite plus de folidité. Le projet du miniftre étoit d'ouvrir une rue vis-à-vis le Louvre, terminée par cet arc de triomphe, & qui auroit fervi d'avenue au plus vafte palais de l'Europe. Louis XIV s'intéreffa fi peu à fa perfection, que l'ouvrage fut difcontinué; un an après la mort de ce prince, fous la régence du duc d'Orléans, il fut démoli, & M. le Duc en fit enlever toutes les pierres. On affure qu'il fallut les brifer lorfqu'on voulut abattre la partie conftruite en maçonnerie. Dans cette bâtiffe, Perrault avoit employé le procédé des anciens (3), en frottant les lits de pierre les uns fur les autres avec du grès & de l'eau, pour les lier fans le fecours du mortier. Il eft fâcheux que ce monument qui devoit furpaffer par fa grandeur, & l'excellence du travail, les arcs de triomphe des empereurs Conftantin, Tite, Sévère, Vefpafien, ne foit plus connu que par la magnifique eftampe que le Clerc en a gravée.

Outre les différens ouvrages dont je viens de parler, Perrault en a laiffé d'autres qui ne font

---

(3) On voit dans fa traduction de Vitruve une machine qu'il imagina pour frotter les pierres & les ufer les unes fur les autres, quoiqu'elles euffent douze pieds de long.

pas moins applaudis; favoir, la chapelle du château de Sceaux, celle de Notre-Dame de Navone
dans l'églife des Petits-Pères près la place des
Victoires, l'allée d'eau à Verfailles, & une
grande partie des deffins des vafes, foit en
marbre, foit en bronze, qui en ornent le parc.

Ses talens fupérieurs pour deffiner l'Architecture ne doivent pas être oubliés. Tous les deffins
d'après lefquels les planches de fon Vitruve
furent gravées, fortirent de fa main : on les
regarde comme des chefs-d'œuvres en ce genre.
La première édition de cet ouvrage parut en
1673, & la feconde en 1684, *in-folio*. Il fit
enfuite un abrégé de Vitruve à l'ufage de ceux
qui commencent à étudier l'Architecture. Les
changemens en petit nombre qu'il a faits aux
ordres des anciens, en ont altéré la beauté, au
jugement des artiftes ; auffi n'ont-ils été imités
par perfonne. On a encore de lui un Livre intitulé : *Ordonnance des cinq efpèces de colonnes,
felon la méthode des anciens*, *in-folio*. Il y rend
leurs véritables proportions facilement commen-
furables fans fraction des parties du module,
ce qui abrège fûrement l'étude de l'Architecture. C'eft une efpèce de fupplément à ce qui
n'a pas été expliqué au long par Vitruve.

Je ne crains point d'affurer que la traduction de cet auteur manquoit à la littérature. Les notes qui l'accompagnent font très-utiles. Cette entreprife demandoit un homme à qui les anciens ne fuffent pas moins connus que les arts. Des copiftes & des commentateurs ignorans avoient tellement défiguré le texte original déjà obfcurci par les ténèbres de douze fiècles de barbarie, qu'il falloit plus s'occuper à fuppléer ce qui devoir y être, qu'à entendre ce qui y étoit. Ces obftacles ne pouvoient être furmontés que par l'érudition, le goût & la fcience, & Perrault réuniffoit toutes ces qualités.

Il eft inconcevable qu'un homme auffi habile fe foit livré dans la Préface de fa traduction à l'efprit de paradoxe, qui depuis eft devenu fi commun.

Selon lui, c'eft le choix de la matière & la juftesse de l'exécution qui procurent la beauté des édifices; elle n'eft point due aux proportions. Les raifons qui les font admirer ne font fondées que fur le caprice des ouvriers, qui ont déterminé par hafard des chofes dont la précifion eft peu importante. Ainfi, l'on peut fort bien fubftituer d'autres proportions à celles qu'ont établies les premiers Architectes, & les varier à l'infini;

c'eſt au goût, à l'expérience & à l'intelligence, à préſider à ce choix. Ce galimathias eſt une mauvaiſe réponſe à une remarque de Blondel dans ſon cours d'Architecture, où il attaque le ſentiment de Perrault ſur les proportions de ce bel art. Dans quelles erreurs l'amour-propre, qui ſe croit offenſé, n'eſt-il pas capable d'entraîner!

Son *Ordonnance des cinq eſpèces de colonnes* reproduit encore ces fauſſes idées ſur les proportions, qu'il dit être pour la plupart arbitraires, & dénuées de beautés poſitives & naturelles. Il prétend qu'étant une fois réglées, elles ne peuvent plus recevoir de changemens dans les différens édifices, ſoit par la variété de leurs aſpects, ſoit par des raiſons d'optique. Toutes ces aſſertions ſont ſi peu fondées, qu'elles ſe détruiſent d'elles-mêmes.

Perrault eſt de plus connu par d'autres ouvrages, tels que ſes Eſſais de Phyſique, ſes trois volumes de mémoires pour l'Hiſtoire naturelle des animaux, dreſſés ſur les diſſections anatomiques opérées dans l'Académie des Sciences, & un Recueil de diverſes machines de ſon invention. Sa mort arriva à Paris en 1688, à l'âge de 75 ans. On l'attribua à la diſſection faite au

Jardin du Roi, d'un chameau mort d'une maladie contagieuse, & à laquelle notre artiste assista. Dès qu'il eut cessé de vivre, la Faculté de médecine chargea son doyen de demander son portrait à ses héritiers, & elle le fit placer avec ceux de ses membres qui ornent sa salle d'assemblée.

Perrault eut trois frères; Pierre, l'aîné de tous, fut receveur général des finances de la généralité de Paris; il composa en 1674 un traité *de l'origine des fontaines*, & traduisit le poëme de la *Secchia rapita* du Tassoni. Nicolas le second, reçu docteur de Sorbonne en 1652, & mort en 1661, est auteur d'un ouvrage intitulé: *la Morale des Jésuites extraite fidèlement de leurs livres imprimés, avec approbation & permission de leurs supérieurs.* Charles, le dernier de tous, entra des premiers dans les Académies des sciences & des belles-lettres, & fut reçu, en 1671, à l'Académie françoise. Il donna au public le *Parallèle des anciens & des modernes*, & les *Vies des hommes illustres du dix-septième siècle*, qui parurent en 1697 & en 1700 avec leurs portraits. Il mourut à Paris, en 1703, âgé de 70 ans.

Les ouvrages de Claude Perrault méritent

bien que nous nous y arrêtions quelques momens. L'Obfervatoire royal, le premier de tous, & dont on ne trouve point de modèle dans aucun de nos monumens, offre un goût noble & pur. Il a la forme d'un rectangle, & eft accompagné de deux tours octogones aux angles de fa face méridionale, & d'un pavillon carré au milieu de la feptentrionale où eft l'entrée. Son comble en plate-forme eft fi bien voûté, qu'on n'a employé ni bois ni fer dans fa conftruction.

Le frontifpice du Louvre, élevé avec des machines de l'invention de Perrault, eft un de ces efforts de génie qu'on n'a point encore égalé. L'accouplement des colonnes qui ont trois pieds & demi de diamètre, y produit un fuperbe effet. L'antiquité ne fournit pas d'exemple de périftile ifolé à colonnes accouplées : on ne connoît guère que le temple de *Scifi* rapporté par Palladio, & celui qui fe voit à *Trevi* près de Spolette, dans lefquels un pilaftre corinthien, accouplé avec une colonne du même ordre, foutient l'extrémité du fronton. S'il eft permis, comme on n'en peut douter, d'ajouter aux inventions des anciens, la beauté de celle-ci, la grace qu'elle procure aux ordres, & le dégagement qu'elle donne aux portiques, lui méritent un accueil favorable. L'accouplement des colonnes permet de tenir les entre-colonnemens affez larges pour ne point offufquer les portes & les fenêtres qui donnent fur le portique; défaut dont les ouvrages des anciens ne font pas exempts. D'ailleurs, le diamètre de deux ou trois pieds, fuffifant aux colonnes accouplées, feroit trop foible pour les colonnes folitaires qui auroient à foutenir la longueur confidérable d'un entablement.

Que la belle fculpture de cette colonnade & la juftefse admirable de fes proportions ne nous éblouiffent pas néanmoins au point d'en méconnoître les imperfections. La porte à plate bande eft trop petite pour l'entrée d'un palais, quoique renfermée dans une arcade feinte. L'archivolte de cette arcade interrompt mal-à-propos le niveau du périftile, & le foubaffement eft un peu nu relativement à la richeffe de l'ordre qui le furmonte.

L'arc de triomphe avoit cent cinquante pieds de haut, compris le couronnement, fur cent quarante-fix de face. Il s'en faut de beaucoup que les arcs de triomphe de Conftantin, & de Septime Sévère, dont on voit les ruines à Rome, ayent eu une pareille dimenfion. Ses faces étoient

ouvertes par trois portes décorées de dix colonnes corinthiennes de vingt-un modules ; les
piédestaux avoient le tiers de la hauteur des colonnes , & leur entablement le quart. La principale arcade s'élevoit à cinquante pieds, & sa
largeur étoit de vingt-cinq. Les portes collaté-
rales cintrées & enfermées dans des niches carrées avoient quinze pieds d'élévation. Entre les
colonnes on voyoit des médailles qui retraçoient
les principales actions de Louis XIV. Des trophées d'armes , accompagnés d'esclaves enchaînés , étoient portés sur les entablemens. Le milieu , disposé en plate-forme , offroit un piédestal sur lequel on devoit placer la statue équestre
du roi.

Il n'est pas étonnant que Perrault ait eu des
jaloux & des ennemis de sa réputation ; c'est le
sort de tous les grands hommes. D'après le jugement de Boileau dans ses réflexions sur Longin ,
ils tentèrent de lui ravir la gloire de ses productions. Ce poëte n'aimoit pas les Perrault. Charles,
auteur du Parallèle des anciens & des modernes ,
ne l'avoit pas bien traité. Incapable d'entendre
Homère & Pindare , il prétendoit qu'ils étoient
inférieurs aux écrivains de son temps. En falloit-
il davantage pour choquer le goût délicat de Boi-

leau ? Depuis, ce poëte radouci accorda volontiers à Perrault la qualification de bon & d'habile Architecte, & avoua que *le dépit de se voir*
critiqué lui avoit fait dire des choses qu'il auroit
mieux fait de n'avoir pas dites. Sur ce que d'Orbay
avoit offert de lui montrer papier sur table, que
la façade du Louvre étoit de le Veau son maître,
& non de Perrault, il avoue qu'il ne veut point
entrer dans cette dispute, & que s'il prenoit un
parti, ce seroit en faveur de Perrault. Ainsi, l'autorité du poëte satyrique qu'avoient invoquée
des hommes sans génie, pour décerner à le Veau
la couronne de Perrault, les écrase elle-même.
D'ailleurs, une comparaison impartiale des ouvrages de ces deux Architectes leur auroit aisément fait apercevoir une différence extrême
entre leur style. Il est difficile en effet d'en trouver
de plus disparates. Autant les proportions générales de le Veau sont lourdes & ses profils mesquins, autant les détails, ainsi que l'ordonnance
des édifices de Perrault sont purs, nobles & élé-
gans.

Enfin, une des plus fortes preuves qu'on
puisse alléguer en sa faveur, est tirée du Livre
des hommes illustres que son frère publia en
1697. Claude s'y trouve placé & comblé d'éloges,

l'affertion de Boileau n'y eft pas même rappelée. Cet ouvrage a eu plufieurs éditions, & il eft notoire que perfonne ne s'eft élevé contre ce fait qu'un confentement univerfel rend décifif.

ANTOINE LE PAUTRE (1).

LA famille des le Pautre eft très-diftinguée dans les arts. Celui dont nous allons parler paffe pour un des meilleurs Architectes du fiècle dernier : fa naiffance arriva à Paris en 1614. Sur fes deffins ont été bâtis l'églife de Port-royal, l'hôtel de Gêvres, rue Neuve-Saint-Auguftin, celui de Chamillard rue Coqhéron, la maifon du duc de Gêvres à Saint-Ouen, l'hôtel de Beauvais rue Saint-Antoine, les deux aîles du château de Saint-Cloud, & la partie fupérieure de fa cafcade.

On dit qu'il étoit grand mangeur. Le marquis de Louvois le trouva un jour feul, qui mangeoit un dindoneau dans la primeur. Il lui demanda s'il comptoit le manger en entier. *Quoi !* repartit le Pautre, *c'eft de la viande creufe.*

_____

(1) Mémoires de la famille.

Cet Architecte avoit beaucoup de talent pour la décoration des édifices. Son goût de deſſin, entièrement à lui, doit plaire par ſa majeſté, à ceux qui déſapprouvent les colifichets dont nos bâtimens ſont ſouvent ſurchargés. Sa manière eſt à la vérité un peu peſante, mais cette peſanteur eſt accompagnée d'un grand goût, & prend dans ſes ordonnances un caractère ſolide qui marque l'habile maître. Son génie abondant ſavoit allier l'élégance à la ſolidité dans les bâtimens les plus ruſtiques. Les édifices qui compoſent ſon Livre d'Architecture (2) ſont d'un excellent deſſin & d'une compoſition auſſi mâle qu'ingénieuſe. L'égliſe de Port-royal au fauxbourg Saint-Jacques eſt le ſeul bâtiment gravé dans ſes œuvres qui ait été exécuté, avec cette différence qu'il n'y a ni porche ni ſtatues, & que les trompes & la coupe intérieure n'ont point de ſculptures. Il eſt à préſumer que les ornemens ont été retranchés pour éviter la dépenſe. L'ordre ionique règne en dedans comme en dehors, & l'entablement

(2) *Les Œuvres d'Architecture d'Antoine le Pautre.* La première édition parut en 1652 : Daviler y ajouta dans la ſuite huit diſcours qui expliquent les planches du livre.

eſt corinthien, avec modillons ſans denticules.

Le Pautre fut auſſi Architecte de Monſieur frère du roi. En cette qualité, il joignit à la façade de ſon château de Saint-Cloud deux aîles couronnées d'une baluſtrade, & qui ne s'élèvent pas plus haut que le premier étage du fond. Un ordre dorique avec un avant-corps toſcan, ſurmonté d'un fronton, règle l'Architecture de ces aîles décorées de figures placées dans des niches.

La haute caſcade de Saint-Cloud mérite d'autant plus d'être remarquée, qu'elle eſt unique en ſon genre.

L'hôtel de Gêvres offre beaucoup de régularité. Sa face ſur la cour eſt ornée de colonnes ioniques avec des vaſes entourés de feſtons, ce qui arrête agréablement la vue en entrant. Autour de la cour il y a des buſtes d'empereurs placés entre les arcades qui ſoutiennent le bâtiment. Cet hôtel fut bâti pour Joachim Seigliere de Boisfranc, autrefois chancelier de Philippe de France, duc d'Orléans, ainſi que la maiſon de plaiſance qui eſt à Saint-Ouen, & qui appartient aujourd'hui au duc de Gêvres.

Le plan de l'hôtel de Beauvais, rue Saint-Antoine, dont il me reſte à parler, eſt exécuté dans un terrein fort irrégulier. Il prouve que le

génie peut tout ofer , lorfque le vrai talent eft
uni au raifonnement & au goût de l'art. Sa grande
porte eft ornée de refends, difpofés dans un renfoncement circulaire , dont le haut fe termine
en coquille. L'économie qui a fait pratiquer fur
la rue quatre boutiques avec des entrefoles, ne
nuit en rien aux diftributions de l'intérieur de ce
bâtiment, ni à la richeffe de fa façade analogue
à la beauté des appartemens. Les faces de la cour
font enrichies d'une Architecture dorique, qui
préfente dès l'entrée du porche un des beaux
coups d'œil qu'on puiffe voir.

Le Pautre conftruifit cet hôtel pour une femme
qui avoit toute la confiance de la reine-mère, &
ce fut fans doute cette entreprife qui le conduifit au pofte de premier Architecte du roi. Il
l'étoit lorfqu'il fut queftion de bâtir le château
de Clagny pour madame de Montefpan. Cet
ouvrage le regardoit, & il en fournit des deffins, où, fuivant les intentions du miniftre, il
n'avoit point donné l'effor à fon génie. Auffi
madame de Montefpan en fut-elle tout-à-fait
mécontente. Le Noftre étoit préfent ; il avoit
envie d'obliger Manfart fon ami ; il propofa
donc adroitement à la maîtreffe du roi de lui
procurer des deffins d'un jeune homme de fa

connoissance, qui lui plairoient. Elle y consentit, les deffins furent présentés & agréés. Le Pautre en eut, dit-on, tant de chagrin, qu'il pensa succomber à cette mortification. Il avoit été reçu à l'Académie d'Architecture en 1671, c'est-à-dire au moment même de son établissement, & il mourut en 1691 âgé de 77 ans.

On connoît à Lyon le portail de l'église des Jacobins, élevé en 1674, & orné des ordres corinthien & ionique.

Le frère aîné de le Pautre, nommé Jean, mort en 1682, fut non-seulement habile graveur, mais grand dessinateur, & doué d'un beau génie. L'Académie l'avoit adopté en 1677. L'ornement & la décoration des maisons de plaisance ne lui étoient point étrangers; son œuvre qui contient près de 1000 planches, a formé les plus habiles artistes de France. Ses compositions, ainsi que celles de son frère, sont trop chargées de sculptures, & les membres d'Architecture y sont multipliés à l'excès; défauts dont il ne faut chercher le principe que dans l'extrême fécondité de leur génie.

BLONDEL.

FRANÇOIS BLONDEL (1).

Ribemont en Picardie fut sa patrie en 1617; on ne commence à le connoître qu'à l'époque de ses voyages avec le jeune comte de Brienne. Henri-Auguste de Loménie, secrétaire d'état(2), avoit obtenu la survivance de sa charge pour son fils âgé de seize ans. Il s'empressa bientôt de le mettre en état de remplir une place aussi importante. Un ministre obligé de traiter avec les nations étrangères, doit nécessairement en connoître l'esprit. Loménie voulut donc que son fils allât les étudier chez elles, & choisit Blondel pour l'accompagner. Ce gouverneur partit avec son élève au mois de Juillet 1652, & parcourut durant trois ans les pays du nord, l'Allemagne

---

(1). Cours d'Architecture de François Blondel, *in-folio*, imprimé à la fin du dernier siècle. Eloges de quelques anciens académiciens par M. le marquis de Condorcet.

(2) On conserve à la bibliothèque du roi une collection de pièces relatives aux affaires de l'état, qu'Antoine de Loménie avoit rassemblées en trois cents quarante volumes. Ce Recueil nommé *Recueil de MM. de Brienne*, est un des plus précieux de cette riche bibliothèque.

& l'Italie. La relation latine de ce voyage a été imprimée en 1663 & en 1665.

Blondel fut depuis employé dans plusieurs négociations auprès des princes étrangers. Il nous parle, dans son cours d'Architecture, d'un voyage qu'il fit en Egypte, & de celui de Constantinople en 1659, en qualité d'envoyé extraordinaire de sa majesté à la Porte, au sujet de la détention de son ambassadeur. Ses succès furent récompensés par un brevet de conseiller d'état. Egalement versé dans la connoissance des belleslettres & des mathématiques, il fut nommé pour les montrer au grand dauphin, fils de Louis XIV. Le Collège royal le compte parmi les lecteurs & professeurs qui y ont enseigné les mathématiques.

Ses talens pour l'Architecture ne se développèrent qu'en 1665. Voici quelle en fut l'occasion. La rivière de Charente étant d'une largeur assez considérable vis-à-vis la ville de Saintes, y est traversée d'un pont fait de deux parties. La moins considérable qui communique avec le fauxbourg qu'on appelle des Dames, avoit été rétablie & ruinée plusieurs fois, en sorte qu'en cet endroit on ne passoit la rivière qu'en bateau. Sa majesté qui en fut informée, voulut faciliter

à ses sujets ce trajet par la construction solide
d'un pont. Blondel eut ordre de se rendre à
Saintes & d'y travailler. Il commença par établir un radier ou massif de maçonnerie sur toute
la largeur & la longueur du pont, à travers le
lit de la rivière, pour lui servir de fondement,
& distribua cette longueur en trois arches d'ouverture égale, auxquelles il en ajouta une quatrième plus petite d'un quart du côté du rivage.
La partie du pont la plus considérable qui est
vers la ville, & qui s'avance aux deux tiers environ de sa longueur, fut en même temps re-
prise par le pied. Il la termina par un arc de
triomphe (3) à deux ouvertures, posé sur un piédestal continu : sa largeur égale sa hauteur. Ce
piédestal soutient une ordonnance de pilastres
corinthiens cannelés, dont les entablemens servent d'impostes aux bandeaux des deux portes.
Un petit étage, cantonné d'un pilastre du même
ordre, porte l'entablement sur lequel pose un
attique.

L'Académie des Sciences s'associa Blondel en

(3) Le mauvais état de ce monument fait pressentir que
bientôt on ne s'en souviendra qu'en voyant le dessin que
M. de la Sauvagère en a fait graver pour son *Recueil d'antiquités dans les Gaules.*

1669, & vers le même temps le roi ordonna par des lettres patentes, que les ouvrages publics qui se feroient dorénavant dans la ville de Paris seroient exécutés suivant le plan tracé par cet Architecte, lequel fut à cet effet mis en dépôt dans l'hôtel de ville pour y avoir recours.

La porte Saint-Antoine fut un des premiers objets de décoration qui l'occupèrent en 1672. Plusieurs (4) raisons s'opposoient à sa destruction; elle avoit servi d'arc de triomphe à une entrée de Henri II, & depuis à celle de la reine; le trait de sa voûte du côté de la ville étoit très-beau. Blondel ne trouva point de meilleur expédient pour accorder l'ouvrage ancien avec le neuf, que de placer deux portes aux côtés de la vieille à peu près de la même grandeur, & dont l'Architecture, quoique correcte, s'alliât aux ornemens de l'autre qui étoient d'un dorique gothique & d'un assez mauvais goût. Il éleva sur l'ancienne ordonnance un attique coupé en forme de piédestal sur toute la largeur de la vieille porte, & de deux autres plus petits aux extrémités por-

_____

(4) La commodité publique, plus forte que ces raisons, qui ne subsistent plus, a engagé sa majesté à ordonner la démolition de cette porte en 1777.

tant des pyramides. Du côté de la ville, les
baies des portes ajoutées étoient surmontées,
comme celle de l'ancienne, d'un arc d'arrière-
voussure, couvert d'un fronton élevé jusqu'à
l'entablement que couronnoit un attique dont
des trophées faisoient l'ornement.

On peut dire de la porte Saint-Bernard, dont
il s'occupa deux ans après, que cet ouvrage,
ainsi que le précédent, n'est qu'un rétablissement
souvent plus difficile à faire qu'un dessin neuf.
Aussi la principale gloire en rejaillit-elle sur le
restaurateur, suivant ce vers d'Ovide.

Emendare juvat, labor hic quàm scribere major.

Blondel gêné par les gros murs, & par un
ancien pavillon qu'on voulut conserver, en partagea la largeur en deux grandes ouvertures
entre trois piles, à l'exemple des arcs de triomphe
des anciens. Toute la baie est enfermée en arrière-corps dans un cadre carré-long. Les corps
sur l'imposte sont coupés au-dessus du socle par
des assises égales de bossage carré. Un grand
bas-relief occupe l'espace entre l'architrave & le
haut des portes; un attique, élevé sur un socle,
couronne l'édifice.

Jusqu'ici, les talens de notre Architecte ont

eu des entraves. Dans l'ouvrage de la porte Saint-Denis, dont nous allons parler, il a fait voir ce que peut le génie livré à lui-même. Cette porte qui mérite à plus juste titre le nom d'arc de triomphe, a plus de soixante-douze pieds de haut sur autant de large, avec une ouverture d'environ vingt-deux pieds dans le milieu. Blondel s'attacha moins à la rendre recommandable par la quantité d'ornemens dont elle auroit pû être chargée, que par la justesse des proportions. Ceux qui la décorent sont empruntés des plus beaux ouvrages antiques, tels que la colonne Trajane, les obélisques transférés d'Egypte à Rome, & les restes de la colonne rostrale qu'on voit au Capitole. Aux côtés de l'ouverture de la porte s'élèvent deux pyramides terminées par une boule, suffisamment engagées dans le mur du massif, & qui, posées sur des piédestaux, s'étendent jusqu'au dessous de l'architrave du grand entablement. Sur ces pyramides, au bas desquelles on voit des figures colossales assises, sont attachés des grouppes de trophées antiques pendus à des cordons noués à leur sommet, entremêlés de boucliers chargés des armes des provinces & des villes principales que Louis XIV avoit soumises. L'ouvrage est terminé par un focle pofé à hauteur d'appui fur la corniche de l'entablement ; elle eft ornée de mutules, qui laiffent dans le foffite du larmier des efpaces carrés pour des rofaces. La doucine préfente des têtes de lion, & le dedans de la voûte eft rempli des mêmes compartimens. Ce monument régardé avec raifon comme le fecond chef-d'œuvre de l'Architecture françoife, en même temps qu'il attire notre admiration, éveille nos inquiétudes fur la deftruction dont il eft menacé faute d'entretien.

Blondel auroit fort defiré de ne pas ouvrir les piédeftaux des pyramides par de petites portes qui ne fatisfont pas pleinement les yeux des fpectateurs, & femblent même diminuer la force du maffif néceffaire pour foutenir le fardeau des pyramides, mais il fut obligé d'obéir au prévôt des marchands & aux échevins qui voulurent que la porte fût accompagnée de deux autres plus petites pour la commodité des gens de pied. Il n'eft pas inutile d'obferver ici que les infcriptions des portes Saint-Bernard, Saint-Martin & Saint-Denis, & celles des quais Pelletier & Malaquais font de fa compofition.

Le roi récompenfa les travaux de notre artifte par la place de directeur & profeffeur de l'Aca-

démie d'Architecture établie en 1671. Le cours
que nous connoissons de lui renferme les leçons
qu'il dictoit aux élèves de ce Lycée. Les ordres
y sont traités suivant les principes des anciens &
des modernes ; on n'y trouve point ceux de la
construction, de la distribution & de la décoration intérieure. Ces deux dernières parties
étoient alors presque ignorées. Il paroît, par cet
excellent ouvrage, que Blondel avoit fait de son
art une étude sérieuse & approfondie. De plus,
les emplois qui lui furent confiés pour le service du roi dans différentes parties de l'univers,
lui avoient procuré la facilité de voir presque
tous les édifices fameux, tant anciens que modernes.

La corderie de Rochefort, construite sur ses
desseins, a deux étages : sa largeur est de quatre
toises, & sa longueur de 216, sans y comprendre
les pavillons. L'Architecture moderne expose
(*liv.* 1) le procédé qu'il a suivi pour les fondations de ce bâtiment dans un terrein glaiseux,
situé entre un canal & la rivière de Charente.

Aux forges de l'Arsenal de la même ville, &
en quelques lieux de sa corderie, Blondel a
employé une porte toscane rustique qui y fait un
fort bel effet. Cette porte décrite par Serlio se

voyoit de fon temps à Rome, au lieu appelé le camp de la milice de Trajan.

Outre le *cours d'Architecture* dont on vient de parler, qui forme un gros volume *in-folio*, il a publié une *comparaison de Pindare & d'Horace*, des *notes* fur l'Architecture de Savot, un *cours de mathématiques*, *l'hiftoire du calendrier romain*, *l'art de jeter les bombes*, *& une nouvelle manière de fortifier les places*. Ces ouvrages lui méritèrent le grade de maréchal de camp. Louis XIV, à qui il les préfenta en 1675, n'en voulut pas permettre la publication, que les fortifications qu'il faifoit faire en plufieurs places ne fuffent achevées.

Blondel, que les artiftes ont nommé le grand, mourut en 1686. Il avoit été marié deux fois : des enfans de fa première femme, l'un fut chartreux, & l'autre abbé commendataire de Thenailles.

PIERRE MIGNARD (1).

Cet Architecte étoit fils de Nicolas Mignard, diftingué par fes talens pour la peinture, &

---

(1) Mém. fourni par M. Franque, Architecte du roi.

neveu de Pierre Mignard , premier peintre du
roi. Il naquit à Avignon (2) en 1 6 4 0 , &
voyagea long-temps en France & en Italie : il y
leva très-exactement les plans d'une partie des
édifices antiques, & les deſſina avec pureté &
précifion. Revenu dans ſa patrie , il épouſa une
femme douée de beaucoup d'eſprit. Les ſei-
gneurs & les amateurs le recherchèrent pour ſes
talens & les occupèrent. Correct dans ſes profils
& ſage dans ſes compoſitions , Mignard éleva
pluſieurs hôtels, la porte Saint Michel & le portail de l'églife du collège de S. Nicolas , remarquables par leur bonne architecture.

L'abbaye de Montmajour près la ville d'Arles
eſt ſon plus bel ouvrage. Ses bâtimens commodes & immenſes ſont d'un excellent ſtyle,
compoſés de trois étages voûtés, entièrement
conſtruits en pierre de taille , & leurs murs de
face ont ſix pieds d'épaiſſeur. Des voyageurs an-

---

(2) Cette ville eſt la patrie d'un gentilhomme nommé
de la Valfinière , qui y a fait élever des églifes , des
hôtels & autres monumens publics ; l'abbaye royale des
dames de Saint Pierre à Lyon, eſt auſſi ſon ouvrage : on
eſtime ſa façade principale qui donne ſur la place des
Terreaux. Il vivoit au commencement du XVIe ſiècle.

gîois allèrent voir cette abbaye vers l'an 1750,
& admirèrent fa fituation fur une haute montagne. Sa belle conftruction & le bon goût de
fon Architecture méritèrent auffi leurs éloges.
Ils affurèrent les Bénédictins qui habitoient
cette abbaye, qu'elle n'avoit à craindre ni le
feu ni l'eau. Quelques mois après néanmoins,
le feu prit à fes vaftes bâtimens par une poutre
qui traverfoit un tuyau de la cheminée de la bou-
langerie, & toute la charpente fut embrâfée,
tandis que les religieux étoient à matines. Leur
étonnement fut extrême à la vue de l'incendie
du comble, dont la chûte des bois entraîna fucceffivement celle des voûtes des trois étages.
Quelle fut leur furprife, lorfqu'ils virent des
flammes fortir des murs de face ! ce qui fembloit
inconcevable ceffa de l'être par la découverte des
fagots placés dans leur épaiffeur. On jugea que
les ouvriers, en conftruifant ces murs, y avoient
caché ces fagots afin d'abréger l'ouvrage entrepris
uniquement pour la main d'œuvre. Franque (5),

(5) Jean-Baptifte Franque, né à Villeneuve-les-Avignon,
a joui d'une grande réputation de probité ; il entendoit
parfaitement la coupe des pierres & étoit très-inftruit dans
fon art, foit pour la conftruction, foit pour la décoration

Architecte de la ville d'Avignon, présida à la reconstruction de cette belle Abbaye, & suivit les mêmes desseins. Mignard mourut en 1725 à l'âge de quatre-vingt-six ans : il étoit professeur de l'Académie d'Architecture, dont il avoit été nommé un des six membres en 1671.

ROBERT DE COTTE.

Sa naissance arriva à Paris en 1656. Il eut pour ayeul Fremin de Cotte, qui servit en qualité d'ingénieur au fameux siège de la Rochelle, & qui fut Architecte ordinaire de Louis XIII.

& la distribution. On connoît à Avignon plusieurs hôtels, maisons, monastères, le grand séminaire de Saint Charles, aussi commode que bien construit, des marchés, boucheries, poissonneries, & des hôpitaux élevés par ses soins. Il a osé le premier faire de grands escaliers suspendus, d'une légèreté & d'une hardiesse surprenantes, dont les marches portent les plate-bandes, lesquelles n'ont que huit à neuf pouces d'épaisseur & à la règle par-dessous. Les voûtes construites sur ses desseins, sont presque aussi plates que des plafonds. Il seroit trop long de détailler les églises, châteaux & maisons qu'il a bâtis en différentes provinces. Cet artiste né en 1683, mourut en 1758.

Robert fut admis en 1699 à l'Académie d'Architecture, dont il eut en même temps la place de directeur. Manfart étoit alors furintendant des bâtimens, & de Cotte fon beau-frère avoit le détail de tous les édifices dont fon maître donnoit les deffins. Celui-ci s'occupoit un jour à faire percer des allées dans une maifon royale pour procurer à Louis XIV de beaux points de vue. Lorfqu'ils l'étoient peu, il favoit les embellir. Son élève voulut l'imiter, mais malheureufement il rencontra un moulin au bout d'une allée. Le roi en fut furpris. *Sire*, lui dit de Cotte, *raffurez-vous, Manfart le fera dorer.* On attribue à cet événement fa fortune, qui a fait celle de fon fils.

Peu d'années après, il fut élu vice-protecteur de l'Académie de peinture. Manfart étant mort en 1708, Louis XIV le nomma fon premier Architecte, & intendant de fes bâtimens. Ce prince qui l'honoroit de fes bontés, le décora enfuite du cordon de faint Michel.

Perfonne n'ignore que Louis XIII avoit fait vœu d'élever dans l'églife de Notre-Dame un maître autel digne de fa piété & de fa magnificence, mais qu'il en laiffa l'accompliffement à Louis XIV. Suivant les intentions de fon père, ce prince fit commencer en 1699, d'après les deffins de Manfart, le grand autel de la cathédrale de Paris. De Cotte préfida à leur exécution. On y travailla d'abord avec chaleur, mais les travaux furent bientôt difcontinués, & ne furent repris qu'à la mort de Manfart. On détruifit alors ce que cet Architecte avoit fait élever, & de Cotte fut chargé de la reconftruction de cet autel fur un plan plus magnifique que le premier, tout beau qu'il étoit.

En 1713 le comte de Touloufe acheta l'hôtel de la Vrilliere; notre Architecte en changea la difpofition en quelques endroits, & y fit des embelliffemens fi confidérables, que la galerie ne fut achevée qu'en 1719. Un ordre corinthien, furmonté d'un entablement enrichi de confoles, règle l'ordonnance de fon Architecture. Sa cheminée eft décorée d'une manière allégorique très-ingénieufe. Deux tritons grouppés avec des coquilles, & portant des torchères à cinq branches, font placés aux extrémités de fon chambranle. Elle eft couronnée de la Marine, défignée par une femme richement vêtue, grouppée avec une proue de vaiffeau chargée de cornes d'abondance: des vents & des trophées analogues l'accompagnent. Des deux côtés de la cheminée est une niche avec une statue ; & à leur aplomb on voit des Tritons qui soutiennent les attributs de l'Amirauté.

La princesse de Conti, seconde douairière, confia dans ce même temps à de Cotte, la construction d'un grand hôtel rue de Bourbon, qu'elle vendit ensuite au duc du Maine. Il faut aussi rapporter à cette époque le château d'eau vis-à-vis le palais royal, quoiqu'il n'ait été élevé qu'après la mort de de Cotte. Son Architecture est en bossage rustique vermiculé; deux pavillons de même symmétrie l'accompagnent, & au milieu est un avant-corps formé de quatre colonnes doriques qui portent un fronton surmonté des figures d'un fleuve & d'une nymphe. Au bas de cet avant-corps est une niche surbaissée en coquille.

C'est sur les dessins du même artiste qu'a été bâtie la Samaritaine, jolie maison à deux étages, assez semblable à un petit château. Le comble est bordé d'une balustrade régnante tout autour. Sa face du côté du Pont-neuf présente un bassin accompagné des statues de notre Seigneur & de la Samaritaine, & le tout est couronné d'un petit donjon qui renferme un carillon.

L'intérieur du royaume & les pays étrangers

offrent, ainſi que la capitale, des monumens de ſon génie & de la ſupériorité de ſes talens. Tels ſont les plans de la place de Louis XIV à Lyon, du grenier de l'abondance, de la façade de la ſaile du concert, du palais épiſcopal de Verdun, du château de Freſcati, ſuperbe maiſon de plaiſance de l'évêque de Metz, & du palais épiſcopal de Strasbourg. L'électeur de Cologne, celui de Bavière, le comte de Hanau, l'évêque de Wurtzbourg, & pluſieurs autres princes étran‑gers le chargèrent auſſi de la conſtruction de châteaux magnifiques.

Sous le règne de Louis XIV, dont il avoit mérité les bontés, de Cotte ſe diſtingua par la colonnade ionique du palais de Trianon, & par les augmentations qu'il fit à cette maiſon royale. Il conduiſit le dôme des Invalides, le maître autel du noviciat des ci‑devant Jéſuites, & finit la chapelle de Verſailles d'après les deſ‑ſins de ſon maître.

J'ai parlé plus haut du principal autel de l'égliſe de Paris. Iſolé & placé preſque au centre du rond‑point du ſanctuaire, il eſt conſtruit de marbre d'Egypte, & taillé en forme de tombeau antique. Deux anges adorateurs ſe voyent de chaque côté ſur des enroulemens. Les arcades

dont

dont eſt formé le rond-point, ſont incruſtées de marbre, & ſéparées par des pilaſtres chargés de trophées. Les deux chapelles qui accompagnent la grille du chœur ſont également du deſſin de de Cotte. Elles préſentent une décoration meſquine, & trop de petites parties qui contraſtent avec l'Architecture grande & noble de la cathédrale. La chapelle de la Vierge placée à droite, conſtruite aux dépens du cardinal de Noailles, & ornée de marbres & de dorures, eſt comme une ſuite de la décoration du chœur.

Cet Architecte a auſſi élevé le nouveau bâtiment de l'Abbaye de Saint-Denis en France, l'hôtel d'Eſtrées, le portail de la Charité, & a fini l'égliſe de Saint-Roch, dont le bâtiment avoit été plus d'une fois diſcontinué & repris. Son dernier ouvrage eſt le deſſin du grand portail de cette Baſilique, qui fut commencé un an avant ſa mort. Il eſt compoſé des ordres dorique & corinthien, & élevé ſur pluſieurs degrés qui rappellent ceux du céleſte portail décrit par Milton.

De Cotte mourut à Paſſy en 1735 dans la ſoixante-dix-neuvième année de ſon âge. Il étoit doué d'une imagination facile, vive & réglée par un jugement ſain & un travail aſſidu. Des

Tome I.　　　　　　　　　Dd

mœurs simples, un extérieur modeste, un caractère obligeant & vertueux relevoient le prix
de ses talens. On trouve dans ses ouvrages l'élégance jointe à l'exactitude des règles dont les
anciens nous ont laissé des modèles. Il les a surpassés dans l'application des ornemens & dans
les distributions heureuses, sans lesquelles les
édifices manquent d'agrément & de commodité.
C'est lui qui a introduit une nouvelle décoration sur les cheminées qui, jusqu'alors, se res-
sembloient toutes. La forme carrée étoit adoptée à leurs chambranles avec de lourdes moulures. Une espèce d'attique, accompagné d'ornemens de fruits ou de figures, portoit des tableaux ou des bas-reliefs. De ces différentes parties il résultoit un ensemble très-matériel. De
Cotte le fit disparoître pour y placer des glaces;
innovation contre laquelle on se révolta d'abord:
il n'est pas naturel, disoit-on, d'exprimer ce
qui doit être plein, comme s'il étoit à jour.
Cette décoration fut cependant généralement
adoptée, dès qu'on reconnut que les glaces pro-
curoient de la gaieté, multiplioient la lumière
des bougies, & agrandissoient les appartemens
en répétant les objets qu'on leur oppose.

Jules-Robert de Cotte, mort en 1767, succéda à son père dans ses places d'intendant général des bâtimens du roi & de directeur général de la Monnoie des médailles. Il présida à l'exécution des plans du château d'eau, du portail de la Charité, & de celui de Saint-Roch. Sans doute que si notre Architecte eût lui-même conduit ces ouvrages, on ne verroit pas dans le premier l'ordre dorique associé avec le rustique; dans le second, des proportions altérées, une ordonnance négligée, & des ornemens contraires au caractère de la chose; dans le troisième enfin, un ordre dorique employé avec tant de négligence, que sans les ornemens de son entablement on le prendroit pour un ordre toscan, & un corinthien aussi pauvre que mal exécuté, le tout accompagné d'ornemens mesquins & d'une distribution peu heureuse.

GERMAIN BOFFRAND (1).

CET Architecte, fils d'un sculpteur & d'une sœur du fameux Quinault, naquit à Nantes en

(1) Mém. sur sa vie par M. Patte. Mém. dictés par lui-même & écrits sous ses yeux par l'auteur.

1667. Il quitta fa patrie à l'âge de quatorze ans
pour venir à Paris. A fon arrivée, fon oncle
l'envoya deffiner à l'Académie d'après le modèle.
Sa première occupation fut la fculpture, & il
travailla trois ans chez Girardon durant les hi-
vers : les étés étoient confacrés à l'étude de l'Architecture. Il fentit bientôt que fon talent naturel le portoit vers l'art de Vitruve, & il s'y
livra entièrement.

Ses heureufes difpofitions ne tardèrent pas à
le faire connoître de Jules-Hardouin Manfart,
qui lui confeilla de vifiter les travaux de Saint-
Germain, dont on augmentoit le château de
quatre groffes tours. Boffrand le deffina en perfpective fi parfaitement, que Manfart étonné,
lui demanda fi c'étoit bien fon ouvrage. Il le
prit dès ce moment en amitié, & lui propofa de
venir à Verfailles deffiner chez lui. La conftruction de l'Orangerie de ce château l'occupoit
alors ; c'étoit en 1685. Peu de temps après, il
entreprit celle de la place de Vendôme. La direction en fut confiée à notre jeune artifte, qui
l'éleva jufqu'à la hauteur du premier étage, ouvrage qu'on a démoli depuis. Manfart lui obtint
enfuite la commiffion du bureau des deffins des
bâtimens du roi, qui valoit 2500 livres du

temps de M. de Villacerf. Il la quitta lorſque ſon protecteur devint ſurintendant des bâti-mens.

Né d'un caractère enjoué & bouffon, la co-médie fut un des amuſemens de ſa jeuneſſe ; il compoſa même pluſieurs pièces françoiſes jouées par les Comédiens italiens, & qui ont été im-primées dans le théâtre de Gherardi. Ces pièces bonnes pour le temps où elles furent faites, ne ſeroient pas aujourd'hui ſouffertes ſur le théâtre, auſſi ne les joue-t-on plus.

Les talens de Boffrand, plus décidés pour les arts qui dépendent du deſſin, lui méritèrent une place à l'Académie royale d'Architecture en 1709. L'année d'après, la princeſſe de Condé (Anne de Bavière Palatine) lui confia la con-duite des réparations qu'elle fit faire au palais du petit Bourbon ; réparations ſi conſidérables, qu'on peut regarder ce palais comme un édifice nouveau. Son eſcalier d'ordre corinthien eſt un des plus vaſtes & des mieux ornés qu'il y ait à Paris. De l'autre côté de la rue eſt un grand bâti-ment, dont la communication ſe fait avec le palais, par un corridor voûté qui paſſe ſous terre : ce bâtiment compoſé de quatre corps de logis, deſtinés aux officiers & aux écuries, ſeroit d'un plus bel effet s'ils n'étoient pas de différente hauteur. Les voûtes de ces édifices ont été construites fur le profil de l'Architecte, fans modèle.

Ses defirs le portoient à Rome, le centre des beaux arts & furtout de la bonne Architecture. Mais fes facultés ne le lui permirent pas, & lorfqu'il fe trouva dans une fituation plus aifée, fes occupations l'en détournèrent. Il fut le premier, en 1714, qui commença à décorer le terrein fi négligé de la rue de Bourbon; fur fes deffins fut élevé un vafte hôtel qui a treize croifées de face fur la rivière; le marquis de Torcy l'a acquis depuis. Il conftruifit enfuite à côté, une autre maifon moins grande qui a été vendue au marquis de Seignelai.

Quelques années après, plufieurs princes d'Allemagne l'honorèrent de leur confiance. Il fe rendit près d'eux pour rédiger les plans des édifices confidérables auxquels ils l'employèrent, & qui feront détaillés à la fin de fa vie.

En 1728 de Lépine, Architecte de l'Hôpital général de Paris, mourut. Les Adminiftrateurs de cette maifon choifirent Boffrand pour le remplacer. Il confacra gratuitement, jufqu'à la fin de fes jours, une partie de fon temps, foit pour

l'entretien , soit pour la construction de ses bâtimens. On lui doit cette justice, qu'il fut toujours également éloigné, & de l'ambitieuse cu-
pidité qui brigue les ouvrages , & de la basse
jalousie qui les enlève aux autres. Il suivoit à la
lettre le précepte que Vitruve donne à l'Architecte, d'attendre qu'on le prie de prendre la conduite d'un ouvrage, bien loin de faire une
demande intéressée. Cette façon de penser ,
peu commune de nos jours, lui fit refuser l'entreprise de l'église de Saint-Sulpice, qu'il com-
paroit ingénieusement à un ouvrage de mosaïque fait de pièces de rapport. Il est vrai que
la proposition lui en fut faite un peu légèrement,
& qu'il attendit pour l'accepter, que le curé l'en
priât lui-même avec instance. Boffrand auroit eu
là une belle occasion de développer ses rares
talens presque tous renfermés dans les pays étrangers. On peut justement regretter qu'il n'ait
point eu de grands ouvrages à conduire.

Nous avons dit que dans sa jeunesse il dirigea
les travaux de la place de Vendôme. Le désir de
s'instruire lui avoit fait suivre assidûment & dessiner les opérations de Keller pour la fonte de la
statue équestre de Louis XIV. Cinquante ans
s'étoient à peine écoulés depuis l'érection de ce

monument, lorfque Lemoyne fut chargé d'exécuter pour Bordeaux la figure équeftre de Louis XV.
Déjà la façon d'opérer de Keller étoit oubliée.
Dans ces circonftances Boffrand communiqua
fes deffins & fes mémoires à Lemoyne, qui ne
put cependant en faire ufage. Il ne faut point
s'en étonner. L'auteur étoit fort jeune quand il
s'occupa de la fonderie ; n'ayant jamais pratiqué cet art, il avoit omis bien des détails in-
difpenfables; on cherchoit en vain dans fes deffins la précifion & les développemens néceffaires. D'ailleurs, il avoit depuis long-temps
perdu de vue cet objet, & fa mémoire lui fut
quelquefois infidèle. Quoi qu'il en foit, un
amour de prédilection, pour un enfant de fa
jeuneffe, l'emporta fur ces confidérations ; il
fit imprimer en 1743, en latin & en françois,
fes remarques, fous le titre de *Defcription de ce*
qui a été pratiqué pour fondre en bronze d'un feul
jet la figure équeftre de Louis XIV, élevée par la
ville de Paris dans la place de Louis-le-Grand
en 1699, vol. in-fol. il l'accompagna de dix-
neuf planches néceffaires pour l'intelligence de
fes explications. Afin de rendre cet ouvrage plus
rare, on rompit les planches lorfqu'on en eut
tiré un certain nombre d'exemplaires. Le roi de

Portugal à qui il en fit préfent, ainfi qu'à tous
les fouverains de l'Europe , lui marqua fon eftime par le don de fon portrait dans une boîte
d'or.

L'année 1745 vit paroître fon *Livre d'Archi-*
tecture contenant les principes généraux de cet art,
& les plans, élévations & profils de quelques-uns
des bâtimens faits en France & dans les pays étran-
gers, in-fol. avec figures en taille - douce. Cet
ouvrage eft comme divifé en deux parties ; la
première renferme un difcours latin & françois ,
rempli de folides remarques fur l'Architecture.
Les règles de poëfie qu'a données Horace dans
fa lettre aux Pifans fur l'art poëtique , y font ju-
dicieufement appliquées à l'Architecture. Quoique ce poëte n'ait jamais eu cet art en vue , les
règles qu'il a établies pour la poëfie peuvent
donner à l'Architecture un caractère plus fublime. Les rapports des arts font intimes , ainfi
les principes des uns peuvent être les principes
des autres.

Immédiatement après la paix de 1748 il fut
queftion d'ériger une ftatue au roi , & de former
à cet effet une place qui fervît à la décoration
de Paris. Ce beau deffein piqua d'émulation les
plus célèbres Architectes , tous conçurent des

projets, Boffrand fit cinq (2) plans, entre autres
un pour la place Dauphine, un pour le Pont
tournant, & un aux Halles. Il débarrassoit dans
le dernier ce marché, des bâtimens qui en
ferment les avenues. Il y plaçoit la statue pé-
destre de Louis XV, grouppée avec l'Abondance, la Prévoyance & la Santé. La place Trajane à Rome lui avoit donné l'idée de celle-ci.
On sait que le peuple romain, dont Trajan étoit
adoré, voulut lui dresser, comme à son père,
une statue dans le marché, qu'on nomma depuis
le marché Trajan.

Autant les idées de Boffrand étoient nobles
& élevées, autant sa manière de penser étoit
grande & désintéressée. Il venoit de finir la chapelle de la Communion à saint Merri. Les marguilliers s'avisèrent d'y faire placer des ornemens de sculpture sans son aveu. Il abandonna
dans l'instant la conduite de cet ouvrage, fâché
de le voir aussi défiguré que (3) le Déïphobe de
Virgile.

Le génie de notre Architecte passoit aisément

---

(2) M. Patte a donné trois de ces projets dans son livre
des *Monumens élevés à la gloire de Louis XV*.

(3) En. liv. 6.

d'un genre à l'autre. Il aimoit le spectacle, &
gémissoit souvent du peu de goût de la nation
pour une salle d'Opéra convenable à cet amu-
sement, & à une ville telle que Paris. Il en avoit
imaginé une qui réunissoit la magnificence de la
décoration tant intérieure qu'extérieure. Un vestibule spacieux conduisoit à deux escaliers op-
posés pour monter à l'amph.théâtre & aux galeries des loges. La voix auroit été également portée aux lieux éloignés comme aux plus proches,
par l'ingénieuse construction de son théâtre & de
ses murs. Je ne dis rien des débouchés & des
entrées commodes de cette salle placée dans la
rue saint Nicaise, depuis le magasin de l'Opéra,
jusqu'à l'extrémité de cette rue & dans celle de
l'Echelle. Par une galerie jetée sur trois arcades,
le roi y seroit venu de plain - pied des Tuileries.

Dans ce projet, ainsi que dans ses autres ouvrages, il s'est toujours roidi contre le mauvais
goût d'ornemens qui commençoit à s'introduire
de son temps. Il étoit fort sage dans leur dis-
pensation, blâmoit ceux que ses confrères em-
pruntoient de la peinture, & désapprouvoit
également les peintres entraînés par un goût
dépravé.

Voyant un fameux artiste (4) qui peignoit avec
beaucoup de foin des ornemens bizarres & de
travers; *comment*, s'écria t-il, *un habile homme*
peut-il s'appliquer à peindre de pareilles extrava-
gances ! Il faut avouer néanmoins que malgré
l'auftérité de fes principes, il a quelquefois payé
le tribut au mauvais goût du fiècle, comme à
l'hôtel de Soubife ; la décoration de fes appartemens tient de ce goût de rocailles, & de cartouches informes qui n'appartiennent qu'au co-
lifichet.

Bo.....d étoit agréable dans la converfation,
d'un commerce aimable, & d'un enjouement
naturel que la vieilleffe n'avoit fait qu'augmenter. Semblable au fameux le Fevre de Sau-
mur, il cherchoit inceffamment à fe divertir,
& aimoit beaucoup la raillerie (5). Cinq années avant fa mort, il eut une attaque d'apoplexie. Il lutta courageufement avec fes infirmités, ce que les Grecs appeloient *viriliter ægro-*
tare, & n'en perdit rien de fa gaieté ordinaire.
Sa mort arriva en 1754, dans la quatre-vingt-
feptième année de fon âge. Il étoit doyen de

(4) Boucher, premier peintre du roi.
(5) *Eſt enim leporum difertus pater ac facetiarum.*

l'Académie, penſionnaire des bâtimens du roi, & premier ingénieur des ponts & chauſſées de France.

Peu d'Architectes de nos jours ont autant contribué que lui à l'embelliſſement de cette ville, par les belles maiſons qu'il y a fait élever. Il n'eſt cependant pas mort riche. Différens malheurs qu'il éprouva dans le temps du ſyſtème, & les rembourſemens qu'on lui fit en billets de banque ruinèrent ſa fortune. Il eut deux fils qui s'appliquèrent à l'Architecture & moururent jeunes : l'aîné en 1732, le cadet en 1745. Celui-ci deſſinoit bien, promettoit beaucoup, & fut très-employé par feu M. Orry, contrôleur-général, à ſon château de la Chapelle. A ſes deux fils qui furent ſes élèves, on doit joindre M. Patte, Architecte de S. A. S. M. le duc régnant de Deux-Ponts.

Notre artiſte étoit pur & correct dans ſes profils ; ſes ordonnances ſont grandes & nobles, mais peu curieux des détails, il les négligeoit entièrement. Son ſtyle approche de celui de Palladio, qu'il s'eſt toujours propoſé pour modèle. Comme lui, il a cherché les formes pyramidales, & dans quelques-uns de ſes édifices il a tourné à leur profit, avec beaucoup de ſuccès,

les attiques même qu'il nommoit *la partie hon-
teufe de l'Architecture.* On ne peut diffimuler qu'à
l'exemple de Palladio, il ne foit fouvent tombé
dans la lourdeur & la pefanteur. Dire que l'une
& l'autre font inféparables de la folidité, c'eft
prétendre que la précifion ne peut s'allier avec la
contrainte de la rime & de la mefure. Ces défauts fe remarquent fur-tout dans le falon de
l'hôtel de Soubife, & dans le bâtiment des En-
fans-trouvés près Notre-Dame. La façade de
celui-ci préfente néanmoins un très-grand afpect
& de belles proportions ; fon balcon, porté par
des confoles en encorbellement, quoique d'un
bon ftyle, eft d'un genre de décoration plus
analogue à nos théâtres qu'à nos demeures.

La route que Boffrand fuivit pour procurer à
cet hôpital la plus grande folidité mérite d'être
remarquée. Il fit pratiquer un baffin d'environ
neuf pieds de diamètre, au milieu duquel fut
placé un axe pour porter une pièce de bois tra-
verfée par des chevilles arrangées irrégulièrement. Ces chevilles efpacées à un pouce l'une
de l'autre étoient de la profondeur du baffin.
Après y avoir mis une quantité de chaux nouvellement éteinte que divifoit en tournant un
cheval attaché à l'une des extrémités de la pièce

de bois, on parvenoit à rendre cette chaux auffi liquide qu'on vouloit, fans y ajouter de l'eau. Pendant ce temps, un manœuvre jetoit peu à peu des pelletées de fable de rivière fur fa fuperficie, jufqu'à la concurrence du double de la chaux. De cette manière, le mortier fe trouvoit uniformément & parfaitement corroyé. Il eft devenu en peu de temps dur comme du machefer, & s'eft incorporé avec la pierre au point de faire avec elle un corps indiffoluble.

L'Œuvre de Boffrand comprend, comme je l'ai dit, les bâtimens qu'il a élevés en France & dans les pays étrangers.

A deux lieues de Bruxelles eft une maifon de chaffe nommée Bouchefort, qu'il conftruifit pour Maximilien Emmanuel, électeur de Bavière. Après la bataille de Ramilly, l'électeur quitta les Pays-Bas & vint en France, de forte que les travaux élevés jufqu'au premier étage feulement furent difcontinués.

Le palais de Nancy, fait pour le duc Léopold, & la Malgrange à un quart de lieue de cette ville, ont été abattus.

Le château de Lunéville, où S. A. R. Léopold I, duc de Lorraine faifoit fa réfidence durant l'été, eft dans l'enceinte même de la ville. Staniflas y avoit fait des augmentations confidérables qui l'avoient rendu capable de recevoir une cour nombreufe. Après la mort de ce prince, cet édifice a été changé en un corps de caferne pour la gendarmerie de France.

L'hôtel de Craon à Nancy, & le château de Harroué en Lorraine, fur la rivière de Madon, font tous deux au même prince. Celui-ci, quoique moderne, eft flanqué de tours rondes élevées fur les fondations de l'ancien château. Les façades du principal corps de logis fur la cour & fur le jardin font ornées d'un ordre ionique au rez-de-chauffée, & d'un corinthien au premier étage. Devant les aîles du château, un périftile de colonnes ioniques conduit à couvert au principal corps de logis.

La réfidence de Wurtzbourg en Franconie: fon exécution fut difcontinuée par la mort de l'évêque de cette ville. Notre artifte reçut de ce prélat une boîte d'or avec fon portrait enrichi de diamans.

A la porte de Mayence, dans une maifon nommée la Favorite, une belle fontaine.

On connoît à Paris l'hôtel de Guerchy, rue Saint-Dominique, celui de Voyer près le palais royal, l'hôtel de Duras, la porte de l'hôtel de Villais

Villars, l'hôtel de Tingri, rue de Varenne. Sans parler de plusieurs embellissemens faits dans différens hôtels & maisons particulières, je citerai la décoration de la Grand'Chambre du parlement, celle de la chapelle de Noailles à Notre-Dame, la réparation de la voûte & de la rose méridionale de la croisée de cette église, la restauration de celle du Saint-Esprit, les nouveaux bâtimens de l'Arsenal qui sont restés imparfaits, le second ordre du portail de la Merci, la maison de le Brun, premier peintre du roi, rue Saint Victor, celle de M. de Montaran, rue des Francs-Bourgeois au marais, la porte du cloître Notre-Dame d'ordre dorique, le château de Bossette près de Melun, construit en partie sur ses desseins, & d'autres entreprises moins importantes qu'il seroit trop long de détailler.

Comme l'Architecture comprend plusieurs sortes d'ouvrages assujettis à des proportions & à des constructions différentes, ceux d'hydraulique ne doivent pas être passés sous silence, tels que nombre de canaux, d'écluses, les ponts de pierre & de bois, celui de Sens sur la rivière d'Yonne, & celui de bois sur la Seine à Montreau. Le premier est de grès piqué, a trois arcades, & est fondé sur pilotis. Le second, composé de quatorze travées, a été construit en attendant qu'on y substitue un pont de pierre. Le puits de Bicêtre peut être placé au nombre des ouvrages d'Architecture, il a seize pieds de diamètre dans œuvre, sur vingt-huit toises & demie de profondeur. En sa maison de Cachan, près d'Arcueil, Boffrand avoit fait une machine qui, par l'action du feu, élevoit une très-grande quantité d'eau. Le duc d'Antin fut curieux d'en connoître l'effet. Il vint aussi en la maison de notre Architecte à Paris, voir le modèle d'une autre machine qui agissoit par le même principe de la raréfaction & de la condensation de la vapeur de l'eau, en sorte qu'on pouvoit juger de l'effet de celle-ci par le jeu de la machine exécutée en grand à Cachan.

GILLES-MARIE OPPENORD.

NÉ à Paris en 1672, Oppenord étoit fils d'un ébéniste du roi, qui lui mit le crayon à la main. Les dispositions singulières qu'il montra de bonne heure pour l'Architecture décidèrent son père à lui faire apprendre les mathématiques,

& à le placer chez J.Hard. Manfart. Ses progrès rapides, dans l'efpace d'un an, lui méritèrent l'amitié & la protection de cé furintendant des finances, & hâtèrent fon départ pour
Rome, où il alla en qualité de penfionnaire
du roi. Un féjour de huit années, tant en
Italie qu'en Lombardie, lui donna le loifir d'y
deffiner les plus beaux ouvrages, dont les anciens & les modernes ont, comme à l'envi,
décoré ces vaftes provinces. A fon retour, il
conduifit & termina plufieurs bâtimens qui ont
fait connoître un génie auffi heureux que facile.

L'ouvrage par lequel Oppenord débuta à
Paris, a été le principal autel de l'abbaye de
Saint-Germain-des-Prés. Il eft à la romaine, &
conftruit fur un plan ovale régulier; fix groffes
colonnes compofites, de marbre cipolin, portent
un entablement architravé, fur lequel s'élève un
baldaquin, dont les courbes font liées par une
couronne ovale foutenue fur des confoles. Elles
donnent naiffance à des palmes qui fe terminent
en pyramides, & portent un globe furmonté
d'une croix. Un ange accompagné de deux
autres plus petits, ornés de guirlandes, tient la
fufpenfion. Dans le plus grand diamètre de

l'ovale, la châsse de Saint-Germain est soutenue par deux anges grands comme nature, à genoux sur deux enroulemens en consoles de marbre. Cet ouvrage fut fait en 1724.

Jean - Baptiste Languet de Gergy reprit en 1719 les travaux de l'église de Saint-Sulpice, interrompus depuis long-temps. Il commença par faire élever le portail du côté de la rue Palatine. Oppenord y employa les ordres dorique & ionique couronnés par un fronton triangulaire ; composition froide, digne d'un jeune homme qui commence à dessiner l'Architecture. L'autre portail de la croisée n'a été construit par notre Architecte, que depuis l'entablement du premier ordre. Après l'élévation de ce portail, on commença à travailler au côté gauche de la nef qui fut achevé en 1736.

Le grand autel de cette église, dont Oppenord donna aussi les dessins, a le vrai caractère de ce genre. Sa forme est une espèce de tombeau à quatre faces, & sa matière est un marbre bleu turquin orné d'ouvrages de bronze doré d'or moulu. Le tabernacle représente l'arche d'alliance caractérisée par les anneaux qui servoient à la porter, & par une couronne d'or régnante au pourtour. Au-dessus est une table, figure du propitiatoire, soutenue par deux anges de bronze, dans des attitudes d'adoration. Tandis qu'il étoit occupé de ces ouvrages, le duc d'Orléans, régent, lui donna la place de directeur des manufactures, & celle d'intendant des jardins des maisons royales. La première occasion qu'il eut de faire hommage de ses talens à ce prince, fut l'ordonnance de la fête, aussi ingénieuse que magnifique, que le régent donna au roi à Villers-Coterêts, au mois de Novembre 1722, au retour de son sacre. Le passage de S. M. par ce bourg ayant été déterminé, le prince ordonna à Oppenord de faire travailler au rétablissement du château, & de le mettre en état de recevoir le roi. Ses ordres furent exécutés avec tant de diligence, & néanmoins avec tant de précaution, que Villers - Coterêts, quoiqu'inhabité depuis très-long-temps, se trouva rétabli en moins de quatre mois, & augmenté de logemens assez considérables pour contenir toute la cour & le nombreux cortège qui devoit s'y rendre à la suite de sa majesté.

Oppenord entendoit supérieurement la décoration. Celle d'une partie des appartemens du Palais royal est son ouvrage. L'hôtel du grand prieur de France lui doit aussi ses embellisse-

mens pour la partie des dedans. On reconnoît
son goût dans un petit tombeau de marbre placé
aux Dominicains du fauxbourg Saint Germain,
& dans les deux tombes de bronze ornées de
bas-reliefs, qui sont dans la nef des Carmes
déchaussés près le Luxembourg. Un morceau
des plus agréables, composés par Oppenord,
est l'orangerie de la maison de feu M. Crozat
à Montmorency ; son plan est circulaire, un
ordre rustique orne le corps du milieu, & un
lion monté par un enfant lui sert d'amortissement.

Cet artiste, plus distingué par ses talens pour
le dessin & la décoration que pour l'Architecture, mourut à Paris en 1742, âgé de 70 ans.
On peut justement lui reprocher de la lourdeur
dans les bâtimens qu'il a fait élever, & blâmer
son goût pour les contours outrés. Génie vaste
& fécond, il employoit volontiers les ornemens à la mode, quoiqu'il revînt souvent aux
règles de l'Architecture ancienne qu'il avoit étu-
diée dans sa jeunesse. Le succès de ses productions a presque opéré en France la décadence
de l'Architecture. Les Guarini, les Meissonier
& les Germain, également amateurs des formes
bizarres & contournées, auroient replongé la

France dans la barbarie, sans les efforts de quelques artistes éclairés qui n'ont jamais perdu de vue les vrais principes de l'Architecture.

Oppenord dessinoit la figure comme un peintre, & l'ornement dans la dernière perfection. On estime fort ses dessins à la plume & à l'encre de la chine : ils ont fait seuls sa grande réputation. Leur touche hardie & séduisante empêchoit qu'on ne s'aperçût qu'ils ne faisoient plus le même effet dans l'exécution. L'auteur en étoit très-jaloux, & savoit en tirer un fort bon parti. Un peintre d'Architecture, nommé Boier, s'adressa un jour à lui, sous un grand secret, pour avoir des compositions de tableaux, & en obtint à un prix excessif. Il les copia ensuite dans la plus grande exactitude, & les fit passer pour son ouvrage. Ce larcin pittoresque ne fut révélé qu'à son inventaire, le véritable auteur racheta ses dessins, & se fit connoître pour en être le père.

Cet Architecte, qu'on peut regarder comme le Borromini de la France, fut souvent livré aux traits de l'envie. Elle lui enleva plus d'une fois l'occasion de s'élever au-dessus de ses prédécesseurs. On ne lui rendit justice qu'après sa mort ; à cette époque l'envie disparoît, & l'admiration la remplace. Ceux même qui s'étoient le plus déchaînés contre Oppenord payèrent ses deſſins au poids de l'or, & les étrangers s'empreſ-ſèrent de les acquérir. Huquieres graveur a pu-blié d'après lui pluſieurs morceaux d'ornemens dont la nobleſſe & le goût, quoique plus riche, tiennent de l'antique. Ses autres deſſins de grandes compoſitions, font conſervés dans les cabinets des curieux.

Le ſeul élève qu'on lui connoiſſe eſt Jacques-François Blondel, dont on parlera.

ALEXANDRE-JEAN-BAPTISTE

LE BLOND(1).

ʟᴇ père de (2) cet Architecte, né à Paris en 1679, étoit peintre. Son fils qui aſpiroit à exercer le même talent, après avoir long-temps deſſiné la figure, préféra l'étude de l'Architecture. Il

---

(1) Mém. partic.

(2) Il s'appeloit Jean & fut reçu en 1681 à l'Académie de peinture en qualité de payſagiſte; il a fait d'aſſez belles choſes de ſon temps.

trouva heureufement parmi fes parens un guide capable de le conduire dans les fentiers de ce bel art. Ce guide fut un de fes oncles, nommé Girard, intendant des bâtimens du duc d'Orléans, père du régent.

La vue des ouvrages gravés de le Pautre, où l'on admire une merveilleufe fécondité de génie, échauffa l'imagination du jeune le Blond, & il apprit, en les examinant, à compofer lui-même avec facilité. Bientôt il fe mit fous la difcipline d'un nommé Feuillet menuifier, plus verfé dans l'Architecture & dans la perfpective que fon état ne le comportoit. Il en connoiffoit parfaitement les règles, & fon élève fe perfectionna beaucoup fous lui. Ses deffins, dès fa plus grande jeuneffe, lui firent honneur; ceux au lavis, à l'encre de la chine, & d'autres ombrés à une feule taille à la plume, font d'une intelligence rare. On admiroit furtout celui des tombeaux des Valois, qui a été gravé dans l'hiftoire de l'abbaye de faint Denis.

Paris & fes environs offrent des preuves du goût de le Blond & de fes talens. L'hôtel où demeuroit le duc de Vendôme rue d'Enfer, appartenant aux Chartreux, fut un des premiers élevés fur fes deffins. Dom Morin, prieur de ce mo-

naſtère, montra à un (3) amateur de ſes amis
pluſieurs plans que différens Architectes avoient
faits pour cet hôtel. Cet ami, après les avoir
examinés, fut ſurpris de n'en point trouver de
le Blond, & offrit au prieur de le lui amener :
le jour pris, cet habile homme fit en ſa préſence
un deſſin plus beau que tous les autres ; & ſur
quelques objections qui lui furent propoſées, il
en deſſina pluſieurs plans. Dom Morin, ſurpris
de cette grande facilité, ne balança point à lui
donner la préférence ſur ſes concurrens, & ſon
deſſin fut exécuté. Le Blond diſpoſa non-ſeule-
ment le bâtiment, les cours & les baſſes-cours,
il donna de plus le plan d'un vaſte emplacement
pour les jardins qui accompagnent cet hôtel.

Quæ duces operi eximios, artisque magiſtrum

a dit le père Rapin en traitant cette matière ;
mais ſouvent l'Architecte qui bâtit le château
d'un grand ſeigneur réuſſit médiocrement dans
les jardins. La raiſon qu'on peut en donner,
eſt que l'art du jardinage tient plus à la décoration qu'à l'Architecture. Le Blond en avoit
fait une des principales parties de ſes études.
Nous avons de lui des deſſins de parterres qui

(3) Feu mon père.

ont été gravés , & auxquels le Noftre ne put refuler des éloges ; on fait combien il étoit peu accoutumé à en donner , furtout quand il s'agiffoit de jardinage.

Notre artifte fit enfuite, pour M. de Maupeou, archevêque d'Auch , tous les plans de fon palais archiépifcopal , qui n'ont été exécutés qu'en partie , & pour M. le Goux de la Berchere , archevêque de Narbonne , ceux du jardin de fon château de Canette près cette ville.

L'hôtel de Clermont , rue de Varenne , commencé en 1708 & fini en 1714, prouve fon habileté. Il fut élevé pour la marquife de Seiffac, dont le mari étoit de la maifon de Clermont-Lodève.

Les amateurs connoiffent deux maifons conftruites à Châtillon près Paris , l'une pour le fieur Augnier , l'autre pour le fieur Renaud , receveur des tailles de cette ville. Le Blond n'a fait dans la première que les jardins ; il a élevé dans l'autre un bâtiment qui peut être regardé comme un ornement des environs de Paris , tant pour la décoration extérieure que pour l'intérieure.

Son mérite & fon génie , propre à inventer toutes fortes de deffins , le firent choifir en 1710 pour travailler à la perfection du Livre d'Architecture de Daviler. Il s'attacha particulièrement à donner des modèles de corniches, de compartimens de lambris, de distributions de plans, de décorations d'escaliers, de fenêtres & de cheminées. Ces productions n'ont pas peu contribué à rendre les appartemens aussi commodes & agréables que magnifiques. Il est vrai que, depuis lui, la décoration des dedans & des cheminées surtout, a éprouvé de grandes vicissitudes. On diroit que les Architectes se plaisent à imaginer quelque chose de singulier en ce genre, qui fasse oublier ce qu'on a fait avant eux. Mais en affectant la variété des formes & la légèreté des ornemens, n'y a-t-il pas à craindre de dégénérer dans une petite manière qui fasse perdre de vue ce grand, ce noble, seul caractère du beau?

Le Blond a eu moins d'occasions d'exercer ses talens en Architecture que dans le jardinage; il étoit plus profond dans la théorie que dans la pratique pour ce qui regarde le bâtiment. Avec plus de conduite il auroit pu se rendre habile dans l'une comme dans l'autre; mais sa dissipation naturelle ne lui permettoit de penser qu'au présent. Ce fut dans ces circonstances

que François le Fort (4), neveu du fameux général de ce nom, vint en France de la part du
Czar Pierre I , pour engager des artistes dans
toutes sortes de professions, à s'établir à Mos-
covie.

Cet envoyé s'adressa d'abord à le Blond ,
lui proposa 20000 d'apointemens, & le marché
fut bientôt conclu. Cette nouvelle allarma les
amateurs des beaux-arts ; quelques-uns repré-
sentèrent au régent, la perte qu'alloit faire le
royaume en perdant un aussi beau génie. Ces
représentations ne furent point écoutées. Ce fut
en 1716 que le Blond partit de Paris avec sa famille.

Le Czar lui fit, en arrivant, beaucoup d'accueil,
& le combla de graces quand il eut été témoin
de la facilité avec laquelle il mettoit au jour ses
pensées, & avec quelle netteté il saisissoit les idées
qu'on lui proposoit. Le Blond s'occupa ainsi de
quantité de projets pour le palais de Pétersbourg
& la maison de plaisance du Czar qu'il devoit
orner de jardins & de fontaines fournies par

_____

(4) François le Fort , citoyen de Genève , général &
grand amiral de Russie , vice-roi de Nowogorod & principal ministre de Pierre le Grand.

une rivière qui coule au-dessus du parc (5) ;
mais l'envie, dont toute la terre est le domaine,
vint troubler ces travaux ; elle arma contre lui
un Architecte italien qui l'attendit dans un bois
pour l'assassiner. Il échappa à ce danger ; mais il
ne put en éviter un autre, je veux dire la petite
vérole qui l'enleva à Pétersbourg, en 1719, à
l'âge de quarante ans. Le Czar fut très-touché
de sa perte, & lui fit célébrer de magnifiques
obsèques, auxquelles il voulut lui-même assister. Ce prince l'avoit déclaré son premier Architecte, &, quoiqu'il fût réellement persuadé
de son mérite, il avoit eu la foiblesse d'écouter
les discours des jaloux qui ne pouvoient voir
tranquillement le Blond posséder seul sa faveur,
& même de s'en plaindre avec amertume.

Quelque temps avant son départ du royaume,
il travailloit à un Livre d'Architecture, précédé
d'un traité d'optique, avec quantité d'ornemens, de vases & de scabellons, qui pourra un
jour être rendu public.

---

(5) Peterhof que les souverains habitent en été, à
29 vestes de Petersbourg · on trouve dans le jardin deux
maisons de plaisance appelées Marly & Mon-Plaisir,
qui ont chacune une cascade. Le Blond a bâti le château
& dirigé le jardin.

Le Blond avoit un goût délicat, sa manière étoit pure, il possédoit l'heureux talent de produire aisément & avec une intelligence infinie. Les dessins qu'il a faits en grande partie pour *la Théorie & la Pratique du jardinage* font magnifiques, & plus propres à le faire connoître, que tout ce qu'on pourroit en dire. C'est l'unique part que le Blond ait eue à cet ouvrage, ainsi que l'auteur le dit dans sa préface. On a répété mal à propos dans plusieurs livres, que *la Théorie & la Pratique du jardinage* étoit de notre Architecte, & que M. d'Argenville le père n'avoit fait qu'y ajouter d'utiles observations.

JEAN-NICOLAS
SERVANDONI (1).

C ET artiste, né à Lyon (2) en 1695, quitta de bonne heure sa patrie pour se rendre dans le

---

(1) La galerie françoise.

(2) Ceux qui ont connu Servandoni à Rome, ont prétendu que ce n'étoit pas son vrai nom, qu'il se l'étoit donné pour faire oublier que son père étoit un simple voiturier, de ceux qui conduisent des voitures de Lyon en Italie.

pays des arts, où son génie l'appeloit. Ses premiers regards se portèrent sur les ouvrages immortels de Michel-Ange & de Palladio. Les arts qu'ont exercés ces grands hommes, & pour lesquels il étoit né, lui firent dès-lors une vive impression, présage assuré de ses talens futurs.

> Tel jadis dans Achille à la cour de Scyros
> L'aspect seul d'une épée éveilla le héros (3).

Jean-Paul Panini, illustre peintre de Plaisance, lui donna des leçons de son art. Servandoni leur dut ces effets pittoresques & cette science de la perspective qui brillent dans ses ouvrages. A Rome il apprit l'Architecture de Jean-Joseph de Rossi, & fit une étude particulière des monumens de l'antiquité. Il ne se proposoit que de mettre plus de correction & de vraisemblance dans la représentation des ruines & de l'Architecture, que n'en mettent ordinairement les peintres de ce genre, auquel il paroissoit se consacrer. Mais la lecture des poëtes latins & italiens, si riches par la beauté de leurs fictions, échauffa son imagination; il y puisa ce goût plein de noblesse & d'élégance qu'il a

(3) *Fastes, Cha. V.*

fait

fait paroître depuis dans les bâtimens, les fêtes
& les décorations.

Servandoni vint en France en 1724. Sa réputation qui l'avoit dévancé, lui procura bientôt
la direction des décorations de l'opéra. En 1728
il développa pour la première fois, dans Orion,
la magie de son art : elle transporta tout Paris
près des embouchures du Nil, au milieu des
ruines & des débris des pyramides. Qu'on se
représente d'affreux rochers sur lesquels le soleil
darde ses rayons, le spectacle d'une nature sauvage, d'heureux effets de perspective, à l'illusion
desquels la lumière & les couleurs ajoutent, &
l'on aura une idée des talens de Servandoni. Ils
firent prendre à l'opéra une nouvelle forme. Durant l'espace d'environ dix-huit ans que la partie
de sa décoration lui fut confiée, il en exécuta
plus de soixante, dans lesquelles il laissa fort
loin de lui ses prédécesseurs. On met au nombre
des plus belles, celle du palais de Ninus, le
temple de Minerve, les champs Elysées dans
Proserpine, la vaste galerie dans Pyrrhus, le
palais du Soleil, & la mosquée de Scanderberg,
où la perspective, l'illumination, & la richesse
de l'exécution, produisoient le plus surprenant
spectacle, dont on regrettoit toujours la courte

durée, car il ne paroiſſoit que dans le cinquième acte.

Le public jugea que notre artiſte s'étoit ſurpaſſé lui-même dans la décoration du génie du feu pour l'Empire de l'amour. L'heureuſe diſpoſition des lumières, & le brillant des couleurs lui prêtoient ſeuls ſon éclat. D'une urne tranſparente placée au milieu du théâtre ſembloient partir des rayons lumineux qui éclairoient tellement la décoration, qu'à peine pouvoit-on en ſoutenir la vue. On reproche en général, à la plupart de ces ouvrages, beaucoup de licences & d'écarts d'imagination que le genre ſemble autoriſer. Ceux de Servandoni, au contraire, furent reconnus poſſibles dans l'exécution.

L'académie de peinture, empreſſée à s'incorporer les artiſtes célèbres, admit le nôtre dans ſon ſein, en 1731, en qualité de peintre payſagiſte. Il donna, ſuivant l'uſage, un tableau qui repréſente un temple & des ruines, où il y a des effets pittoreſques aſſez heureux.

L'année ſuivante on propoſa au concours le portail de l'égliſe de ſaint Sulpice, dont les travaux commencés depuis plus d'un ſiècle, rappellent ceux de l'ancien temple d'Ephèſe qui fut 220 ans à bâtir, ſelon Pline. Ce portail fut ad-

jugé à Servandoni, & son modèle resta un an
exposé à la censure publique. Le 11 Mai suivant
on commença à procéder à son exécution. Notre
artiste portoit le collier de l'ordre de saint Jean
de Latran, qu'il avoit reçu des mains du nonce.
Cette grace étoit émanée du pape, qui, par une
patente du 6 Mars 1732, le fait, crée & cons-
titue chevalier du sacré palais apostolique &
comte de saint Jean de Latran, en considéra-
tion de ses rares talens, de sa capacité & de
ses ouvrages, & particulièrement à l'occasion
de la première pierre du grand autel de saint
Sulpice, posée l'année dernière, au nom de sa
sainteté, par le nonce en France. Le roi permit
à Servandoni de porter cette marque d'honneur,
dont les plus célèbres artistes ont été décorés,
comme le Bernin & Carle Maratte, & il reçut à
ce sujet une lettre fort gracieuse du ministre, qui
marquoit le cas que le roi faisoit de sa personne.

En 1736 on admira un magnifique reposoir
le jour de la Fête-Dieu. Il consistoit en un corps
d'Architecture d'ordre ionique soutenu sur huit
colonnes, qui donnoient de leur centre trois
carrés parfaits, & portoient des arcs doubleaux,
dont la réunion formoit trois voûtes d'arrête re-

ombant fur les chapiteaux des colonnes. L'entrée de la première cour du palais royal, où
il étoit placé, donnoit l'idée d'une églife au
fond de laquelle on voyoit le fanctuaire.

Servandoni dut, aux applaudiffemens du public fi fouvent mérités, la jouiffance de la falle
des machines aux Tuileries. Ce fut en 1738 qu'il
y donna pour la première fois, à fon profit, des
fpectacles de décoration durant les trois femaines du temps pafchal, pour former des
élèves en ce genre. Le premier fut la repréfen-
tation de faint Pierre de Rome. La juftesse des
proportions, des gradations, & la diftribution
des jours & des ombres étoient furtout admirables par le parfait accord de l'enfemble, &
préfentoient un tableau vrai de cette fuperbe
Bafilique. Outre les mefures prifes par lui-même
fur les lieux, il avoit fuivi, avec la dernière
exactitude, les plans & profils que le cavalier
Fontana, architecte de cette églife, en a donnés
dans fon hiftoire du temple du Vatican imprimée à Rome en 1694.

Cet artifte étoit trop éclairé pour ne pas fentir
que le public ne peut être long-temps amufé par
la vue d'un feul objet dont toutes les parties
font en repos, mais qu'il exige la variété des

scènes, le prestige des machines, l'action de quelques personnages, & même l'emploi de la musique. ressorts nécessaires pour donner une espèce de vie à un spectacle muet. Il les employa habilement l'année suivante dans la représentation de Pandore. Le sujet fut tiré de l'ode 3, du liv. 1 d'Horace.

> Post ignem æthereâ domo
> Subductum, macies & nova febrium
> Terris incubuit cohors.

L'ouverture de la scène représentoit le chaos & sa destruction, selon l'idée de ce poëte. L'image de la nature, telle qu'elle est décrite sous l'âge d'or, succéda à cette confusion, & ces différens changemens servirent de prologue à l'histoire de Pandore. Son enlèvement au ciel par Mercure, son séjour dans l'Olympe pour y recevoir les présens des Dieux, le don de la fameuse boîte, son retour sur la terre, formoient un spectacle aussi vivant qu'animé. Plus de deux mille figures de relief, parmi lesquelles il y en avoit beaucoup de réelles, représentoient tous les dieux & les déesses de la mythologie avec leur suite, & paroissoient se mouvoir continuellement. Cette grande représentation, qui duroit

une heure au moins , finiſſoit par l'ouverture de
la boîte fatale , & l'image des maux qu'elle répandit ſur la terre.

La même année Servandoni donna le deſſin
du feu pour la paix ; ſa conſtruction étoit d'une
forme pyramidale , formant un plan carré , dont
les angles recevoient des adouciſſemens qui arc-
boutoient le piédeſtal de la pyramide , orné de
pilaſtres accouplés d'ordre dorique. Ceux du milieu de chaque face étoient ſéparés par une niche ,
dans laquelle on voyoit des fleuves , des oli-
viers , des grouppes d'enfans tenant les attributs
de la paix. Au-devant des pilaſtres , des ſtatues
de marbre repréſentoient la paix , l'abondance....
En haut , au pourtour du piédeſtal , s'élevoient
pluſieurs marches ſur leſquelles portoit la pyramide à pans coupés , enrichie de ſculptures de
ronde boſſe , & terminée par un globe plein d'artifice , ainſi que ſeize vaſes de différentes formes
qui l'accompagnoient.

Le 29 Août de cette année fut mémorable
par un événement dont on n'avoit pas vu le pareil depuis l'année 1615 qu'Eliſabeth de France ,
fille aînée de Henri IV , & de Marie de Médicis ,
épouſa Philippe IV , roi d'Eſpagne , je veux
parler du mariage de madame Louiſe-Eliſabeth

de France avec Don Philippe infant d'Espagne.
Dans les superbes fêtes données par la ville de
Paris à cette occasion, Servandoni n'eut point
de modèle, & est resté sans imitateurs. Il s'étoit
renfermé dans l'espace que parcourt la Seine depuis le Pont-neuf jusqu'au Pont-royal. Heureuse
situation pour procurer le spectacle d'une grande
fête à un nombre prodigieux de spectateurs !
Le fond de cette agréable perspective étoit terminé par la vue du Pont-neuf, au milieu duquel
est un corps avancé dans la rivière, qui renferme la statue de Henri IV. Sur ce terrein de
cent dix-huit pieds de largeur & de quinze de
profondeur fut construit le bâtiment destiné au
feu d'artifice. Ce bâtiment étoit une espèce de
temple à la grecque, ouvert en forme de péristile isolé, dont le plan formoit un carré long.
Quatre rangs de colonnes doriques de quatre
pieds & demi de diamètre & de trente-deux
pieds de hauteur le soutenoient, & posoient sur
un stylobate continu. Son plafond présentoit un
compartiment régulier de caisses carrées qui renfermoient des roses de sculpture, & étoit occupé par des plate-bandes ornées de guillochis
dans le goût antique, lesquelles faisoient le dessous des soffites des architraves. Un grand en-

tablement couronnoit ce premier ordre; & au-
deſſus étoit poſée une baluſtrade interrompuë
par des piédeſtaux qui portoient des ſtatues à
l'aplomb des colonnes extérieures. Elles étoient
au nombre de vingt; & comme elles repréſentoient toutes les divinités du paganiſme, ce
temple conſacré à l'hymen devenoit une eſpèce
de panthéon. A l'aplomb des colonnes intérieures s'élevoit ſur la terraſſe un attique dont
les faces étoient décorées d'ornemens & de
figures en bas-reliefs, renfermés dans des pan-
neaux. Le long de la plinthe étoient poſés ſur
des acrotères des vaſes entourés de feſtons, &
ſurmontés de flammes. Tel étoit le couronnement de cette grande machine qui s'élevoit à
quatre-vingt pieds.

Entre le Pont-neuf & le Pont-royal paroiſſoit
ſur deux bateaux accouplés un ſalon octogone.
Ils étoient cachés par des rochers qui ſembloient
ſortir de l'eau. Huit eſcaliers par où l'on y arri-
voit, conduiſoient à une terraſſe dont le ſalon
occupoit preſque toute la ſuperficie. Il étoit percé
de huit arcades, du cintre deſquelles pendoient
de groſſes lanternes de toile tranſparente & co-
lorée. Au milieu du ſalon s'élevoit une colonne
iſolée, formée par des lanternes ſemblables,

rangées par étage. Son intérieur, destiné pour la
musique, étoit garni de gradins en amphithéâtre, occupés par cent quatre-vingt musiciens.
Louis XV & toute sa cour honorèrent cette fête
de leur présence, & plus de quatre-vingt mille
spectateurs purent y assister commodément.

En 1740 la descente d'Enée aux enfers, tirée
du sixième livre de l'Enéide, fut accompagnée
de sept changemens de décoration. Encouragé
par les fréquens applaudissemens du public, Servandoni fit de nouveaux efforts pour que ce spectacle fût aussi éclatant que pompeux & diversifié.
Le sujet qu'il choisit permettoit plus de variétés
que les précédens, & favorisoit les contrastes
des plus marquées par de rapides passages des
ténèbres à la lumière, de l'allarme au plaisir,
du terrible au gracieux. On peut dire que, dans
ce spectacle notre artiste atteignit la perfection,
& que l'étonnement du spectateur égala son admiration.

Les diverses aventures d'Ulysse, depuis son
départ du siège de Troie jusqu'à son retour à
l'île d'Ithaque, furent représentées sur le théâtre
de la salle des machines en 1741, & l'année suivante on donna l'histoire fabuleuse de Léandre
& Héro. Nous ne nous arrêterons pas à ces

deux fpeĉacles qui parurent inférieurs aux précédens, pour paffer à un fait plus honorable à
leur auteur. En 1743 M. Languet, archevêque
de Sens, lui conféra dans fon églife métropolitaine, en vertu d'un bref du pape, l'ordre
militaire de Chrift (4). *Si Rome*, lui dit-il,
dans le difcours qu'il lui adreffa après la cérémonie, *a dû fe glorifier d'avoir produit un cavalier Bernin, la France fe trouve heureufe de
s'être attaché en vous une émule qui le fait revivre
parmi nous.*

Après une interruption de plufieurs années
employées à donner des fêtes dans prefque toutes
les cours de l'Europe, Servandoni reparut en
1754 pour élever un arc de triomphe à la gloire
de Louis XV, le jour que le duc de Gêvres
pofa, au nom de fa majefté, la première pierre
de la place commencée devant faint Sulpice.
Dans la même année il mérita une nouvelle
gloire par le fpeĉacle qu'il donna aux Tuileries.
Le Taffe lui fournit l'idée des différentes fitua-
tions dans lefquelles il nous expofa la forêt en-

---

(4) Cet ordre fut établi en Italie par le pape Jean XXII,
à peu près dans le même temps que celui de Portugal.
Voy. le P. Hélyot, T. IV.

chantée. Quel fujet heureux par fes nuances &
fes contraftes ! Je ne puis mieux donner une
idée de la grandeur de fon exécution, qu'en
difant qu'un très-grand nombre de chevaux firent
leurs évolutions fur la fcène avec toute la liberté
qu'exige l'illufion.

En 1755 Servandoni fut mandé à la cour du
roi de Pologne, électeur de Saxe. On y préparoit l'opéra d'Aétius, & on vouloit qu'il en fît
les décorations. Ses fuccès brillans lui méritèrent, outre un préfent confidérable, vingt
mille francs d'apointemens, avec le titre d'Architecte décorateur de fa majefté polonoife. Ce
choix bien flatteur étoit un motif de plus pour
foutenir la célébrité dont il jouiffoit parmi nous.

Le triomphe de l'amour conjugal tiré d'Alcefte, qu'il donna cette année, ne parut pas
inférieur à fes prodnctions précédentes. Le public remarqua des beautés fupérieures dans les
décorations du temple de l'hymen, de l'afpect
des dehors de la ville, du monument élevé par
les arts pour l'apothéofe d'Alcefte, du palais de
Pluton & de celui d'Apollon. Trois autres fpectacles fuccédèrent à celui d'Alcefte, à l'époque
de chaque année fuivante; favoir, la Conftance
couronnée, la conquête du Mogol par Tamas-

Koulikam, & la chûte des anges rebelles tirée de Milton. Quoique ces ouvrages, les derniers de notre artiste en ce genre, ne fussent pas aussi remplis de beautés que leurs aînés, on y trouva d'heureux ensemble dans les décorations de la conquête du Mogol, & dans celle des rochers du premier acte de la chûte des anges rebelles.

Des monumens d'une plus longue durée que des décorations fugitives qui ne doivent leur existence qu'à l'art du graveur, assignent au chevalier Servandoni une place parmi les grands artistes. Le goût mâle & noble du portail de saint Sulpice ; une marche majestueuse, le mouvement de ses plans ; des détails heureux, & ce qui est très-rare, un caractère imposant qui imprime à l'extérieur un esprit de recueillement si nécessaire à quiconque est près d'entrer dans nos temples, tout cela le distingue infiniment des édifices de ce genre. Ce portail est composé de deux ordres qui ont vingt-une toises d'élévation. Un péristile ouvert par cinq entre-colonnemens d'ordre dorique, dont les colonnes sont cannelées & accouplées les unes derrière les autres, décore le rez-de-chaussée de cet édifice. Aux extrémités s'élèvent deux massifs, dont l'un renfermera la chapelle des fonts, & l'autre celle du faint viatique pour les malades. Deux tours circulaires de deux cents pieds de haut portent fur ces maſſifs. Au-deſſus de ce périſtile eſt une galerie couverte, au-devant de laquelle on voit une colonnade ionique furmontée par des arcades, dont de plus petits ordres foutiennent les impoſtes. Une baluſtrade couronne cette colonnade, & un grand fronton orné d'un bas-relief doit régner fur ce fecond ordre.

Quelle grandeur, quelle magnificence dans le portail d'une égliſe, dont l'intérieur n'y répond nullement ! N'eſt-ce pas imiter Scudery, qui commence fon Alaric d'un ton élevé, qu'on ne retrouve point dans l'ouvrage ?

Je chante le Vainqueur des Vainqueurs de la terre.

Mais ce défaut eſt ici racheté par des beautés qui empêchent prefque de le fentir. Les amateurs ont applaudi aux foins de l'habile artiſte (5) occupé de finir ce portail, en le débarraſſant d'un troiſième ordre inutile, & du chétif couronnement de fes tours. Il y manquera toujours une enceinte aſſez étendue, qui permette à l'œil de faiſir les beautés & les proportions de

------

(5) M. Chalgrin, Architecte du roi.

l'enfemble. Cette place entroit dans le projet de Servandoni. Sa principale maifon eft d'un très-bon genre, & fon efcalier étonne les connoiffeurs. Cet Architecte a fait encore une partie de l'églife de faint Sulpice, la tribune des orgues portée fur douze colonnes ioniques, & l'ancienne décoration de la chapelle de la Vierge.

La principale porte d'entrée de la maifon de l'enfant Jéfus, rue & barrière de Vaugirard.

Une grande maifon pour le délaffement des prêtres de la communauté de faint Sulpice, commencée à Vaugirard en 1753.

Une chapelle en forme de rotonde chez M. de la Live, rue neuve de Luxembourg.

L'efcalier de l'hôtel d'Auvergne, rue de l'Univerfité : il eft d'autant plus beau, que fa cage eft fort refferrée.

Dans le cloître de fainte Croix de la Bretonnerie, une fontaine en forme de demi-coupole, dont les colonnes imitent différens marbres.

Une rotonde en forme de temple antique, ornée de douze colonnes corinthiennes, pour M. le Maréchal de Richelieu à Gennevilliers, près Paris. Servandoni, dans cette occafion, a fait d'une glacière un objet de magnificence.

Une jolie maison de campagne au village de Balaine, à quatre lieues de Paris.

Il construisit & décora un théâtre au château de Chambord pour le Maréchal de Saxe.

Le grand autel de la cathédrale de Sens isolé, est en forme de baldaquin, porté sur quatre colonnes, le tout en marbre & en bronze. Son élévation est de soixante-dix pieds.

Le maître-autel des Chartreux à Lyon.

L'église paroissiale de Coulange-la-Vineuse, ville de Bourgogne, a été construite sur ses desseins.

Servandoni avoit pour l'art de la décoration, les talens les plus distingués. On se souviendra long-temps de la fête qu'il donna à Sceaux à l'occasion de la paix de 1739; d'une autre, pour le mariage de feu M. le dauphin à saint Germain-en-Laye; de celles qui se firent à Bayonne & à Bordeaux, lorsque Madame de France, infante d'Espagne, y passa en 1739, & de celles qui eurent lieu dans Bordeaux pour le passage de Madame, la première dauphine, infante d'Espagne. L'habile décorateur montra dans toutes ces occasions, autant d'intelligence que de goût.

Sa réputation, répandue dans l'Europe entière, le fit employer par les rois de Portugal,

d'Espagne, d'Angleterre, de Pologne, & par
le duc régnant de Wirtemberg. Il donna beaucoup de décorations pour les théâtres de Londres
& de Dresde, & présida aux fêtes magnifiques
de la cour de Vienne, dont le mariage de l'archiduc Joseph avec l'infante de Parme fut l'occasion.

Je pourrois parler aussi d'un modèle d'un
temple, & de ses desseins pour bâtir l'église des
grands Augustins ; un arc de triomphe à la porte
de la conférence, & un nouveau théâtre avec
toutes ses dépendances, mais je me borne à remarquer qu'il avoit fait, dans un goût plein de
noblesse, les projets d'une place de Louis XV
entre le pont tournant & les champs Elysées.
Cette place, destinée aussi aux fêtes publiques,
rassembloit dans ses galeries plus de 25 000 personnes, sans compter la foule presque innom-
brable que l'enceinte même auroit pu contenir.
Elle devoit être ornée de 360 colonnes, & de 136
arcades tant intérieures qu'extérieures. Ne peut-
on pas regretter qu'un aussi beau monument soit
resté sans exécution ?

Servandoni avoit donné le projet d'une fête
pour la paix de 1749. Ce projet étoit d'établir
une magnifique décoration depuis le pavillon
des

des Tuileries fur le quai, jufqu'au bout du jardin de l'Infante. Sa hauteur auroit excédé le comble de la galerie du Louvre; le temple de la Paix devoit être conftruit fur un énorme rocher dans le baffin de la rivière. De l'hôtel de Bouillon fuperbement décoré, le roi & fa cour auroient vu la fête agréablement terminée par le changement fubit des décorations de la galerie du Louvre. Plus de 600000 perfonnes auroient pu jouir de ce fpectacle.

A l'infpection de la quantité d'ouvrages dont Servandoni a été chargé, ouvrages qui tranfmettront à la poftérité la grandeur de fon génie, on croiroit qu'il a dû laiffer une fortune immenfe, mais il ne connut jamais les avantages de l'économie. Pourfuivi par fes créanciers, il fut fouvent obligé, pour s'y fouftraire, de chercher une retraite dans d'autres pays.

On dit que lorfqu'il étoit en partie de plaifir avec fes amis, il traitoit fouvent des inconnus & des voifins de l'auberge. Sa joie n'auroit pas été parfaite s'il ne l'eût partagée. Il s'étoit marié en Angleterre : à fon retour il eut un procès qui fit beaucoup de bruit, il s'agiffoit de penfion & de logement que le curé de faint Sulpice lui conteftoit. Maintenu

Tome I. Gg

dans l'une & dans l'autre, il cessa d'être occupé, & mourut à Paris en 1766.

Servandoni, comme on l'a vu, joignoit aux talens d'Architecte ceux de peintre. Il négligea ces derniers, bien convaincu que plus on a de génie pour un certain genre, moins on doit en essayer d'autres. Boileau a fait plusieurs Odes à peine connues ; c'est son lutrin & son art poëtique qui l'ont immortalisé. De même les Comédies de la Fontaine auroient-elles, sans ses Fables, sauvé son nom de l'oubli ? Celui de notre artiste, pour passer à la postérité, avoit besoin d'autres titres que de ses tableaux : le coloris en est blafâtre, un ton bleu règne dans les ciels. Semblable à un peintre de décorations, nommé Sérapion, dont Pline (6) vante les talens, Servandoni ne savoit pas peindre la figure. A l'exception de son maître qui a réuni plusieurs parties de la peinture, Bibiena, notre artiste, & ceux qui les ont précédés, n'ont jamais pu qu'indiquer la figure sur le plan de leurs tableaux le plus éloigné.

---

(6) Hist. nat. Lib. XXXIV.

JACQUES-FRANÇOIS
BLONDEL (1).

L A réputation de son oncle (2), dont il reçut les élémens de l'Architecture, lui fit naître l'envie de marcher son égal. Si le neveu s'est moins distingué par les édifices de son invention, il a surpassé son oncle par l'étendue de ses connoissances & par les pas qu'il a fait faire à l'art.

Blondel, né à Rouen en 1705, s'accoutuma de bonne heure à raisonner les principes de l'Architecture, & à se convaincre de la nécessité d'une théorie fondée sur l'étude des belles-lettres, des mathématiques & du dessin, pour exceller dans l'ordonnance de la décoration. Ce fut donc moins par le désir de la gloire, que pour réduire en pratique ses idées sur l'Architecture, qu'il exécuta différens ouvrages dans

(1) Journal des Beaux-Arts & des Sciences, Mars 1774, où se trouve l'éloge de Blondel par M. Franque, Architecte du roi.

(2) François Blondel, né à Rouen en 1683, mort en 1756, étoit d'une autre famille que le grand Blondel, & d'un mérite bien inférieur.

Gg ij

les environs de Paris. Perſuadé qu'il rendroit un
ſervice important à ſes concitoyens, en leur
communiquant le fruit de ſes études, il conçut
le projet de former des Architectes à ſa patrie.

A l'âge de trente-quatre ans il ouvrit une
école publique, d'autant plus néceſſaire à Paris,
qu'il n'y en avoit point où un jeune Architecte
pût s'inſtruire de tous les détails qui concernent
ſon art. La célébrité que s'acquirent en peu d'années pluſieurs de ſes élèves, fit juger à l'Académie du mérite & des connoiſſances du maître ;
elle s'empreſſa de ſe l'aſſocier en 1755 , & de
ce moment elle le deſtina à remplir un jour la
place de ſon profeſſeur. Blondel juſtifia ce choix
par un nouveau zèle. Jamais profeſſeur n'en
montra davantage pour le progrès de ſon art &
celui de ſes élèves. On ſait de quelle utilité
ont été, pendant trente années, ſes leçons publiques & particulières. La révolution heureuſe
qu'a éprouvée le goût de notre Architecture ,
ce ſont elles qui l'ont préparée , en oppoſant
les beautés mâles des chefs-d'œuvres des grands
maîtres , à la frivolité des formes capricieuſes
qui s'y introduiſoient. Les ſoins de notre artiſte
s'étendirent encore plus loin. Il ſollicita le marquis de Marigny , directeur général des bâti-

mens, d'obtenir du roi des récompenfes deftinées à nourrir l'émulation parmi les élèves
des académiciens & des profeffeurs. Il regarda
comme un des plus beaux jours de fa vie, celui
où il put annoncer aux jeunes gens confiés à
fes foins, que le roi accordoit des médailles d'argent deftinées chaque mois à ceux qui rempor-
teroient les prix des programmes. Jufque-là ils
n'avoient que l'honneur d'être nommés les premiers. Cette nouvelle grace de fa majefté augmenta l'amitié & la confiance des élèves envers
leur maître, comme elle fut pour lui un furcroît
d'émulation & de travail.

Blondel a eu la fatisfaction de voir plufieurs
de fes élèves au rang de fes confrères à l'Académie royale. Souvent il a admiré des édifices
publics par eux élevés & généralement applaudis.
Il y reconnoiffoit l'application des principes qu'il
leur avoit enfeignés, auffi la gloire de leurs fuccès
le touchoit autant que s'il eût été l'auteur de ces
monumens. Lorfqu'il en parloit, il en paroiffoit
plus affecté que de fes propres ouvrages.

Pour bien connoître fon génie, il faut lire fes
écrits; c'eft là qu'il s'eft développé dans toute fon
étendue. Chargé par les rédacteurs de l'Encyclo-
pédie, de la partie de ce Dictionnaire relative

G g iij

à l'Architecture, il l'a enrichie de réflexions & de remarques judicieuses. A l'égard de son *Architecture françoise* en quatre volumes *in folio*, je ne la regarde que comme un ouvrage de luxe qui n'a pas eu beaucoup de succès. Le meilleur livre que nous ayons de lui est son *Cours d'Architecture civile*, en 9 *vol. in-octavo*, auquel la mort ne lui a pas permis de mettre la dernière main.

Ce cours est divisé en trois parties. La première, publiée en 1771, a pour objet la décoration extérieure des bâtimens. L'introduction donne une idée générale de l'Architecture & des arts qui y sont relatifs avec l'histoire de son origine, de ses progrès & de ses révolutions. L'auteur y traite sous le même point de vue du jardinage, de la peinture & de la sculpture. Les sources de l'art, ses préceptes, le goût, son application, sa fécondité, ses discussions, ses licences, sa perfection, son expérience, sont considérées dans cette première partie.

La seconde qui parut en 1773 traite de la distribution. Il y trace la disposition générale des palais des rois, des maisons royales, des maisons de plaisance, châteaux, hôtels des grands seigneurs & maisons de riches particuliers. Il

entre dans le détail des appartemens, des différentes efpèces de pièces, de la difpofition &
de la forme des efcaliers, de la décoration intérieure, de la diftribution des chambres, de
celle des jardins, de l'ordonnance des édifices
facrés, de celle des hôtels de ville & des arfe-
naux.

La troifième partie reftée imparfaite à fa mort,
& que M. Patte a finie, fur les leçons que Blondel
a laiffées, a pour objet la conftruction des édifices. On y traite de la maçonnerie, de la manière de planter un bâtiment, de la conftruction des murs, des différentes efpèces de voûtes,
des épures, de la charpenterie, de la ferrurerie,
de la ménuiferie, de la couverture & de la peinture d'impreffion. Ce nouveau travail forme les
cinq & fix volumes du Cours d'Architecture;
il y en a trois de planches.

Les avances néceffaires pour l'impreffion de
cet ouvrage avoient épuifé la fortune de l'auteur. D'ailleurs, l'amour du plaifir, de la liberté
& de la dépenfe, ne lui permirent jamais de
connoître l'économie. Il avoit époufé en fecondes
nôces la fille de la fameufe Sylvia : fon efprit,
mille qualités aimables, des mœurs exemplaires,
firent quelque temps les délices de fon époux.

La patience & la douceur avec lefquelles elle fupporta les dernières années de cet artifte, accablé d'infirmités, aigri par de longues douleurs, & quelquefois oubliant trop que fa jeune époufe les partageoit fans murmurer, font affez fon éloge.

Blondel fe fentant attaqué d'une maladie mortelle, fe fit tranfporter de fa chambre quatre jours avant fa mort, dans fon école au Louvre ; c'étoit au mois de Janvier 1774. Il voulut, par amour pour fon art, mourir dans le lieu où il en avoit donné des leçons.

Notre artifte eft auteur de différens projets & d'ouvrages importans à Cambrai, Châlons, Metz & Strasbourg. Il a compofé le palais archiépifcopal de Cambrai. Un ordre du roi l'envoya à Metz ; il fit un projet général d'embelliffement pour toute la ville ; il donna des plans d'agrandiffement & d'alignement des anciennes rues & des percés pour de nouvelles. Il a tracé des projets de différentes places, & d'édifices pour l'abbaye des dames de faint Pierre; il a fait élever le portail de la cathédrale, le palais épifcopal, les cafernes & un hôtel de ville. Strasbourg lui doit de beaux plans généraux, & les projets d'un fénat & d'un hôtel de ville. Blondel gravoit avec efprit , & plufieurs deffins de fon cours font de fa main.

JACQUES GERMAIN

SOUFFLOT(1).

Sɪ l'Architecture françoife , menacée d'une décadence prochaine , a repris une partie de fon luftre , elle le doit aux ouvrages & au zèle de Soufflot. Irancy près d'Auxerre fut fa patrie en 1714. Son père , avocat en parlement , & lieutenant au bailliage de ce bourg , l'envoya très-jeune à Paris ; il le deftinoit à la même profeffion. Mais le goût de fon fils & fes difpofitions pour l'Architecture en décidèrent autrement. Il la confidéra dans fes rapports avec les fciences & les arts qui y font relatifs , & il fentit que fans l'étude de l'hiftoire , fans un génie dirigé par un jugement folide & un goût exquis , un Architecte ne peut que travailler au hafard , & que s'il réuffit à plaire aux yeux , il n'excitera jamais dans le cœur des fentimens conformes

(1) Journal de Paris 1780, n°. 260. Nécrologe 1781.

à l'ufage auquel l'édifice a été deftiné. Ces réflexions le conduifirent à penfer que l'exacte ob-
fervation des règles de l'art eft infuffifante pour
atteindre à la perfection, & que le génie n'étonne
qu'en s'élevant au-deffus de ces règles. Les mathématiques & le deffin entrèrent naturellement
dans le plan de fes études. Son but fut de fe
mettre en état de juger du mérite des peintres,
des fculpteurs & des artiftes que l'Architecte
emploie. Il parvint encore à exceller dans le
genre de la décoration, & s'il y avoit quelque
reproche à lui faire, ce feroit un excès de fé-
vérité.

Muni de connoiffances importantes, Soufflot
partit pour l'Italie. Il n'avoit vu en France que
de beaux édifices, mais peu faits les uns pour
les autres : à Rome & à Florence il fut frappé
d'un goût général, principe d'un rapport effentiel entre une maifon & un palais, & qui fauve
la monotonie par des différences apparentes,
fans en avoir la réalité. Le génie livré à lui-même
y fait un enfemble merveilleux d'une infinité de
parties perfectionnées par le goût. Là, une fontaine belle par elle-même n'eft que l'ornement
d'une place qui, à fon tour, embellit un quartier. Avec des vues auffi étendues, comment

Soufflot auroit il eu des idées petites & bornées ? Sa conduite & ses talens lui méritèrent la confidération des artistes & la protection du duc de Saint Aignan, ambaffadeur de France auprès du faint-fiège. Ce feigneur le fit admettre au nombre des penfionnaires que fa majefté entretient à Rome, & fa réputation naiffante parvint bientôt en France.

La ville de Lyon qui projetoit la conftruction de plufieurs bâtimens, confulta le directeur de l'Académie de France à Rome fur le choix d'un habile Architecte. Le directeur crut ne pouvoir lui faire un plus beau préfent qu'en lui défignant Soufflot. Cet artifte unanimement agréé, a conftruit à Lyon l'Hôtel - Dieu, & plufieurs autres édifices, tels que la Bourfe, la falle du Concert, & celle de la Comédie.

Dans le cours de ces occupations, Soufflot revint à Paris. Le marquis de Marigny récemment défigné pour remplir la place de directeur général des bâtimens du roi, fe difpofoit à un voyage d'Italie. Notre Architecte l'y accompagna avec deux perfonnes (2) que le marquis jugea propres à entrer dans fes vues; mais fes

(2) M. Cochin & l'abbé le Blanc.

travaux & fa foible fanté le ramenèrent bientôt
à Lyon, & l'arrachèrent à l'Italie, qu'il ne quitta
néanmoins qu'après fa réception à l'académie
d'Architecture de Rome. Il avoit été admis dans
celle de Paris en 1749, avant fon départ de
cette ville.

Sur ces entrefaites le marquis de Marigny
étant entré en exercice de fa place, rappela
Soufflot dans la capitale, & le nomma contrôleur de Marly. Enfuite il lui confia le contrôle
de Paris, vacant par la mort de d'Ifle. Vers le
même temps une occafion bien favorable aux
talens d'un grand artifte, vint, pour ainfi dire,
s'offrir à lui ; la réconftruction de l'églife de
Sainte-Genevieve, dont il jeta les fondemens
en 1756. Cette année fait époque dans l'Architecture. La routine, durant plus d'un fiècle,
avoit préfidé à l'ordonnance de nos temples :
on n'élevoit que des arcades, des pilaftres, des
voûtes monotones ; nulle trace de hardieffe.
Perrault fecoua le premier les entraves de l'habitude. N'eft-il pas étonnant que le génie des
Architectes n'ait pas pris l'effor jufqu'à Manfart ?
Cet habile homme ofa s'écarter, dans la chapelle de Verfailles, de la route battue : néanmoins, pendant un demi-fiècle, cet heureux

essai ne produisit rien de neuf. Il étoit réservé à Soufflot d'adopter à nos édifices sacrés la noble décoration de l'antiquité payenne. En 1757, cet artiste obtint le cordon de Saint-Michel. Lorsque le roi jugea à propos, en 1776, de supprimer les charges de contrôleurs généraux & particuliers, Soufflot fut nommé par commission, intendant-général des bâtimens. A cette qualité, & à tous les titres auxquels il pouvoit aspirer, il joignoit une fortune honnête, mais peu considérable.

Qui n'auroit cru qu'une carrière aussi belle n'eût dû être fortunée? Mais l'envie sans cesse empressée à tourmenter ceux qui s'élèvent au-dessus de la foule, vint troubler son bonheur. La possibilité de construire le dôme de Sainte-Genevieve sur les bases destinées à le porter, fut mise en doute. Ce doute prit faveur dans le public, trop disposé à écouter les discours des envieux, quoique cette critique prématurée fût pulvérisée par les calculs exacts de M. Ganthey, ingénieur des Ponts & Chaussées, & par M. l'abbé Bossut de l'Académie des sciences. Sûr d'imposer silence aux clameurs de la médiocrité, notre artiste dédaigna d'y répondre; il en auroit été moins vivement affecté s'il eût considéré que c'est le sort des grands hommes d'être les plus exposés à la malignité de ceux qui supportent impatiemment leur mérite. Scipion ne fut-il pas accusé autrefois dans Rome ? Harcelé par ses contemporains pour la construction de son dôme, comme Brunelleschi le fut pour celui de Sainte-Marie-des-Fleurs, Soufflot n'eut pas le bonheur, à son exemple, d'élever le sien au milieu des cris de ses détracteurs. Il étoit réservé à ses mânes d'en triompher.

Doué de talens éminens, chargé de grands ouvrages, ne devoit-il pas s'attendre à être en bute aux traits de l'envie ? Il avoit cependant négligé de se prémunir contre eux. L'habitude journalière de donner des ordres à ses coopérateurs lui avoit fait contracter un ton brusque & tranchant, très-propre à éloigner au premier abord ceux à qui un examen de sa droiture & de ses bonnes qualités eût inspiré des sentimens d'estime & de vénération. Le retour sur lui-même étoit ordinairement suivi le lendemain d'excuses des vivacités de la veille. Son ouvrage néanmoins, qui remplissoit toutes les vues qu'on se proposoit, étoit déjà avancé, & Soufflot comptoit toucher au moment du triomphe, lorsque la mort l'a enlevé le 30 Août 1780.

Cet artiste n'aimoit que la gloire noblement acquise. Ses parens, ses amis, ses élèves, ses protégés, connoissent toute l'étendue des sacrifices qu'il étoit capable de faire pour eux. On prétend même qu'un de ses plus ardens détracteurs doit le mettre au nombre de ses bienfaiteurs. Il faut lui rendre cette justice, qu'il ne s'est jamais laissé séduire par une décoration plus brillante, lorsqu'elle pouvoit préjudicier à la fortune de ceux qui mettoient en lui leur confiance. Il cultivoit les lettres, mais en silence. Un de ses amis (3) assure avoir entendu la lecture de plusieurs morceaux de Métastase qu'il avoit traduits en vers avec autant de grace que de précision, en lui recommandant de taire les amusemens de ses loisirs.

Les bons artistes, ses amis, & ceux qui s'intéressent aux progrès de l'Architecture, le regrettèrent sincèrement. Le cortège de son convoi fut excessivement nombreux : M. l'évêque de Saint-Brieux, son ami, y assista. Au moment qu'on alloit l'inhumer, ce prélat représenta à la députation de MM. de Sainte Genevieve, qu'il

_____

(3) M. Renou, adjoint à secrétaire de l'Académie royale de peinture & sculpture.

leur étoit possible de réclamer son corps. Cette idée si naturelle fut saisie avec transport. Toute l'assemblée informée que Soufflot reposeroit dans le lieu de sa gloire, rendit, par un applaudissement unanime, hommage au vrai mérite.

L'année d'après sa mort, M. Dumont, professeur d'Architecture, a élevé un monument à l'amitié qui l'unissoit à ce grand artiste. La suite de dessins, dont ce monument est formé, a pour titre : *Elévations & coupes de quelques édifices de France & d'Italie , dessinées par feu M. Soufflot, Architecte du roi, & gravées par ses ordres.* M. Dumont l'avoit accompagné dans un de ses voyages en Italie : tous deux avoient observé une partie des édifices anciens & modernes de ce beau pays, & leur liaison n'avoit point été interrompue depuis leur retour. Le recueil dont je viens de parler est celui des études d'un artiste qui ramène toutes ses observations à la construction de l'église de Sainte-Genevieve dont il est occupé. On diroit qu'il prévoyoit dès-lors qu'elle seroit attaquée du côté de la solidité, & qu'il avoit préparé ses réponses fondées sur des autorités capables de justifier ses procédés. Les artistes & les amateurs sont présentement en état de juger de quel côté est la justice & la bonne

foi, & si un Architecte qui peut faire *avec moin*
ce que d'autres n'ont fait qu'*avec plus*, ne mérite
pas de grands éloges.

Passons actuellement à l'énumération des ouvrages de Soufflot. L'Hôtel-Dieu de Lyon est
un chef-d'œuvre en ce genre : la noblesse & la
simplicité, l'élégance & la salubrité, l'étendue
& la commodité, s'y trouvent réunies ; & quoiqu'il n'y ait pas un pouce de terrein inutile, le
service n'y est gêné en rien. Dans la gravure du
dôme, on remarque un trait ponctué, indicatif
du changement, que le bureau d'administration
de 1758 laissa faire au dessin de Soufflot, sans le
consulter, par celui qui conduisoit l'ouvrage en
son absence ; il en est résulté que ce dôme est
trop large & trop élevé.

La salle de Comédie, commencée en 1754,
fut achevée deux ans après. Quoique belle, elle
n'est pas sans défauts. Le terrein, dit-on, &
d'autres circonstances, ont gêné l'Architecte.
Que doit faire alors un artiste chargé d'une entreprise dont l'exécution peut ternir sa gloire ?
s'exposera-t-il à succomber aux difficultés, ou
renoncera-t-il à l'ouvrage ?

L'orangerie du château de Menars est d'une
grande simplicité : un salon lui sert de commu-

Tome I. H h

nication avec le château. Dans les jardins on remarque un joli pavillon d'Apollon & des Muses,
& une grotte appelée *piccola, ma garbata, petite,
mais jolie.*

Le trésor & la grande sacristie de Notre-Dame
ont été reconstruits en 1756 sur les plans de
Soufflot, & élevés, en 1758, des libéralités de
Louis XV. Ce grand Architecte, gêné par l'irrégularité d'un petit espace, par la différence des
façades & l'assujettissement des souffrances de
toute espèce, a su allier les beautés de l'art aux
commodités de la distribution. La grande sacristie forme la pièce principale, elle est précédée d'un vestibule noble & majestueux, de
plain-pied avec le chœur & son bas-côté. De ce
vestibule on entre dans la sacristie, dont la voûte,
en forme sphérique, est très-richement sculptée,
ainsi que les panaches. Le mur du fond de cette
sacristie est terminé en face du vestibule par un
escalier à deux rampes qui communique à une
pièce voûtée, & à deux autres étages très-commodes pour serrer les ornemens & servir de magasins.

Les deux faces extérieures du bâtiment, sur
les cours de l'archevêché, sont riches en architecture. Du côté de la première, ce beau bâti-

ment préfente une façade avec un foubaffement décoré en refend de deux arcades. Au-deffus font deux rangs de croifées couronnées par un grand entablement orné de confoles. Une niche avec un fronton occupe le milieu des croifées du premier rang; & entre celles du fecond on voit le médaillon de Louis XV foutenu par un mufle de lion & entouré d'une riche bordure.

La chaire du prédicateur, remarquable par fa forme nouvelle & par la machine renfermée deffous pour fon mouvement, fait honneur à notre artifte. Il a auffi donné le deffin de la principale porte de la cathédrale, qu'il a dégagée d'un pilier qu'on croyoit néceffaire à fa folidité, & qui ne faifoit qu'en gêner l'ufage. Ceux des tambours des portes latérales & de celles de la croifée, lui appartiennent également.

Le château d'eau de la rue de l'Arbre-fec eft d'ordre ruftique.

La maifon de M. le duc de Lauzun, bâtie au roule, rappelle le goût des édifices de Palladio à Venife, fur les bords de la *Brienta*.

L'églife de fainte Genevieve eft précédée d'un vafte porche formé de vingt-deux colonnes corinthiennes d'environ fix pieds de diamètre & de foixante de hauteur. Les fix placées fur le devant

portent un grand fronton. On a trouvé beaucoup
de ressemblance entre ce portail & le portique
du Panthéon bâti il y a plus de 1800 ans. Comme
ce monument est un chef-d'œuvre de noblesse
& de simplicité, Soufflot pouvoit-il mieux faire
que de l'imiter ? Le plan de l'église est une croix
grecque de trois cents trente pieds de long sur
deux cents cinquante-deux pieds de large. Au
centre de cette croix, quatre piliers triangulaires
soutiendront un dôme de dix toises & demie de
diamètre, sous lequel sera exposée, à la vénération des fidèles, la châsse de la patrone de Paris.
Sa décoration n'empêchera point le coup d'œil
de se porter au fond du chœur vers le grand autel
isolé & surmonté d'une gloire. Les entablemens,
ainsi que les grandes voûtes & les plafonds des
colonnades qui serviront de bas-côtés, seront
soutenus par cent trente-deux colonnes corinthiennes tant isolées qu'engagées dans les murs.
Leur diamètre sera de quatre pieds, & leur éloi-
gnement en aura dix.

L'extérieur de l'église est entouré par le haut
de guirlandes, filigrammes & rosettes de sculpture. Le dôme qui s'élevera au-dessus des combles
sera orné de colonnes corinthiennes, & flanqué
de quatre avant-corps qui porteront sur des sou-

baſſemens des ſocles un peu élevés, décorés des grouppes des huit pères de l'égliſe : un piédeſtal ſurmonté des figures de la Religion & des Évangéliſtes couronnera le ſommet du dôme élevé de près de deux cents vingt pieds au-deſſus du pavé de l'égliſe. Au-dehors & au pourtour de l'édifice règne une baluſtrade, & au chef s'élèvent deux tours de cent vingt pieds, ornées d'une ſculpture légère : deux eſcaliers deſcendront dans la chapelle ſouterraine.

Fin du premier Volume.

TABLE

DES NOMS

DES ARCHITECTES,

Dont les vies se trouvent dans ce Volume.

ITALIENS.

Fin de la Table.

ADDITIONS ET CORRECTIONS.

P<small>AGE</small> 157, *lig.* 23, la tranſpoſition, *liſ.* le tranſport.

—— 359, *lig.* 11, 1685, *liſ.* 1686.

—— 362, *lig.* 15, eſt une forme, *liſ.* eſt d'une forme.

—— 383, *lig.* 13, ſur deſſins, *liſ.* les deſſins.

—— 412, à l'article de Mignard, *ajoutez ce qui ſuit:*

Il fut élève de ſon oncle, & ſon mérite lui procura à l'âge de 22 ans, en 1662, un brevet de Peintre ordinaire de la Reine Marie-Thérèſe. Quoique ſes ouvrages de Peinture ne ſoient pas en grand nombre, ils font connoître qu'il auroit égalé ſon père dans ſon art, s'il s'y fût appliqué conſtamment.

Lorſqu'il eut été nommé Profeſſeur de l'Académie d'Architecture, Colbert le choiſit pour accompagner le Marquis de Seignelay, ſon fils, dans ſon voyage d'Italie. A ſon retour, il ſe fixa à Avignon, où il ſe maria, & y éleva

plufieurs édifices d'une bonne Architecture.
Colbert l'avoit encore chargé de lever pour le
Roi les plans de tous les monumens antiques
du Languedoc , du Dauphiné & de la Pro-
vence ; Mignard en prit les mefures avec la
plus grande précifion , & les deffina en favant
Artifte. On peut en juger par une fuite incom-
plète de fes œuvres, acquife par le Comte de
Caylus pour les faire graver. Il en chargea
M. Mariette , qui en fit exécuter plufieurs deffins dans la manière du lavis , mais fa mort
arrêta l'exécution d'une entreprife très-utile aux
Artiftes.

Dans l'hôtel que Mignard conftruifit pour le
Comte de Malijeac , il décora une fuperbe
pièce de Tableaux de fa compofition , repréfentant l'Hiftoire d'Apollon.

On connoît de lui quatre grands morceaux
dans la chapelle des Pénitens Blancs , un dans
l'églife de l'Oratoire , une Affomption de la
Sainte Vierge pour la Métropole , & un Tableau
dans l'Hôtel-de-Ville. Tous ces ouvrages font
d'une belle compofition & d'un beau coloris.

Le tombeau de notre Artiste se voit dans l'église de Saint Agricol. Voici son épitaphe attribuée au Marquis de Caumont, Homme de lettres & Correspondant de plusieurs Académies.

D. O. M.

Petrus Mignard Aven. Gall. Reginæ

Pictor,

Regiæ Academiæ Architecturæ Socius,

Nicolai patris & Petri patrui æmulus,

Inter Pictores & Architectos

Præclarus,

Militiæ Christi Eques torquatus,

Integritate morum,

Ac eruditi ingenii amœnitate

Flebilis,

Ob. an. salut. M. DCC XXV. Id. Apr.

Ætatis suæ LXXXVI.

Page 435, *lig.* 7 & 8, tant en Italie qu'en Lombardie, *lis.* en Italie.

—— 447, *lig.* 23, *ajoutez :* Voici la note tirée

des regiſtres de l'Académie de Peinture. Jean-Jérôme Servandoni , de Florence , reçu Académicien le 16 Mars 1731 , décédé à Paris le 29 Janvier 1766 , âgé de 70 ans, neuf mois.

—— 458 , *lig.* 11 , une émule, *liſ.* un émule.

APPROBATION DU CENSEUR.

J'ai lu par ordre de Monseigneur le Garde des Sceaux, un Manuscrit intitulé : *Vies des fameux Architectes & Sculpteurs, depuis la renaissance des Arts, avec la Description de leurs Ouvrages.* On doit savoir gré à l'Auteur, dont le nom est déjà cher aux Artistes, d'avoir employé tous les momens de loisir que lui ont laissés les fonctions de la Magistrature, aux longues recherches auxquelles il a fallu qu'il se livrât, pour rassembler des détails très-intéressans pour ceux qui exercent & qui aiment les Arts, & je crois que l'impression de cet Ouvrage sera aussi utile qu'agréable. A Paris, le 5 Mai 1785.

Signé GUILLAUMOT.

Approbation de l'Académie Royale d'Architecture.

L'ACADÉMIE qui a pris communication de l'Approbation donnée par M. GUILLAUMOT, l'un de ses Membres, en qualité de Censeur Royal, à l'Ouvrage de M. D'ARGENVILLE, intitulé : *Vies des fameux Architectes & Sculp-*

teurs`, depuis la renaissance des Arts ; avec la *Description de leurs Ouvrages*, & qui est informée par lui, que l'Auteur a profité de l'avis des Commissaires qui avoient été chargés par la Compagnie d'examiner cet Ouvrage, pour y faire les changemens indiqués, croit qu'il sera agréable & utile de trouver réunies dans un même Ouvrage, les Vies des Architectes qui se sont distingués depuis la renaissance des Arts, jusqu'à nos jours.

Lu à l'Académie & approuvé par elle ce 20 *Novembre* 1786.

P. Sedaine.

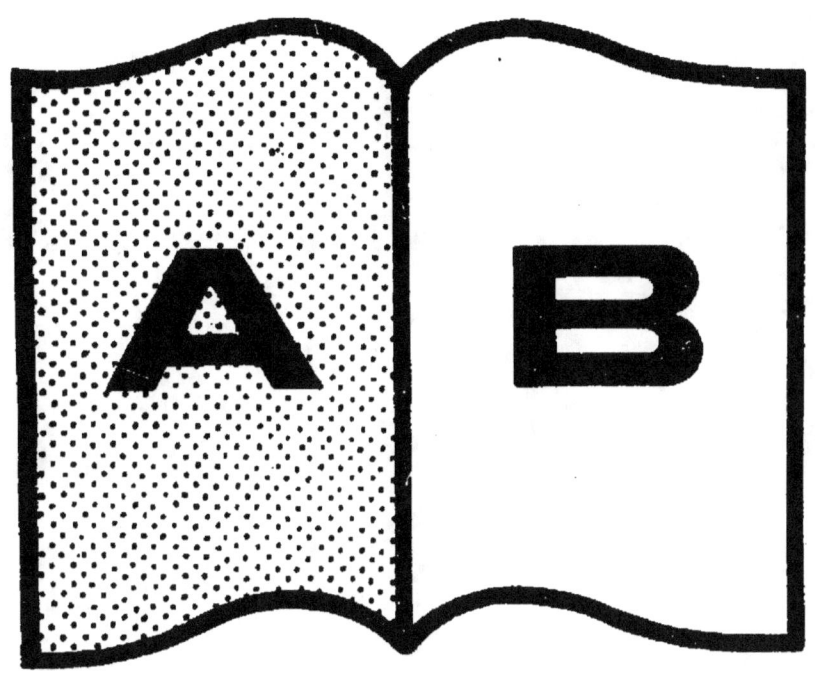

Contraste insuffisant

NF Z 43-120-14

www.ingramcontent.com/pod-product-compliance
Lightning Source LLC
Chambersburg PA
CBHW051338220526
45469CB00001B/19